Gernot L. Geise

Die dunkle Seite von APOLLO

Wer flog wirklich zum Mond?

Gernot L. Geise

Die dunkle Seite von APOLLO

Wer flog wirklich zum Mond?

EDITION EFODON
Michaels-Verlag

Gestaltung und Layout: Gernot L. Geise
Titelgestaltung: Anke Rosenmüller

_____

ISBN 3-89539-607-9
1. Auflage 2002

Michaels-Verlag
Ammergauer Str. 80
D-86971 Peiting
Tel. 08861-59018, Fax 08861-67091
www.michaelsverlag.de
Email: mvv@michaelsverlag.de
Printed by Ipoly Druck, Komarno – Slowakei

Inhalt

Vorwort

„The moonlanding was a fake, but America is real!" („Die Mond-
landung war eine Fälschung, aber Amerika ist eine Realität!")

US-Präsident George Bush,
zitiert in Hanspeter Bundi: „Die Mondlandung war eine Fälschung",
in: Saemann, 107. Jahrgang, Nr. 7, Bern, Juli 1991

Dass die Fakten über unseren Mond in den Lexika - und teilweise auch in Fachliteratur - nicht unbedingt stimmen, weil sie Widersprüche und vereinzelt auch definitive Falschaussagen enthalten, dürfte inzwischen bekannt sein. Zu diesem Thema hatte ich schon 1995 das Buch „Der Mond ist ganz anders!" veröffentlicht. Aufgrund des von der amerikanischen Weltraumbehörde NASA (National Aeronautics and Space Administration) veröffentlichten Bild- und Filmmaterials war ich bisher - wie der überwiegende Teil der Menschen - der Meinung, dass vielleicht nicht alle Mondflüge echt waren, aber mindestens ein APOLLO-Flug wirklich zum Mond geführt hat.

Nachdem ich feststellen konnte, dass zumindest ein großer Teil der veröffentlichten Aufnahmen nachgestellt und keinesfalls auf dem Mond aufgenommen war, stellte ich zwar den ersten Mondflug (APOLLO 11) fast ganz in Frage, schloss jedoch nicht aus, dass später tatsächlich amerikanische Astronauten auf dem Mond gelandet waren.

Den Ausschlag für meine intensiven Recherchen gab das von den beiden Briten *Mary Bennett* und *David S. Percy* 1999 veröffentlichte Buch „Dark Moon". Sie bestreiten rundweg, dass jemals ein Mensch auf dem Mond war und belegen diese Aussage derart genau, dass es einem die Sprache verschlägt - sollte die damals von der NASA durchgeführte gigantische Fälschungskampagne wahr sein.

Die beiden Briten waren jedoch nicht die ersten, denen Widersprüche aufgefallen waren. Die Mondflüge wurden beispielsweise u.a. schon 1976 von *Bill Kaysing* („We never went to the Moon"), 1982 von *William L.*

NASA-Fälschungen sind nicht neu. Schon der „legendäre Weltraumspaziergang"
des späteren APOLLO-Astronauten Michael Collins während der GEMINI 10-
Mission war getürkt. Der Autor R. René fand das Originalfoto, das während
eines Trainingsfluges in einem Flugzeug aufgenommen wurde (links; seitenver-
kehrt wiedergegeben. Dadurch wird ersichtlich, dass es dasselbe Foto ist) und
in Collins' Buch „Carrying The Fire" abgebildet ist. Das rechte Bild stammt aus
„Heroes In Space" von Peter Bond (1987; S. 124) und zeigt Collins bei seinem
„Spacewalk" (Bild leicht gekippt, um in derselben Relation zum linken Bild zu
stehen; offizielles NASA-Bild Nr. 66-40127).
Wir sehen, dass der Hintergrund wegretuschiert wurde, um den Anschein zu
erwecken, das Bild sei im All aufgenommen worden.

Brian II (Moongate: Suppressed Findings of the U. S. Space Program"),
1992 von *R. René* („NASA mooned America") oder 1994 von *David*
Hatcher Childress („Extraterrestrial Archaeology", deutsch: „Archäo-
logie im Weltraum") angezweifelt. Autoren, die z.T. ehemalige NASA-
Mitarbeiter waren, wobei für Childress die Widersprüche in der Welt-
raumforschung eher eine „Nebenbeschäftigung" waren. Seine anderen
Veröffentlichungen betreffen mehr idische Widersprüche in der Geschichte.
Bekannt wurde er durch seine „Lost Cities"-Buchreihe.

Ich wollte es nicht wahr haben, dass das gesamte APOLLO-Programm eine einzige Fälschung sein soll. Das war der Grund, dass ich
mich mit der APOLLO-Thematik beschäftigte, um Beweise zu finden,
die *für* erfolgreiche Mondflüge sprechen, quasi um die Behauptungen
der APOLLO-Kritiker zu widerlegen.

Doch je mehr Material ich sichtete, je mehr NASA-Fotos ich untersuchte, um so größer wurden meine Zweifel an der Wirklichkeit der bemannten Mondflüge. Nach der Begutachtung von rund 7500 APOLLO-Fotos und Unmengen von NASA-Material bin ich inzwischen zu dem Ergebnis gekommen, dass kein einziger APOLLO-Flug zum Mond geführt hat. Auch die „Vorläufer-Flüge" APOLLO 8 und 10 und der „Unglücksflug" von APOLLO 13 führten nur in eine erdnahe Umlaufbahn.

Dass die (angebliche) erste Mondlandung (APOLLO 11) nicht „ganz echt" gewesen sein könnte, mag man noch mit dem enormen Zeitdruck erklären, unter dem das APOLLO-Projekt stand. Denn einerseits hatte der amerikanische Präsident *John F. Kennedy* Anfang der Sechziger den Zeitplan bis Ende 1969 für eine bemannte Mondmission vorgegeben, andererseits waren angeblich - nach Aussage verschiedener Forscher - Ende der sechziger Jahre die technischen Voraussetzungen für einen bemannten Mondflug noch gar nicht vorhanden. Mit der enormen technischen Entwicklung hätten aber zumindest die letzten Mondflüge wirklich stattgefunden haben können. Doch nach Bennett und Percy handelt es sich auch hierbei um eine Vortäuschung falscher Tatsachen. Und ihrer Meinung schließe ich mich an.

Sind die NASA-Materialien wirklich nur geschickte Fälschungen? Ich habe zunächst die Aussagen der beiden Briten, so weit es mir möglich war, nachgeprüft. Doch dabei ist mir immer mehr aufgefallen, was nicht etwa für, sondern *gegen* durchgeführte bemannte Mondlandungen spricht.

Heute bin ich der Meinung, dass die APOLLO-Missionen das aufwändigst Filmprojekt aller Zeiten darstellt.

„By the prognosis of statisticians, you should be dead in space and I should be in jail on Earth", („Nach der Prognose der Statistiker müsstest du im All gestorben sein und ich auf Erden im Gefängnis sitzen"), sagte Wernher von Braun kurz vor seinem Tod zu Neil Armstrong...

Geschichte

Vorgeschichte

„Bei der Landung dachte ich mir, ich sei im Simulator. Es war die beste Simulation, die ich je gemacht hatte..."

Jim Irwin (APOLLO 15),
zitiert in „Weltraumfahrt zum Verstehen und Anfassen",
Festschrift zu den 1. Garchinger Weltraum-Tagen 4.-6. Mai 1990,
Bürgerhaus Garching

Ein urweltliches Grummeln entwickelte sich zu einem infernalischen Dröhnen. Eine riesige Qualmwolke hüllte den Startplatz ein, und aus dieser stieg majestätisch langsam die kirchturmhohe, silberne Trägerrakete auf, um mit einem mächtigen Abgasschweif immer schneller nach oben, Richtung All, zu entschwinden.

Ein Triumph der Technik waren die SATURN-Starts, denn diese riesigen Maschinen ermöglichten es, Astronauten zum Mond zu befördern. Zum Mond? Wir alle glaubten es und glauben es zum Teil bis zum heutigen Tag. Doch schaut man ein bisschen „hinter die Kulissen", so werden die angeblichen Mondflüge der Amerikaner immer unglaubwürdiger.

Einen Monat nach der erfolgreichen Erdumkreisung von *Yuri Gagarin,* und nur wenige Tage nach der misslungenen Landung amerikanischer Soldaten in der kubanischen Schweinebucht, gab der amerikanische Präsident *John F. Kennedy* am 25. Mai 1961 vor dem Kongress eine „besondere Botschaft über dringende nationale Belange" ab, in deren Verlauf er die geschichtsträchtigen Worte sprach:

„...Ich meine, dass sich dieses Land verpflichten sollte, noch vor Ablauf dieses Jahrzehnts einen Menschen auf

16

Sputnik 2 (links) und Sputnik 3 (rechts)

dem Mond zu landen und ihn sicher zur Erde zurück zu bringen. Kein anderes Raumfahrtprojekt wird in diesem Zeitraum die Menschheit stärker beeindrucken oder für die langfristige Erforschung des Weltraums bedeutsamer sein. Keines wird so schwierig oder kostspielig sein...".

Als Kennedy diese Worte an den amerikanischen Kongress richtete, da stand noch ganz Amerika unter der SPUTNIK- und Gagarin-Schockeinwirkung.

Die UdSSR, mit der sich die USA im „Kalten Krieg" befanden, hatten in der Raumfahrttechnik die „Nase vorn". Sie hatten den ersten Satelliten in eine Erdumlaufbahn gebracht (SPUTNIK 1), sie hatten das erste Lebewesen (den Hund „Laika") in der Erdumlaufbahn (SPUTNIK 2), sie hatten mit SPUTNIK 3 einen tonnenschweren Satelliten im Orbit, und das alles, bevor die USA ihren kümmerlichen, nur fünfzehn Zentimeter durchmessenden ersten Satelliten (EXPLORER 1) hinterher schicken konnten.

GEMINI-Kapsel im Erdorbit

Es folgte die erste Erdumkreisung eines Menschen durch *Yuri Gagarin* am 12. April 1961, und auch hier dauerte es wieder längere Zeit, bis die USA einen eigenen Astronauten auf einen Parabelflug - nicht etwa eine Erdumkreisung! - hinaufschicken konnten.

Bis die USA mit ihrer Raumfahrttechnik einigermaßen nachziehen konnten, hatten die Sowjets bereits eine ganze Reihe von Satelliten in der Erdumlaufbahn stationiert. Die Angst der Amerikaner vor den technisch übermächtigen Sowjets saß also tief (egal, ob sie künstlich gesteuert war oder nicht). Der Grund für diese Entwicklung bestand darin, dass die Amerikaner am Ende des zweiten Weltkrieges zwar deutsche Raketentechniker und eine große Menge erbeuteter V2-Raketen in die USA verfrachteten, dort jedoch nur halbherzig Testflüge vornahmen. Selbst der erste amerikanische Satellit wurde noch mit einer umgebauten V2 ins All befördert, ebenso der spätere Parabelflug von Alan Shepard. Die Amerikaner erkannten einfach nicht die Wichtigkeit der Raumfahrt und vernachlässigten eine Weiterentwicklung sträflich, was nicht nur mir damals so manches Kopfschütteln bescherte.

Das verbrannte Innere der APOLLO 1-Kapsel, in der die Astronauten Chaffee, Grissom und White bei einem Unfall am Boden ums Leben kamen.

Ein bemannter Flug zum Mond jedoch war ein ehrgeiziges Unternehmen, das eine Technologie voraussetzte, die (noch) nicht vorhanden war. Während die UdSSR auch bei den frühen Mondflügen einen Vorsprung hatte (die erste Mondumkreisung einer unbemannten Mondsonde und die ersten Bilder von der Mondrückseite, die erste Crashlandung auf der Mondoberfläche), schafften die Amerikaner es erst ab Anfang der Sechzigerjahre, gerade ein paar Sonden in Richtung Mond zu schicken, die jedoch entweder den Mond verfehlten oder dort hart aufschlugen.

So wurde aus den MERCURY- (für einen Astronauten) und GEMINI-Kapseln (für zwei Astronauten zur Erdumkreisung) die APOLLO-Kapsel (für drei Astronauten) entwickelt. Sie sollte in der Lage sein, zusammen mit einem Kommando- und Servicemodul zum Mond und zurück zu fliegen und anschließend eine Wasserlandung ermöglichen.

Die Entwicklung der APOLLO-Technik ging jedoch nicht so problemlos vonstatten wie geplant. Auch hier gab es Rückschläge, denken wir nur an APOLLO 1, in der die Astronauten *Roger Chaffee, Gus Grissom* und *Edward White* verbrannten, als bei einem Training am Boden in der mit reinem Sauerstoff gefüllten Kapsel Feuer ausbrach. Es gibt

Stimmen (hierzu gehört neben dem NASA-Kritiker Bill Kaysing auch der Sohn Grissoms), die behaupten, bei diesem Unfall handele es sich um ein von der NASA bewusst durchgeführtes Exempel, um zum einen kritische Astronauten los zu werden, zum anderen als Abschreckung für die anderen Astronauten zu dienen. Tatsächlich war insbesondere der erfahrene Raumfahrer Gus Grissom einer der stärksten Kritiker des APOLLO-Un-

Gus Grissom

ternehmens, weil er die Unmöglichkeit der Missionen erkannte. Wieso konnte das Unglück passieren?

Der APOLLO 1-Unfall geschah aufgrund eines Kurzschlusses, wie es hieß. In den amerikanischen bemannten Raumkapseln wurde anstatt mit normaler Luft mit reinem Sauerstoff gearbeitet, weil dadurch der Innendruck der Kapseln auf drei bis fünf psi stark abgesenkt werden konnte. Durch diesen Kunstgriff war es möglich, bei den Raumkapseln leichtere und dünnere Materialien zu verwenden, wodurch für den Transport ins All Gewicht gespart wurde. Diese Technik wurde auch schon bei den ersten bemannten Flügen angewandt. Allerdings reicht in der reinen Sauerstoffluft bereits der kleine Funken einer statischen Elektrizität aus, um ein Chaos hervorzurufen. Außerdem korridieren viele Materialien sofort, wenn sie mit reinem Sauerstoff in Verbindung kommen.

Im Gegensatz zur NASA verwendeten die Russen - bis zum heutigen Tag - normale Atemluft und massivere Raumkapseln, was bei dem Nach-APOLLO-Projekt des Rendezvous-Manövers zwischen einer APOLLO-Kapsel und einem SOJUS-Raumschiff in der Erdumlaufbahn zu erheblichen Problemen führte.

Der Kabinendruck der APOLLO 1-Kapsel lag bei 16 psi bei 90 % Sauerstoffatmosphäre. Konnte man den Druck auf der Erde nicht absenken, weil die Kapsel sonst implodiert wäre? Da es nur ein Test war: warum hatdie NASA keine normale Luftmischung verwendet? Die reine

Sauerstoffatmosphäre wirkte sich unter diesem Druck jedenfalls verheerend aus, erst recht, als Schalter betätigt wurden. Man könnte noch weiter fragen: warum wurde die Kapsel erst nach drei Minuten geöffnet? Wollte man sicher sein, dass die Astronauten wirklich tot sind?

Wie dem auch sei, APOLLO 1 hat jedenfalls gezeigt, dass die Raumfahrttechnologie in den Kinderschuhen steckte und es große Probleme gab, diese zu meistern. In dem von Kennedy vorgegebenen Zeitrahmen war dieser gigantische Techniksprung nicht machbar, das müssen die Führungsköpfe recht bald erkannt haben, woraufhin zwar die Entwicklung der Raumfahrttechnologie weiter angetrieben, parallel dazu jedoch die große Fälschungsaktion ins Leben gerufen wurde.

Sehr bedenklich finde ich, dass ein Großteil der amerikanischen APOLLO-Astronauten psychische Schäden, Hirnschäden zeigt. Andere hatten Nervenzusammenbrüche. Ist das vielleicht eine Folge davon, dass sie eine Lüge vertreten und mit ihr leben müssen? Einige Astronauten (bisher acht) starben bei z.T. merkwürdigen Unfällen auf der Erde. Warum? Von allen hieß es, sie hätten der APOLLO-Mission kritisch gegenüber gestanden. Warum reden so viele amerikanische Astronauten von der Unrealität von Ereignissen? Etwa, weil diese Ereignisse unreal waren? (Kaysing/Reid, a.a.O.)

Man könnte hier natürlich entgegen halten, dass Astronauten hochintelligente Spezialisten sein müssen, die enormen Belastungen ausgesetzt und dementsprechend anfälliger als „Normalmenschen" sind, wozu die bekannten Zufälle kommen.

Die gesamte amerikanische Raumfahrtindustrie stand damals unter einem enormen Erfolgsdruck, um das ehrgeizige Ziel von Präsident Kennedy erreichen zu können, und dazu war jeder Weg recht.

War ein Mondflug überhaupt technisch machbar?

Aus heutiger Sicht betrachtet, muss es unmöglich gewesen sein, eine für damalige Zeit völlig neue Technologie in der zur Verfügung stehenden kurzen Zeit aus dem Nichts zu entwickeln. Zu viele Probleme stellten sich, nichts war erprobt. Und doch - glaubt man der amerikanischen Raumfahrtbehörde NASA und den Geschichtsbüchern - soll das alles in einem gigantischen Kraftakt verwirklicht worden sein.

Betrachtet man sich mit heutigen Augen - rund dreißig Jahre später - die Fotos der APOLLO-Missionen, so fallen jedoch eine ganze Reihe von Ungereimtheiten auf, die wohl bisher, warum auch immer, übersehen wurden. Und man fragt sich, ob damals alles mit rechten Dingen zuging, oder ob hier nicht massiv manipuliert wurde, um die Weltöffentlichkeit und die damaligen Sowjets darüber hinweg zu täuschen, dass die benötigte Technologie noch gar nicht einsatzreif war?

Je tiefer man in die Thematik eintaucht, um so mehr häufen sich die Widersprüche, und ich bin heute zu der Meinung gekommen, dass die APOLLO-Flüge zwar bis in eine Erdumlaufbahn führten, dass jedoch kein einziger Astronaut jemals in die Nähe des Mondes gelangt ist. Die ausführlichen Begründungen dazu lesen Sie in diesem Buch.

Echt oder perfekte Inszenierung?

Schaut man sich Videofilme und Fotos der APOLLO-Missionen an, so sagt man sich unwillkürlich: „Das kann doch unmöglich alles gefälscht sein!". Zu perfekt erscheinen sie auch heute noch. Und die Menge des vorhandenen Filmmaterials scheint ebenfalls eher *gegen* Fälschungen zu

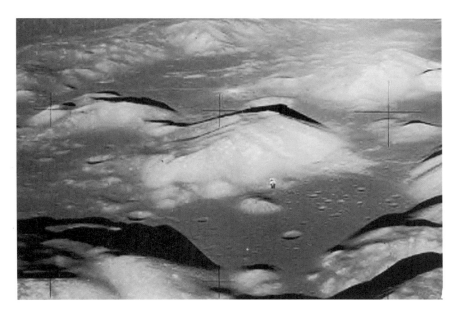

Die APOLLO 17-Landefähre (Bildmitte): Echt oder Modell?

sprechen. Zu echt erscheinen beispielsweise die „Känguruh-Hüpfer" der Astronauten und ihre Aktivitäten „auf dem Mond". Und die Flug- und Koppelmanöver der Raumfähren mit den Kommandomodulen in der Mondumlaufbahn, das soll alles gefälscht sein? Es sieht so echt aus, wenn beispielsweise die Retrokapsel von APOLLO 17 vom Mond startet und in der Sichtluke zu sehen ist, wie die Mondoberfläche langsam zurückbleibt, mit dem Fährenunterteil und dem Rover und den vielen Fuß- und Fahrspuren. Da mag man gar nicht an eine Fälschung glauben - sofern man nicht irgendwelche Science-Fiction-Filme gesehen hat, in denen ganz ähnliche Szenen gezeigt werden. Man mag an die Echtheit glauben oder sie anzweifeln. Tatsache ist jedenfalls, dass auch schon Ende der Sechzigerjahre die amerikanische Filmindustrie in der Lage war, solche Szenen zu drehen, am perfektesten mit *Stanley Kubricks* Film „2001 - Odyssee im Weltraum", der gerade rechtzeitig vor den ersten APOLLO-Flügen fertig wurde, um die amerikanische (und die Welt-) Öffentlichkeit auf die kommenden „Mondlandungen" vorzubereiten.

Der Mondkrater Kopernikus, aufgenommen von einer Orbitersonde

Ein weiterer Punkt, der für die Echtheit der APOLLO-Flüge immer wieder angeführt wird, sind die Gesteinsproben vom Mond - doch selbst sie werden inzwischen in Zweifel gezogen.

War ich anfänglich noch der Meinung, dass zwar die Durchführung der APOLLO 11-Mission recht unwahrscheinlich ist, so war ich doch davon überzeugt, dass mindestens einmal eine bemannte Mondmission erfolgreich gewesen sei. Die „perfekten" Fotos konnten durchaus vorher in einer Übungshalle gemacht und später unter die „echten" Mondfotos gemischt worden sein, vielleicht weil die „echten" Mondfotos zu schlecht waren?

Das bedingte jedoch, dass zumindest einige „schlechte echte" Mond-fotos vorhanden sein müssten. Doch schaut man die von der NASA veröffentlichten APOLLO-Fotos durch, so stellt man fest, dass es dabei eigentlich gar keine „schlechten" Fotos gibt! Das war der Ansatzpunkt, bei dem ich stutzig wurde und die Bilder einer genaueren Prüfung unterzog. „Schlechte", also beispielsweise überbelichtete oder unscharfe Fo-

APOLLO 11, Fernsehaufnahme.

tos, fand ich erst viel später, als ich die Originalbilder der Hasselblad-Filmmagazine durchsah. Es gibt sie wirklich, und zwar reichlich. Die NASA hatte nur die perfekten Fotos veröffentlicht.

Die Hasselblad-Kameras waren damals die besten der Welt, und alle APOLLO-Missionen waren mit diesen Kameras ausgestattet. Vom heutigen Standpunkt aus gesehen war ihre Technik jedoch eher primitiv. Blende und Verschlussgeschwindigkeiten mussten noch per Hand eingestellt werden, ein Zoom-Objektiv gab es auch nicht, die Objektive mussten manuell gewechselt werden.

Schon früher ist mir aufgefallen, dass sich in vielen Filmsequenzen die „Zeitlupenbewegungen" der Astronauten auf der „Mondoberfläche" merkwürdigerweise in ganz „normale" Bewegungen verwandeln, wenn man einen Videofilm im „schnellen Bildvorlauf" abspielt. Das funktioniert jedoch nicht bei allen Sequenzen. Waren die Filmaufnahmen der APOLLO-Astronauten also tatsächlich im Zeitlupenverfahren aufgenommen worden? So, wie es in dem Science-Fiction-Film „Unternehmen Capricorn" gezeigt wird?

Die Aufgaben
der APOLLO-Missionen

Mission	Besatzung	Aufgaben
APOLLO 7	Walter Schirra Don Eisele Walter Cunningham	Erprobung der APOLLO-Kapsel, nur CSM wurde in die Erdumlaufbahn gebracht; 163 Erdumkreisungen
APOLLO 8	Frank Borman William A. Anders James A. Lovell Jr.	Nur CSM; „Flug zum Mond", 10 „Mondumkreisungen", Rückflug
APOLLO 9	James A. McDivitt David R. Scott Russel L. Schweickart	CSM und LEM-Erprobung im Erdorbit; An- und Abkoppelungsmanöver; 151 Erdumkreisungen
APOLLO 10	Eugene A. Cernan John W. Young Thomas P. Stafford	LEM-An- und Abkoppelung „in Mondumlaufbahn" 31 „Mondumkreisungen"
APOLLO 11	Neil A. Armstrong Edwin E. Aldrin Michael Collins (Kommandant des Kommandomoduls im „Mondorbit")	„1. Mondlandung", Rückkehr 30 „Mondumkreisungen"
APOLLO 12	Charles Conrad Alan Bean Richard Gordon (Kommandant des Kommandomoduls im „Mondorbit")	„Mondlandung", Rückkehr 45 „Mondumkreisungen"
APOLLO 13	James A. Lovell Jr. John L. Swigert Jr. Fred W. Haise Jr.	„Mondlandung", durch „Explosion" eines „Sauerstofftanks" nur „Mondumkreisung" und Rückkehr

Mission	Besatzung	Aufgaben
APOLLO 14	Alan B. Shepard Edgar A. Mitchell Stuart D. Roosa (Kommandant des Kommandomoduls im „Mondorbit")	„Mondlandung", Rückkehr 34 „Mondumkreisungen"
APOLLO 15	David R. Scott James B. Irwin Alfred M. Worden (Kommandant des Kommandomoduls im „Mondorbit")	„Mondlandung", Rückkehr 74 „Mondumkreisungen"
APOLLO 16	John W. Young Charles M. Duke Jr. Thomas K. Mattigly II (Kommandant d. Kommandomoduls im „Mondorbit")	„Mondlandung", Rückkehr 64 „Mondumkreisungen"
APOLLO 17	Eugene A. Cernan Harrison H. Schmitt 75 Ronald E. Evans (Kommandant des Kommandomoduls im „Mondorbit")	„Mondlandung", Rückkehr „Mondumkreisungen"

(CSM = Kommandomodul)

Wenn man genauer hinschaut, dann fällt es auf, dass sich nicht nur der „Mondstaub" viel zu schnell - genauso schnell wie auf der Erde! - wieder setzt. Auch Gegenstände fallen zu schnell, beispielsweise bei dem „Hammer-und Feder-Experiment" von APOLLO 16. Sie müssten unter nur einem Sechstel der Erdanziehung (der Mondschwerkraft) viel länger schweben, langsamer fallen.

Staub? Laut Physik darf es unter Vakuumbedingungen doch gar keinen losen Staub geben, weil er zu einer festen Masse zusammenbackt! Doch in den NASA-Videofilmen „vom Mond" staubt es recht häufig und viel, besonders bei den Fahrten mit dem „Rover".

Und die imponierenden Fotos aus der Mondumlaufbahn! Sie zeigen in brillanter Schärfe Krater, Risse, Furchen, ehemalige Flussläufe und

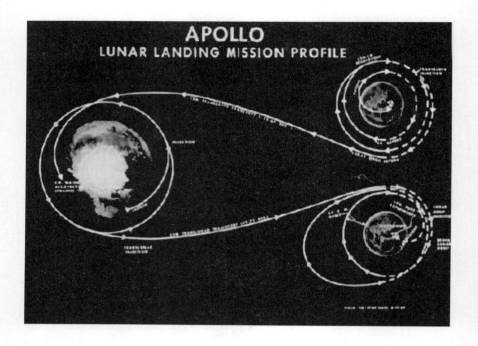

auch Strukturen, die aussehen, als seien sie künstlich errichtet worden. Doch stammen diese Fotos wirklich von APOLLO-Astronauten?

Allein die fünf SURVEYOR-Sonden, die vor dem APOLLO-Spektakel zum Teil weich auf dem Mond gelandet waren, haben über 85.000 Fotos zur Erde gefunkt. *Fünfundachtzigtausend!* Hinzu kommen die - zigtausend Fotos der anderen Mondsonden. Bis zum „ersten APOLLO-Mondflug" war der Mond bereits *mehrfach komplett* kartografiert! Die Sonden LUNAR ORBITER 4 und 5 hatten beispielsweise bereits 1967 den Mond mit einer Bildpunktauflösung von weniger als hundert Metern kartografiert. Woran können wir erkennen, dass die „APOLLO-Fotos" *nicht* von unbemannten Satelliten aufgenommen worden sind?

Ein Einwand mag sein, dass die APOLLO-Fotos eine (oftmals) farbige Mondoberfläche zeigen, wohingegen die übermittelten Fotos der Mondsonden überwiegend schwarzweiß waren. Doch weiß jeder Fotoamateur und jeder Computerbenutzer, dass es absolut nicht schwierig ist, aus einem Schwarzweißfoto ein realistisch aussehendes Farbfoto zu machen. Das würde auch die vielen angeblichen „Farbstiche" der „APOL-

LO-Fotos" erklären, die so ganz im Widerspruch zu den Aussagen der APOLLO-Astronauten stehen, der Mond sehe „völlig grau" aus, als ob er „aus gebranntem Gips" bestehe (*Jim Lovell,* APOLLO 8). Die Mondoberfläche, „aus dem Orbit betrachtet", beschrieb *Bill Anders* (APOLLO 8) als *„schmutziger Seesand mit einer Menge Fußspuren oder Schlaglöcher darin"*...

Was wollten diese Astronauten damit aussagen? Könnten hier Hinweise durch Insider vorliegen auf eine Modelloberfläche („gebrannter Gips") oder einen irdischen Mondoberflächen-Nachbau („Seesand mit Fußspuren...")? Oder ist das zu weit hergeholt?

Worin bestand der Nutzen?

Das APOLLO-Projekt hat die amerikanischen Steuerzahler die gigantische Summe von rund dreißig Milliarden Dollar (einige sprechen gar von vierzig bis sechzig Milliarden) gekostet. Für diesen hohen Preis sind sechs amerikanische Astronauten „auf der Mondoberfläche" herumgelaufen, haben einige Kilogramm „Mondgestein" gesammelt und einige Fotos gemacht. Rechtfertigt das den Einsatz von dreißig Milliarden Dollar (zu damaligem Kurs mehr als eine *Billion* Mark)?

Die wissenschaftliche Ausbeute war - das wird ehrlicherweise von allen Seiten zugegeben - gleich Null. Auch die NASA gab im Nachhinein zu, dass es bezüglich des Mondes nach dem APOLLO-Programm mehr Fragen als Antworten geben würde.

War es wirklich nur das Prestigebewusstsein, vor den Sowjets als erster erfolgreich „zum Mond" zu fliegen, zu beweisen, dass man inzwischen die bessere Technik besitzt? Wäre das nicht ein recht kindischer Grund gewesen?

Nein! Natürlich spielte es überhaupt keine Rolle, welches Objekt oder welche Mission durchgeführt werden sollte. Der Hauptgrund für das APOLLO-Projekt war, die „gebeutelte" amerikanische Nation aus der moralischen und wirtschaftlichen Lethargie zu reißen, in der sie sich befand, nachdem in den Jahren vorher fast alles schief gelaufen war, angefangen bei der sowjetischen Vorrangstellung im Weltraum und der missglückten Landung amerikanischer Soldaten auf Kuba. Die amerikanische Wirtschaft lag am Boden, und da spielte es keine Rolle, welche

Aufgabe ein Präsident als erstrebenswertes Fernziel aufstellte, solange nur die Hoffnung bestand, diese Lethargie zu durchbrechen. Zufällig war dieser Anreiz der „Mondflug". Und im Nachhinein betrachtet muss man zugeben, dass die amerikanische Wirtschaft aufgrund dieses Anreizes einen gewaltigen Aufschwung genommen hat, wie er sonst keinesfalls denkbar gewesen wäre.

Die Entwicklung der Raumfahrt mit den heutigen Spaceshuttle-Flügen, den Wetter- und Nachrichtensatelliten und der internationalen Raumstation ISS wurde erst ermöglicht durch den Aufbau der amerikanischen Raumfahrtindustrie durch die auffordernden Worte Präsident Kennedys. Man kann dazu stehen, wie man will, kann das APOLLO-Projekt als gigantisches Täuschungsmanöver betrachten oder als einmalige Leistung der amerikanischen Raumfahrtindustrie, doch das gesamte Land erfuhr einen bis dato nicht erlebten wirtschaftlichen Aufschwung, der sich bis in die heutige Zeit auswirkt. Und allein dieser Faktor rechtfertigte das APOLLO-Programm, ob es nun aus tatsächlich stattgefundenen Mondflügen bestand oder nicht.

Mit einem Geldaufwand in der erwähnten Größenordnung ließ sich damals und würde sich heute noch absolut jede Fälschung durchführen und vertuschen lassen. Dass die APOLLO-Fälschung keinesfalls perfekt war, sieht man an den Fehlern, die unterlaufen sind. Es ist mir jedoch unverständlich, warum alle Welt - besonders die wissenschaftliche und die Sowjets! - die von der NASA präsentierten „Fakten" kommentarlos und ohne zu hinterfragen „geschluckt" hat!

Interessant wird es jedoch, wenn man anfängt nachzuforschen, wohin diese gigantischen Geldsummen tatsächlich geflossen sind. Denn eine Filmproduktion nach „2001"-Muster kostet keine Milliarden sondern nur Millionen Dollars. Das Verschwinden dieser Summen ist ebenso mysteriös wie das spätere Verschwinden der Baupläne des APOLLO-Projektes und der SATURN-Trägerrakete. Es gibt einige Autoren, die sich darüber Gedanken gemacht haben und zu dem Ergebnis kamen, dass diese Summen möglicherweise in geheimste Technik- und Rüstungsprojekte u.a. des CIA geflossen seien...

Die APOLLO-Missionen

„And what did I do, I lied. (Und was tat ich, ich log)"

Edwin „Buzz" Aldrin, APOLLO 11-Astronaut
(in: Aldrin: „Return to Earth", Random House 1973, S. 270, zitiert in René)

APOLLO 7

Mit APOLLO 7 (11.10. - 22.10.68) erprobten die drei Astronauten *Walter Schirra, Don Eisele* und *Walter Cunningham* erstmals das APOLLO-Raumschiff in der Erdumlaufbahn. Elf Tage umkreisten sie die Erde. Der Erfolg des Unternehmens führte die NASA zu dem Entschluss, schon mit APOLLO 8 an Weihnachten 1968 den Flug „zum Mond" zu wagen.

APOLLO 8

Die Astronauten *William A. Anders, Frank Borman* und *James A. Lovell Jr.* hatten die Aufgabe, mit dem „ersten bemannten Mondflug" mit APOLLO 8 (21.12. - 27.12.68) die Konzeption des APOLLO-Programmes als richtig zu beweisen, praktische Erfahrungen zu gewinnen und damit den Weg freizumachen für die eigentliche „bemannte Mondlandung".

Zu den Nebenaufgaben von APOLLO 8 gehörten auch die „Fotografierung der Mondoberfläche" und die Suche nach möglichen „Lande-

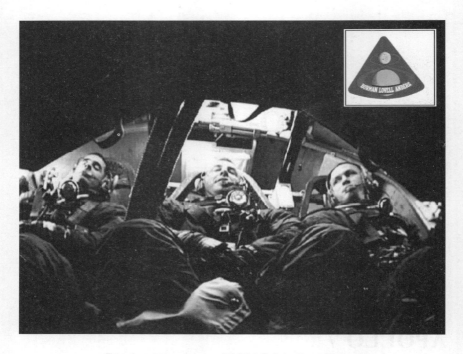

Die Astronauten von APOLLO 8 in ihrer Kapsel

gebieten" für die späteren Expeditionen. Heute erscheint es mir merkwürdig, dass die Astronauten nach „geeigneten Landegebieten" Ausschau halten sollten, obwohl zu diesem Zeitpunkt der Mond doch bereits mehrfach eingehend kartografiert war. Die selbe Aufgabe hatten schon u.a. die unbemannten SURVEYOR-Mondsonden erfüllt. Bezeichnenderweise hat die NASA die geplanten APOLLO-Mondlandeplätze auch auf solchen Fotos - und nicht etwa auf APOLLO 8-Fotos - eingezeichnet.

Mit dem Flug von APOLLO 8 - ob er nur in der Erdumlaufbahn stattfand oder wirklich „zum Mond" führte - hat die NASA die Richtigkeit ihres APOLLO-Konzepts bewiesen. Damit wurden eine Reihe von technischen Höhepunkten und Erstleistungen erbracht. Die Erprobung der Mondlandefähre (LEM) im selbständigen Flug einschließlich der Wiederankopplung stand jedoch noch aus, da die Fähre nicht mitgeführt wurde.

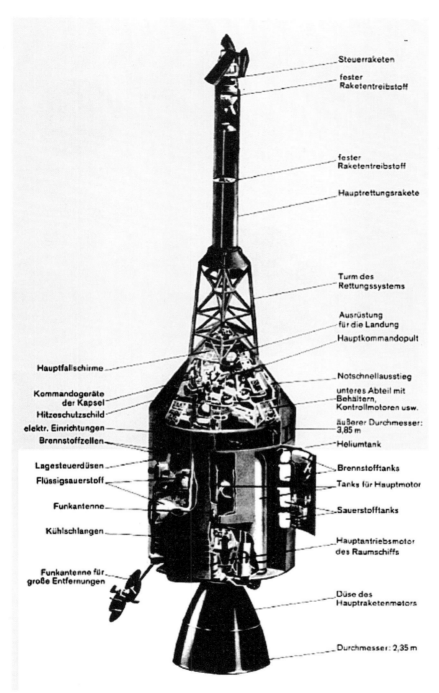

Das APOLLO-System

Steuerraketen

fester Raketentreibstoff

fester Raketentreibstoff

Hauptrettungsrakete

Turm des Rettungssystems

Ausrüstung für die Landung

Hauptkommandopult

Notschnellausstieg

unteres Abteil mit Behältern, Kontrollmotoren usw.

äußerer Durchmesser: 3,85 m

Heliumtank

Brennstofftanks

Tanks für Hauptmotor

Sauerstofftanks

Hauptantriebsmotor des Raumschiffs

Düse des Hauptraketenmotors

Durchmesser: 2,35 m

Hauptfallschirme

Kommandogeräte der Kapsel

Hitzeschutzschild

elektr. Einrichtungen

Brennstoffzellen

Lagesteuerdüsen

Flüssigsauerstoff

Funkantenne

Kühlschlangen

Funkantenne für große Entfernungen

33

Die Mondlandefähre (LEM) von APOLLO 9 in der Erdumlaufbahn. Man beachte bei allen Fährenfotos, dass niemals das Haupttriebwerk in Aktion ist! Stammen von dieser Mission die LEM-Flugbilder, die man dann nur noch vor einen Mondhintergrund kopieren musste?

APOLLO 9

Am 3. März 1969 starteten die Astronauten *James A. McDivitt, David R. Scott* und *Russel L. Schweickart* mit APOLLO 9 zur Erprobung des Landeteils LEM im selbständigen Flug, einschließlich der Wiederankopplung, zu einem zehntägigen Orbitalflug um die Erde.

Die Astronauten testeten erstmals das Ab- und Ankoppeln der Landefähre (LEM) vom Kommando- und Triebwerksteil (CSM), das Zün-

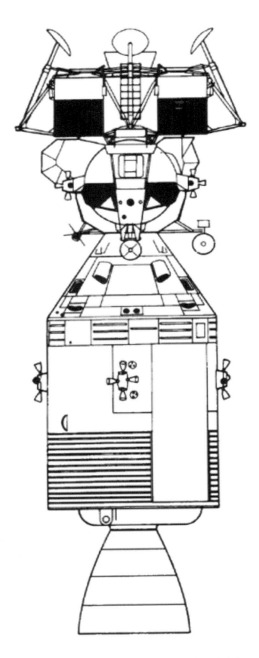

So koppelt das Kommandomodul (CSM) an die Fähre (LM) zum Umsteigen der Astronauten an.

den des Lande- und Starttriebwerks und das Aussteigen eines Astronauten aus der Mondfähre.

Dabei umkreisten sie die Erde 151mal und landeten am 13.03.69 nach 241 Stunden und einer Minute Flugzeit bei den Bahama-Inseln im Meer.

APOLLO 10

Die Astronauten *Thomas P. Stafford, Eugene A. Cernan* und *John W. Young* unternahmen am 18.05.69 den „zweiten Flug zum Mond" mit APOLLO 10. Während dreißig „Mondumkreisungen" wurde die Landefähre LEM zweimal getrennt und näherte sich der „Mondoberfläche" bis auf fünfzehn Kilometer, ohne jedoch zu landen.

Die Testflüge von APOLLO 9 und 10 ließen die letzten Zweifel an der Tauglichkeit des Flugsystems SATURN 5/Kommando- und Triebwerksteil/Landefähre verschwinden und zeigte für die Verantwortlichen die Reife des APOLLO-Programms, obwohl die Landefähigkeit der Mondlandefähre LEM bisher nicht in der Praxis erprobt wurde. Am 26.05.69 landete APOLLO 10 nach 192 Stunden und drei Minuten Flugzeit planmäßig im Pazifik.

APOLLO 11

Der Hinflug

Start war am 16.07.69. In der Kommandokapsel COLUMBIA saßen *Neil A. Armstrong*, der als „erster Mensch" den „Mond" betreten sollte, *Edwin E. „Buzz" Aldrin*, der Kommandant der Landefähre EAGLE und *Michael Collins*, der Kommandant des Mutterschiffes (CSM), das während der „Mondexkursion" den „Mond" umkreisen sollte.

Am 20. Juli 1969 lösten sich Armstrong und Aldrin mit der Landefähre vom Mutterschiff und begannen nach einem einstündigen Formations-

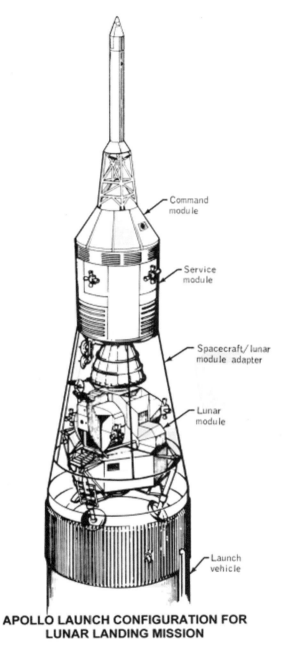

Command
module

Service
module

Spacecraft / lunar
module adapter

Lunar
module

Launch
vehicle

**APOLLO LAUNCH CONFIGURATION FOR
LUNAR LANDING MISSION**

*Die APOLLO-Startkonfiguration mit der oben aufgesetzten Rettungsrakete, die
bei einem Fehlstart die APOLLO-Kapsel in Sicherheit bringen sollte. Die Rettungsrakete wurde kurz nach dem erfolgreichen Start abgeworfen.*

APOLLO 11-Zeitplan

16.07.69		Start
19.07.69	18:26 MEZ	Einschwenken in die „Mond-umlaufbahn"
20.07.69	18:47 MEZ	Trennung der Landefähre EAGLE
20.07.69	21:17 MEZ	Armstrong und Aldrin landen mit EAGLE „auf dem Mond"
21.07.69	03:56 MEZ	Armstrong betritt als erster Mensch „den Mond im Mare Tranquillitatis", Aldrin folgt 18 Minuten später
21.07.69	18:54 MEZ	Rückstart von der „Mondober-fläche"
24.07.69	17:54 MEZ	Landung im Pazifik

flug mit dem „Abstieg zum Mond". Kurz vor der Landung musste Armstrong in die automatische Steuerung eingreifen, um eine Landung in einem „mit Geröll gefüllten Krater" zu verhindern. Kurze Zeit später war die „Mondoberfläche" erreicht, 6,4 Kilometer vom vorausberechneten Ziel entfernt. Der offizielle Zeitpunkt der „ersten Landung von Menschen auf dem Mond": 20.07.69, 21:17 Uhr, 39 Sekunden MEZ.

Der Ausstieg

Neil Armstrong stieg am 21. Juli die Leiter hinab und setzte um 03:56 Uhr MEZ zuerst seinen linken Fuß „auf den Boden des Erdtrabanten". Obwohl er während der TV-Direktübertragung nur nichtssagende Äußerungen, etwa über die Dicke des „Mondstaubes" machte, unterschob man ihm später, er habe die „heroischen" Worte: *„ Ein kleiner Schritt für einen Mann, aber ein riesiger Sprung für die Menschheit! "* beim Betreten der „Mondoberfläche" gesagt.

Nachdem auch Aldrin ausgestiegen war, enthüllten beide Astronauten eine Gedenkplakette an einem der LEM-Landebeine mit der Inschrift

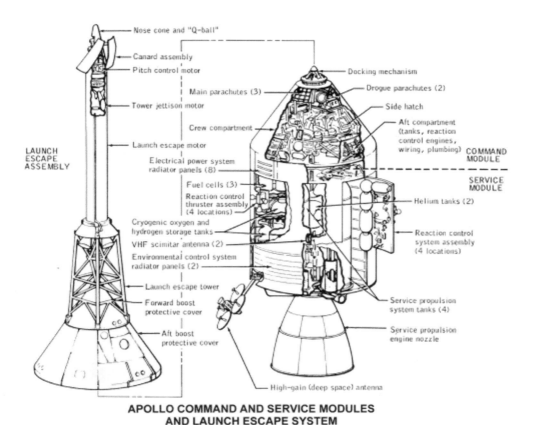

Nose cone and "Q-ball"
Canard assembly
Pitch control motor
Docking mechanism
Main parachutes (3)
Drogue parachutes (2)
Tower jettison motor
Side hatch
Crew compartment
Aft compartment
(tanks, reaction
control engines,
wiring, plumbing) COMMAND
MODULE
Launch escape motor
Electrical power system
radiator panels (8)
SERVICE
MODULE
Fuel cells (3)
Helium tanks (2)
Reaction control
thruster assembly
(4 locations)
Cryogenic oxygen and
hydrogen storage tanks
Reaction control
system assembly
(4 locations)
VHF scimitar antenna (2)
Environmental control system
radiator panels (2)
Launch escape tower
Forward boost
protective cover
Service propulsion
system tanks (4)
Aft boost
protective cover
Service propulsion
engine nozzle
LAUNCH
ESCAPE
ASSEMBLY
High-gain (deep space) antenna

**APOLLO COMMAND AND SERVICE MODULES
AND LAUNCH ESCAPE SYSTEM**

*Links die Anordnung der Rettungsrakete auf der APOLLO-Kapsel. Rechts das
APOLLO-Kommando- und Service-Modul. Obenauf die APOLLO-Kapsel.*

„*Here men from the planet earth first set foot upon the moon july
1969 A. D. We came in peace for all mankind*" („Hier setzten erstmals
Menschen vom Planeten Erde ihren Fuß auf den Mond, Juli 1969. Wir
kamen in Frieden für die ganze Menschheit").

Während ihres mehr als zweistündigen Aufenthaltes auf der „Mondoberfläche" entfalteten die Astronauten die US-Flagge und absolvierten
einige wissenschaftliche Aufgaben. Sie stellten einen Sonnenwindmesser,
einen Laserreflektor zur Messung des exakten Abstandes der Erde-Mond-
Entfernung und einen passiven Seismometer zur Registrierung von Mondbeben auf.

39

Insgesamt sammelten die Astronauten von APOLLO 11 20,7 kg „Mondgestein".

Der Rückflug

Der „Rückstart vom Mond", die Wiederankoppelung an das Kommandomodul und die „Rückkehr zur Erde" verliefen problemlos. Nach der Wasserung wurden die Astronauten zum Flugzeugträger HORNET geflogen, wo sie in einer mobilen Quarantänestation untergebracht wurden.

Das „Mondgestein"

Das mitgebrachte Gestein wurde von 142 Wissenschaftlern in zehn verschiedenen Ländern untersucht und analysiert. Dabei stellte man für das Gestein (erstarrte Lava) ein Alter von 3,2 bis 3,5 Milliarden Jahre fest. Obwohl es sich mit Basaltgestein vergleichen lässt, hieß es, dass es sich angeblich von allen bekannten irdischen Gesteinssorten unterscheide.

Das Gestein enthielt vor allem leichte und mittelschwere Metalle und weniger Alkalien, Phosphor, Silizium, sowie schwere Metalle wie Wolfram, Tantal, Iridium, Molybdän und Platin.

APOLLO 12

Bei ungünstigen Wetterverhältnissen starteten die Astronauten *Charles Conrad, Richard Gordon* und *Alan Bean* am 14. 11.69 zur zweiten „Landung auf dem Mond". Unmittelbar nach dem Start schlugen zwei Blitze in die Rakete ein und verursachten einen kurzfristigen Ausfall der Datenübertragung und der Funksprechverbindung.

Der Flug von APOLLO 12 war eine mehr auf Wissenschaftlichkeit ausgerichtete Variante des Fluges von APOLLO 11.

Die „Erinnerungsplakette" an einem Landebein der Fähre von APOLLO 12.

APOLLO COMMAND MODULE INTERIOR

LEFT SIDE

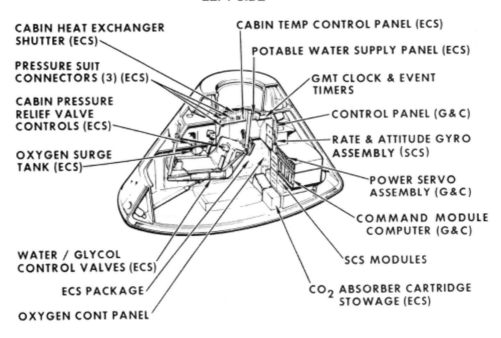

CABIN HEAT EXCHANGER SHUTTER (ECS)

PRESSURE SUIT CONNECTORS (3) (ECS)

CABIN PRESSURE RELIEF VALVE CONTROLS (ECS)

OXYGEN SURGE TANK (ECS)

CABIN TEMP CONTROL PANEL (ECS)

POTABLE WATER SUPPLY PANEL (ECS)

GMT CLOCK & EVENT TIMERS

CONTROL PANEL (G&C)

RATE & ATTITUDE GYRO ASSEMBLY (SCS)

POWER SERVO ASSEMBLY (G&C)

COMMAND MODULE COMPUTER (G&C)

WATER / GLYCOL CONTROL VALVES (ECS)

ECS PACKAGE

OXYGEN CONT PANEL

SCS MODULES

CO_2 ABSORBER CARTRIDGE STOWAGE (ECS)

RIGHT SIDE

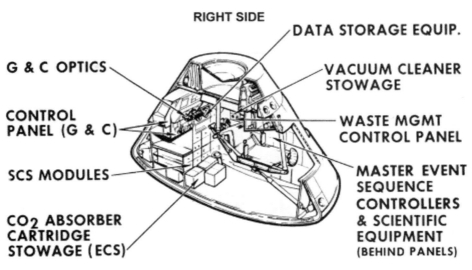

DATA STORAGE EQUIP.

G & C OPTICS

VACUUM CLEANER STOWAGE

CONTROL PANEL (G & C)

SCS MODULES

WASTE MGMT CONTROL PANEL

CO_2 ABSORBER CARTRIDGE STOWAGE (ECS)

MASTER EVENT SEQUENCE CONTROLLERS & SCIENTIFIC EQUIPMENT (BEHIND PANELS)

Schnitt durch die APOLLO-Kapsel

41

Es entsprach der technischen Philosophie des APOLLO-Programms, vom Einfachen zum Komplizierten fortzuschreiten, also die Anforderungen an Gerät und Mensch von Flug zu Flug zu steigern.

Die vorgesehene Landung in nächster Nähe der bereits im April 1967 weich auf dem Mond gelandeten automatischen Sonde SURVEYOR 3 erforderte ein verbessertes Punktlandeverfahren in bahnmechanischer und technischer Hinsicht.

Nach reibungslosem Flug „landeten" Conrad und Bean am 19. 11.69 im Oceanum Procellarum (Meer der Stürme), nur 183 Meter von SURVEYOR 3 entfernt.

Die „Landung" war dennoch mit einigen Schwierigkeiten verbunden: In der letzten Landephase war die Staubaufwirbelung durch das Triebwerk so groß, dass Conrad eine „Blindlandung" mit Hilfe der Instrumente vornehmen musste. Man fragt sich natürlich, wieso dann auf den Fotos der gelandeten Fähre unter dem Triebwerk kein Staub weggeblasen war, wenn beim Landemanöver angeblich so viel aufgewirbelt wurde, dass keine Sicht mehr möglich war.

Der „Mondaufenthalt"

Für den Aufenthalt „auf dem Mond" waren zwölf Stunden mehr als bei APOLLO 11 und zwei Exkursionen eingeplant. In dieser Zeit „besuchten" die Astronauten auch die Sonde SURVEYOR 3 und bargen aus ihr verschiedene Teile.

Eine automatische Forschungsstation ALSEP (Apollo Lunar Surface Experiments Package) wurde aufgebaut. Sie bestand aus einem verbesserten Seismometer, einem Sonnenwindspektrometer sowie aus einem Ionosphären- und Atmosphärendetektor.

Während die Signale des APOLLO 11-Seismometers nur schwer zu verstehen und zu interpretieren waren, lieferte das von APOLLO 12 recht brauchbare Hinweise, heißt es.

Eine TV-Direktübertragung war nicht möglich, weil die TV-Kamera in die Sonne gerichtet wurde, wobei sie durchbrannte. Trainierten Astronauten hätte das eigentlich nicht passieren dürfen!

APOLLO COMMAND AND SERVICE MODULES
ENGINE LOCATIONS

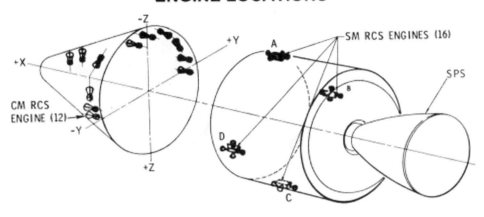

Die Steuer- und Korrekturtriebwerke von APOLLO-Kapsel und Service-Modul.

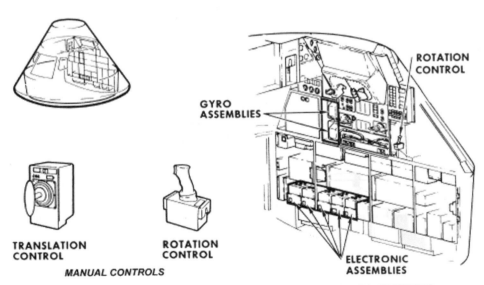

COMMAND MODULE STABILIZATION & CONTROL SYSTEM

Das Stabilisierungs- und Kontrollsystem des Kommandomoduls.

Nach dem „Rückstart" der Astronauten und dem Umstieg in das Kommandomodul wurde die Retrokapsel wieder „auf den Mond" zurückgeschossen, wobei sie etwa sechzig Kilometer von der Forschungsstation ALSEP aufprallte. Das Seismometer übermittelte Daten, die erste Rückschlüsse darüber zuließen, wie sich die Druckwellen im Inneren des Mondes fortpflanzen.

Die Astronauten hatten in „gezielter geologischer Feldarbeit" etwas über 34 kg „Mondgestein" gesammelt. Dessen Alter wurde später in Laborversuchen auf 1,7 bis 2,7 Milliarden Jahre bestimmt.

APOLLO 13

Am 11.04.70 um 13:13 Uhr startete APOLLO 13 mit den Astronauten *James A. Lovell Jr., John L. Swigert Jr.* und *Fred W. Haise Jr.* an Bord. Rund 330.000 Kilometer von der Erde entfernt meldete sich am 14. April um 4:15 Uhr morgens Lovell mit den Worten *„Houston, wir haben ein Problem"*.

In den folgenden Stunden offenbarte es sich, dass einer der beiden Sauerstofftanks im Versorgungsteil (auch „Gerätekammer" genannt) des Raumschiffes „durch einen überhitzten Thermostaten" explodiert war. Das Versorgungs- oder Servicemodul ist etwa sieben Meter lang und wiegt beim Start 23.000 kg. Seine Hauptfunktion besteht darin, die Mondschiffkombination in die Mondumlaufbahn zu tragen und sie später wieder auf eine Erdbahn zu bringen. Die Gerätekammer wird vor dem Eintritt in die Erdatmosphäre abgeworfen und verglüht bis auf ein paar Titanteile, die als Schrott auf die Erde zurückfallen. In dieser Gerätekammer, die zu achtzig Prozent ihres Gewichtes mit den hypergolen (selbstzündenden) Treibstoffen Aerozine 50 und Stickstofftetraoxid gefüllt ist, befanden sich auch die ausgefallenen Brennstoffzellen mit ihren Tanks für Flüssigsauerstoff und Flüssigwasserstoff.

Die Energieerzeugung

Die Brennstoffzellen sind Kleinkraftwerke, die die Kommandokapsel mit Energie und die Astronauten mit Wasser versorgen. Durch die „Havarie" war der größte Teil des Sauerstoffvorrats aus dem Leck im Ver-

Das havarierte Kommandomodul (CSM) von APOLLO 13. Man beachte bei diesem Foto, dass die Sterne erkennbar sind - im Gegensatz zu den APOLLO-Fotos „von der Mondoberfläche".

sorgungsteil entwichen. Das Raumschiff geriet durch die ausströmenden Gase ins Schlingern und konnte erst nach längerem Bemühen wieder stabilisiert werden. Die beiden Sauerstofftanks konnten zusammen einen Vorrat von 652 Pfund Flüssigsauerstoff aufnehmen. Sie lagen nebeneinander, waren aus der Nickel-Stahl-Legierung „Inconel" gefertigt und hatten einen Durchmesser von jeweils 66 Zentimetern. Obwohl es zunächst hieß, nur einer der Tanks sei beschädigt worden, galten später beide als leckgeschlagen. Der Verlust des Sauerstoffs legte die Energieerzeugung lahm.

Die elektrische Energie an Bord der APOLLO-Fahrzeuge wurde durch sogenannte „kalte Verbrennung" erzeugt. Dabei verbinden sich in den Brennstoffzellen die beiden Stoffe Sauerstoff und Wasserstoff, dass kein Knallgas, sondern elektrischer Strom ohne Wärmeentwicklung entsteht.

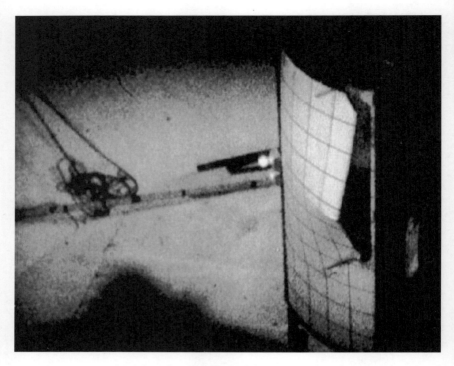

Man beachte die papierdünne Verkleidung!

Das Endprodukt dieses chemischen Prozesses ohne Abgase ist reines Wasser als Trinkwasser für die Astronauten.

In den APOLLO-Kapseln waren zusätzlich Kanister mit Lithium-Hydroxid vorhanden, die die verbrauchte Atemluft filterten, das Kohlendioxid ausschieden und den nicht verbrauchten Sauerstoff zurückgewannen. Für Notfälle waren an Bord der Kapseln noch zusätzliche, aufladbare Silber-Zinkoxid-Batterien vorhanden, die als Reserve bei besonders hohem Stromverbrauch gedacht waren. Weiterhin mussten sie die Kraft für das Abtrennen des Geräteteils kurz vor der Landung und das Herauskatapultieren der Landefallschirme liefern.

Als Folge der Explosion fielen die Brennstoffzellen aus, das Haupttriebwerk konnte nicht mehr gezündet werden, Energie, Sauerstoff und Wasser waren begrenzt.

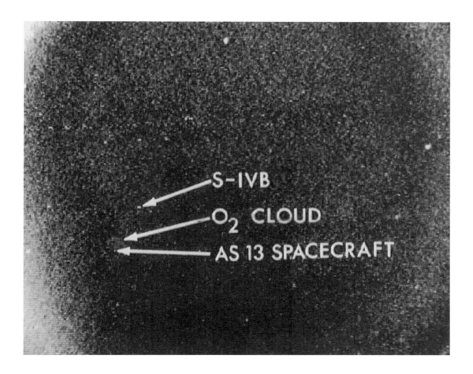

Wissenschaftler und Techniker in Houston konzentrierten sich nur noch auf ein Ziel: die Rettung der drei Astronauten. Die Mondlandefähre AQUARIUS diente dabei mit ihren Vorräten an Energie, Sauerstoff und Wasser als „Rettungsboot", die Astronauten stiegen um.

Sie mussten deshalb mit dem geringen Vorrat an Sauerstoff und elektrischer Energie auskommen, der in der Fähre und der Kapsel gespeichert war. Der Sauerstoffverbrauch wurde drastisch gekürzt, indem die Astronauten weitgehend ruhten. Auch der Funkverkehr wurde eingeschränkt. Vor allem musste Wasser gespart werden.

Mit dem Fährentriebwerk schossen sich die Astronauten in eine Rückkehrbahn zur Erde und meisterten die schwierigen Aufgaben der Kurskorrekturen. Die automatische Steuerung über den Computer in der APOLLO-Kapsel war wegen der Energieknappheit ausgefallen, so dass alle Kurskorrekturen manuell vorgenommen werden mussten. Dabei platzte ein Heliumtank, der sich überhitzte, als die vorberechnete Rotation der APOLLO-Einheit geändert wurde. Das Raumschiff musste sich regulär in einem Zeitraum von achtzehn Minuten einmal um seine Achse drehen, damit alle Außenteile gleich lange der Sonnenstrahlung ausgesetzt waren und im Schatten wieder abkühlen konnten. Durch die manuellen Kurskorrekturen machte das Raumschiff jedoch nur noch zwei Umdrehungen pro Minute. Ein Sicherheitsventil erwies sich als defekt und löste sich nicht, so dass der Heliumtank explodierte.

Die Landung

Kurz vor dem Wiedereintritt in die Erdatmosphäre begaben sich die Astronauten wieder in die Kommandokapsel, in der nur noch ein begrenzter Sauerstoffvorrat vorhanden war, und trennten sich von ihrem „Rettungsboot" und dem zerstörten Kommandomodul.

143 Stunden nach dem Start landete APOLLO 13 im Südwestpazifik, etwa 7,5 km vom Bergungsflugzeugträger entfernt.

Aufgrund dieser „Panne" wurden das APOLLO-Unternehmen und das ganze amerikanische Raumfahrtprogramm neu durchdacht. Die indirekte Folge war, dass das Mondlandeprogramm um drei „Landungen" gekürzt wurde und die NASA eine Neuorientierung der vorhandenen Weltraumkapazitäten mit dem Aspekt „Zurück zur Erde" vornahm. Die Reduzierung um drei „Mondflüge" wurde vorgenommen, obwohl ihre Finanzierung zu diesem Zeitpunkt bereits gesichert war.

APOLLO 13 war ein drehbuchreif inszeniertes Action-Stück - deshalb konnte die Geschichte später auch problemlos in einen Kinofilm umgemünzt werden.

APOLLO 14

Fast ein Jahr nach APOLLO 13 startete APOLLO 14 am 31. Januar 1971 mit den Astronauten *Alan B. Shepard, Stuart A. Roosa* und *Edgar D. Mitchell* „zum Mond", um in der *Fra-Mauro-Region* zu landen, dem Gebiet, in dem ursprünglich APOLLO 13 landen sollte.

Auch diese Mission hatte ihre Pannen. Die Koppelung der Mondfähre ANTARES mit der Kommandokapsel KITTY HAWK gelang erst beim sechsten Versuch. Kurz vor der „Mondlandung" am 5. Februar trat im Bordführungssystem der Landefähre ein Kurzschluss auf, der jedoch von Computerfachleuten rechtzeitig behoben werden konnte.

APOLLO GUIDANCE, NAVIGATION AND CONTROL SYSTEMS

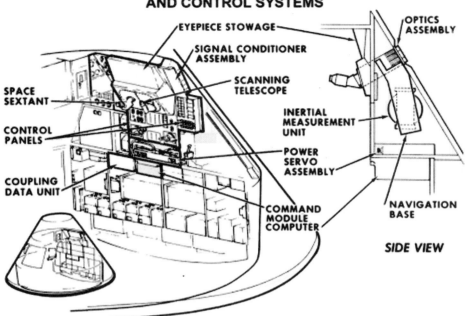

Die Führungs-, Navigations- und Kontrollsysteme der APOLLO-Kapseln

APOLLO CSM & LM COMPARISON

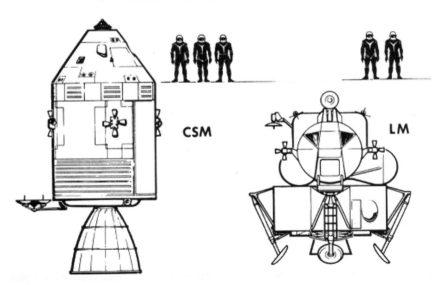

Die Aktivitäten

Shepard und Mitchell sollten bei der ersten von zwei Exkursionen (EVA) eine automatische Forschungsstation (ALSEP) errichten, die derjenigen von APOLLO 12 ähnelte. Neu waren seismische Experimente, von denen man sich Aufschluss über die Struktur der Mondmaterie bis zu einer Tiefe

von 450 Metern versprach. Die ALSEP-Station lieferte die ersten Hinweise dafür, dass der Mond noch immer eine beachtliche seismische Aktivität besitze. Und genau diese Ergebnisse wurden inzwischen als falsch von der NASA dementiert.

Bei ihren „Mondwanderungen" stand den Astronauten erstmals ein kleiner, gummibereifter Handwagen zur Verfügung (MET, *Modular Equipment Transporter*). Auf der Erde wog er etwa 45 kg. Er befand sich, in Einzelteile zerlegt, an der Außenseite der Landefähre angeflanscht.

Die Gesteinssuche

Schwerpunkt des APOLLO 14-Programms war die geologische Feldarbeit. Dazu waren die Astronauten schon Monate vor dem Start geologisch geschult worden, unter anderem im Meteoritenkrater des Nördlinger Rieses in Deutschland, um eine gezielte Gesteinssuche zu lernen.

Zur Zufriedenheit der NASA-Wissenschaftler sammelten Shepard und Mitchell bei ihrer ausgedehnten Wanderung zum Geröllabhang des Cone-Kraters Bodenproben, die sich wesentlich von den Funden der vorhergehenden APOLLO-Missionen unterschieden. Das „mitgebrachte Mondgestein" - rund 49 kg - wurde später auf ein Alter von etwa 3,9 Milliar-

Der von APOLLO 14 mitgeführte Handkarren (Blick aus der Fähre)

den Jahren datiert. Der Versuch der Astronauten, den Rand des Cone-Kraters zu ersteigen, scheiterte jedoch.

APOLLO 15

Mit dem Start von APOLLO 15 am 26.07.71 plante die NASA das größte Forschungsvorhaben der Weltgeschichte. Die Astronauten *David R. Scott, James B. Irwin* und *Alfred M. Worden* sollten die Erfolge der vorangegangenen Flüge um ein Vielfaches übertreffen.

Die Astronauten erreichten mit der Fähre FALKE am 30. Juli 1971 „den vorgesehenen Landeplatz in den *Hadley-Apenninen"*, einer weit nördlich gelegenen Landschaft zwischen der achthundert Meter breiten und bis zu 350 Meter tiefen Hadley-Rille im Westen und den über dreitausend Meter hohen Mond-Apenninen im Osten.

„Landeplatz": Hadley-Apenninen

Der Landeplatz wurde nach dem Gesichtspunkt ausgewählt, dass er zu den ältesten geologischen Mondgegenden gehöre. Man hoffte, hier Gestein mit einem Alter von etwa fünf Milliarden Jahren zu finden, das Aufschluss über die Entstehung des Mondes und des Planetensystems geben könnte.

Während Worden im Kommandomodul „den Mond umkreiste", bauten Scott und Irwin eine weitere automatische ALSEP-Forschungsstation auf, entnahmen Bodenproben, „sammelten Mondgestein" und erkundeten während dreier Exkursionen mehr als fünfzig Quadratkilometer „Mondoberfläche". Sie besuchten die Hadley-Rille, mehrere größere Krater südlich des „Landeplatzes" und inspizierten die Hänge des „Apenninen-Gebirges".

Für dieses Programm benutzten die Astronauten erstmals einen „Mondrover" (Lunar Roving Vehicle), das teuerste Auto der Welt, der zusammengeklappt an der Außenseite der Mondfähre (!) zum „Mond" transportiert worden war.

Die „Mondgebirge" waren viel sanfter als bisher angenommen, selbst die höchsten Gipfel wirkten wie abgerundete Hügel. An den Wänden der Hadley-Schlucht erkannten die Astronauten Schichtungen, im Gegensatz zur bis dato von den Geologen vertretenen Meinung, dass der Mond, im Gegensatz zur Erde, keine Gesteinsschichten aufweise. Am Abhang der Hadley-Rille fand Scott einen kristallinen Stein. Das Alter der von APOLLO 15 gelieferten Steine lag im Bereich des schon früher untersuchten „Mondgesteines".

52

Panoramabild von APOLLO 15 mit dem „Mondrover", zusammengesetzt aus Einzelfotos.

Rückstart

Kurz vor dem Verlassen der „Mondumlaufbahn" wurde vom Kommandomodul aus ein kleiner Forschungssatellit ausgesetzt, der den Mond ein Jahr lang umrundete und Messdaten zur Erde funkte.

Kurz vor der Landung im Pazifik kam dann noch einmal Spannung auf, als sich nur zwei der drei Hauptfallschirme der Kapsel öffneten. Nach der geglückten Wasserung entfiel erstmals die Quarantänezeit für die Astronauten, da man inzwischen sicher war, dass „der Mond" keine für Menschen, Tiere oder Pflanzen schädlichen Krankheitserreger birgt.

APOLLO 16

Mit einem Monat Verspätung, verursacht durch verschiedene Probleme mit dem Entkopplungsmechanismus des Raumschiffsystems, startete am 16. April 1972 APOLLO 16 mit den Astronauten *John W. Young, Thomas K. Mattingly II* und *Charles M. Duke Jr.* zur fünften „Mondexpedition".

Als „Landegebiet" waren die zentralen Partien einer der höchsten Regionen des Mondes in der Nähe des Kraters *Descartes* ausgewählt worden. Man hoffte, hier Gestein zu finden, das sowohl aus den ältesten als auch aus den jüngsten Entwicklungsperioden des Mondes stammte.

Mit sechsstündiger Verspätung, verursacht durch einen Defekt im Antriebssystem des Mutterschiffes CASPER, der beinahe zum Abbruch des

Panoramabild von APOLLO 16 mit der Landefähre, dem „Mondrover" und der US-Flagge, zusammengesetzt aus Einzelfotos.

Unternehmens führte, „landeten" Young und Duke mit der Mondfähre ORION am 21. April auf dem „Cayley-Hochplateau".

Experimente

Insgesamt wurden 111 kg „Mondgestein" gesammelt, das in internationalen Laboratorien untersucht wurde.

Young und Duke errichteten ein automatisches Kamerateleskop, das Sternwolken, Galaxien und die Verteilung des kosmischen Wasserstoffs beobachten sollte. Ebenfalls sollten mit einer Spezialkamera Quellen von Ultraviolettstrahlung im Weltraum erfasst werden. Von Ergebnissen dieser Geräte hat man jedoch nie etwas gehört.

Ein weiteres Experiment hatte eine biologische Zielsetzung: Etwa 60 Millionen Mikroorganismen, Bakterien und Viren wurden kurzfristig ungeschützt den extremen Weltraumbedingungen ausgesetzt, um die Einwirkung schwerer Teilchen der kosmischen Strahlung zu testen. Auch von diesem Experiment sind keine Ergebnisse bekannt geworden.

Die „Erinnerungsplakette" an einem der LEM-Landebeine.

APOLLO SPACECRAFT/LM ADAPTER

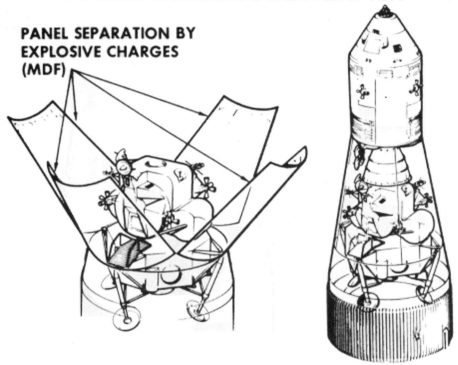

PANEL SEPARATION BY EXPLOSIVE CHARGES (MDF)

Oben: So wurde die Landefähre in der obersten Saturn-Stufe transportiert. Sie musste durch die umgekehrt angekoppelte APOLLO-Kapsel erst aus der Stufe herausgezogen werden.Unten: Das Kontrollpanel des Kommandomoduls.

APOLLO COMMAND MODULE MAIN CONTROL PANEL

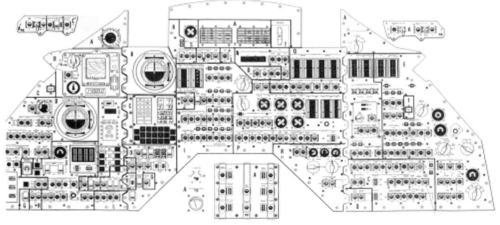

Panoramabild von APOLLO 17 mit dem „Mondrover", zusammengesetzt aus Einzelfotos.

APOLLO 17

APOLLO 17 startete am 7. Dezember 1972 zum „Mond". An Bord des Kommandomoduls AMERI-CA befanden sich die Astronauten *Eugene A. Cernan* (Kommandant), *Harrison H. Schmitt* (Pilot der Landefähre) und *Ronald E. Evans* (Kommandomodul-Pilot). Als „Landeplatz" für die Mondfähre CHALLENGER war die *Taurus-Littrow-Region* ausgewählt.

Auch diese Mission hatte wieder einen „Mond-Rover" an Bord, der einen größeren Aktionsradius „auf dem Mond" zuließ. Wie bei APOL-

LO 15 und 16 unternahmen auch die Astronauten drei Exkursionen (EVA) mit insgesamt über 22 Stunden Dauer. Dabei sammelten sie orangefarbenen Staub ein und arbeiteten neben haushohen Felsen. Die Aktivitäten der Astronauten wurden von ferngesteuerten Fernsehkameras gefilmt, die u.a. am „Rover" angebracht waren.

Ursprünglich war der Testpilot *Joe Engle* für diese Mission vorgesehen. Er wurde, da APOLLO 17 die letzte „Mondmission" sein sollte, durch den

Die „Erinnerungsplakette" an einem der LEM-Landebeine.

Mission	Astronauten	Namen von Kommandomodul / LEM
APOLLO 9	McDivitt	Gumdrop
	Scott	Spider
	Schweickart	
APOLLO 10	Stafford	Charlie Brown
	Young	Snoopy
	Cernan	
APOLLO 11	Armstrong	Columbia
	Aldrin	Eagle
	Collins	
APOLLO 12	Bean	Yankee Clipper
	Conrad	Intrepid
	Gordon	
APOLLO 13	Lovell	Odyssee
	Swigert	Aquarius
	Haise	
APOLLO 14	Shepard	Kitty Hawk
	Mitchell	Antares
	Roosa	
APOLLO 15	Irwin	Endeavour
	Scott	Falcon
	Worden	
APOLLO 16	Duke	Caspar
	Young	Orion
	Mattigly	
APOLLO 17	Cernan	America
	Schmitt	Challenger
	Evans	

Geologen „Jack" Schmitt ersetzt, der eigentlich erst mit APOLLO 18 fliegen sollte.

Obwohl zum Startzeitpunkt die Finanzierung auch folgender APOL-LO-Flüge bereits gesichert war, beendete man die Missionen mit diesem Flug vorzeitig.

Einige Daten zum Mond

Der Aufbau des Mondes

Nach Vorstellungen der NASA-Forscher besitzt der Mond eine trockene, poröse Kruste mit einer durchschnittlichen Dicke von rund sechzig Kilometern. Darunter befindet sich ein Mantel von rund 1100 Kilometern Dicke.

In seinem Inneren wird ein Kern mit einem Durchmesser von etwa 1200 Kilometern angenommen, um welchen fleißig gestritten wird. Einige Wissenschaftler nehmen an, dieser Kern sei teilweise flüssig. Andere vertreten die Meinung, dass es überhaupt keinen Kern gibt, dass der Mond hohl ist, und begründen diese Meinung recht eindrucksvoll mit Messergebnissen.

Demgemäß lässt sich noch nicht einordnen, wie es zu werten ist, dass der Mond jedesmal „wie ein Gong oder eine Glocke" gehallt haben soll, als nach Abschluss einer jeden APOLLO-Mission die Retrokapsel auf den Mond zum Absturz gebracht wurde. Dieses Nachhallen dauerte je nach Aufschlagstärke bis zu fünf Stunden an (Childress: „Archäologie im Weltraum", S. 16). Die Erklärungen hierzu sind bisher sehr umstritten. Wenn es sich bei den APOLLO-Flügen um Fälschungen handelte, kann auch keine Retrokapsel auf dem Mond aufgeschlagen sein! Allerdings ist der Nachhall-Effekt auch von anderen Mondsonden registriert worden. Und von der Erde ist ebenfalls ein Nachhall-Effekt bekannt!

Woher stammen dann die Behauptungen, der Mond „klinge wie ein Gong oder eine Glocke"? Stammen diese Messungen ausschließlich von unbemannten, weich gelandeten Mondsonden? Oder sind es nur Berechnungen, bei denen man irdische Messungen auf lunare Verhältnisse umrechnete? Letztendlich haben jedoch nicht nur die Amerikaner, son-

DAS INNERE DES MONDES

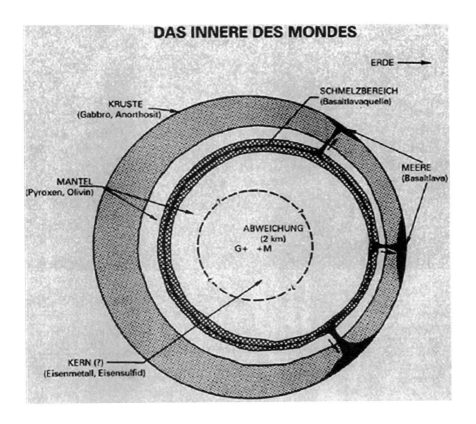

dern auch die ehemaligen Sowjets vor den APOLLO-Missionen mehrere Sonden mit Messgeräten erfolgreich weich auf der Mondoberfläche gelandet und andere im „Crash-Verfahren" aufprallen lassen. Die Ergebnisse der seismischen Experimente der APOLLO-Missionen - woher sie auch stammen mögen - erbrachten jedenfalls die Erkenntnis, dass der Mond in seinem Inneren hohl sein muss. Und vergleicht man das Verhalten von den Mond durchlaufenden Schockwellen mit dem Verhalten irdischer Schockwellen, so muss die Annahme naheliegen, dass auch die Erde ein hohler Himmelskörper ist, denn - obwohl wir als ihre Bewohner auf ihrer Oberfläche leben - unsere Wissenschaftler wissen bisher herzlich wenig über ihr Inneres. Damit will ich nicht die unzähligen „Hohle-Welt-Theorien" wieder aufleben lassen. Die größte Wahrscheinlichkeit scheint mir eine hohle Erde zu sein, die mit Wasserstoffgas gefüllt ist (wie

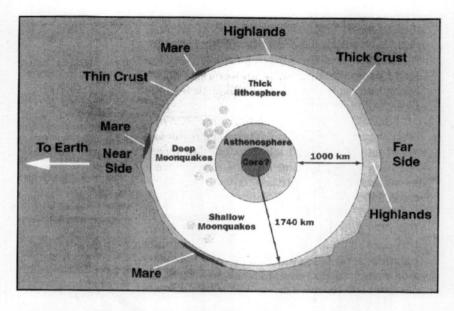

es beispielsweise Claus von Esterfeld in seinem 1990 erschienenen Buch „Geheimnis des Kosmos" postuliert), was eigentlich nahe liegt, wenn man bedenkt, dass einerseits die äußeren Planeten allesamt Gasplaneten sind und andererseits bei Tiefbohrungen Wasserstoffgas entweicht. Aber ich will hier keine neuen Thesen über das Erdinnere aufstellen.

Spätere Experimente, nach den APOLLO-Missionen, zeigten, dass der Mond, seismisch gesehen, völlig ruhig ist. Es gibt keinerlei irgendwie geartete „Mondbeben". Die letzte amerikanische Mondsonde LUNAR PROSPECTOR, die den Mond umkreiste und teilweise neu kartografierte und vermaß, hatte im September 1999 ihre Mission erfüllt und wurde in einem Kollisionskurs zum Absturz auf die Mondoberfläche gebracht. Dabei sollte sie eine Staubwolke ins All schleudern, die von irdischen Observatorien beobachtet werden sollte. Die Wolke sollte spektroskopisch untersucht werden, um herauszufinden, ob in dem hochgeschleuderten Staub Wassermoleküle vorhanden sind. Merkwürdig ist, dass die angebliche Staubwolke von der Erde aus nicht beobachtet werden konnte... Trotzdem behauptet die NASA seither, der hochgeschleuderte Staub habe keine Wassermoleküle enthalten, demgemäß gebe es auf dem Mond kein Wasser. Diese Aussage widerspricht allerdings früheren Aussagen

Mond, „aufgenommen von APOLLO 13"

der NASA, wonach durch Messergebnisse der Mondsonden CLEMEN-TINE I und LUNAR PROSPECTOR größere Eismengen auf dem Mond nachgewiesen seien. Wem und was soll man glauben?

Wie alt ist der Mond?

Das Alter der Entstehung von Gestein (nicht etwa das Alter einer Ge-steinsbearbeitung!) kann man datieren, indem man die Argon-Isotopen auszählt. Demgemäß entstand das älteste Mondgestein laut NASA vor höchstens 4,5 Milliarden Jahren. Nach der astronomischen Zeitschrift *Sky & Telescope* hat die *Fourth Lunar Science Conference* im März 1973 jedoch festgestellt, dass das älteste untersuchte Mondgestein 5,3 Milliarden Jahre alt sei. Fast das gesamte untersuchte Mondgestein sei älter gewesen als 90% des ältesten Gesteins, das auf der Erde (3,7 Mil-larden Jahre alt) gefunden wurde (Childress: „Archäologie im Weltraum", S. 16).

Einiges (angeblich) von APOLLO 12 mit zur Erde gebrachte Gestein wird hingegen auf ein Alter zwischen sieben und *20 Milliarden* Jahre datiert. Das wäre etwa viermal so alt wie das bisher angenommene Alter unseres *Sonnensystems*!

Man darf sich bei diesen Angaben jedoch nicht verwirren lassen. Die untersuchten Gesteinsproben, die man den APOLLO-Missionen zuordnet, können durchaus von automatischen Mondsonden stammen, sofern sie echt sind. Meine Annahme ist, dass das wenige Gestein, das in verschiedenen Labors intensiv untersucht worden ist, tatsächlich vom Mond stammt, jedoch von unbemannten Mondsonden zur Erde gebracht wurde. Die größere Menge an Mondgestein, die den Museen in aller Welt geliefert wurde, dürfte hingegen künstlich hergestellt sein, da man nicht befürchten musste, dass es jemals untersucht wird (siehe Kapitel „Mondgestein").

Ich frage mich, ob vielleicht auch ein durch einen Brennvorgang künstlich hergestelltes „Mondgestein" eine verfälschte Isotopenanzahl enthalten könnte?

Wie weit ist der Mond wirklich von der Erde entfernt?

Die genaue Entfernung zwischen Erde und Mond ist merkwürdigerweise bis heute nicht bekannt, obwohl sie durch eine ganze Reihe von Mondsonden und die „APOLLO-Flüge" doch eigentlich millimetergenau bekannt sein müsste. Die nachfolgende Tabelle zeigt die Entfernungsangaben, die beispielsweise bei den einzelnen APOLLO-Missionen ermittelt wurden.

Die Tabelle zeigt in den Entfernungsangaben eine Diskrepanz von 29635 km! Wie ist es möglich, dass (zwischen APOLLO 8 mit der niedrigsten Entfernungsangabe und APOLLO 15 mit der höchsten Entfernungsangabe) so unterschiedliche Entfernungen angegeben werden? Ein paar hundert Kilometer plus/minus mögen noch mit Schwankungen in der Mondumlaufbahn erklärbar sein, meinetwegen auch ein paar tausend, doch fast dreißigtausend Kilometer? Da kann doch etwas nicht stimmen!

APOLLO-Mission	Datum	Entfernung Erde - Mond
8	24.12.68	377.796 km
10	22.05.69	404.857 km
11	20.07.69	396.654 km
12	18.11.69	378.683 km
14	04.02.71	382.269 km
15	30.07.71	407.431 km
16	20.04.72	383.632 km
17	11.12.72	397.880 km

Ebenso unterschiedlich wird die *Maximalentfernung* (Apogäum) zwischen Erde und Mond angegeben, z.B.:

Patrick Moore „Der Mond"	*406.679 km*
„Das Weltall in Zahlen"	*406.700 km*
„Lexikon der Astronomie"	*406.740 km*
Smithsonian Institut	*407.407 km*
NASA	*408.172 km*

Frage: Wurde die Entfernung unseres Mondes von der Erde bisher überhaupt schon irgend einmal zuverlässig gemessen oder sind das alles reine Schätzwerte? Verschiedene APOLLO-Missionen sollen spezielle Laserreflektoren „auf dem Mond" hinterlassen haben, um den genauen Abstand zwischen Erde und Mond ermitteln zu können. Anscheinend haben sie alle versagt. Oder konnten sie nicht funktionieren, weil sie in einer Halle mit simulierter Mondoberfläche aufgebaut wurden? (Über die Laserreflektoren später mehr)

Die Widersprüche

Die mysteriöse SATURN 5

„If you can't make it, fake it!" (Wenn du es nicht machen kannst, fälsche es!)

Spruch zitiert aus René: „NASA mooned America!"

SATURN 5 war die Trägerrakete, welche die APOLLO-Raumschiffe ins All beförderte. Es war die größte und stärkste Rakete, die die USA jemals besaßen. Ja, besaßen, denn es gibt inzwischen weder sie noch ihre Baupläne. Die heute von den USA eingesetzten Trägerraketen erbringen gerade noch einen Bruchteil der Leistung der SATURN 5.

Nachdem die APOLLO-Missionen mindestens rund dreißig Milliarden Dollar gekostet hatten, wollte sich die NASA auf den erdnahen Raum „konzentrieren" und entwickelte dazu das Spaceshuttle-System. Als wiederverwendbares System sollte es kostengünstiger als die „Wegwerfraketen" sein, um damit Nutzlasten in den erdnahen Raum zu befördern. Wenigstens hat die NASA dieses System so vorgestellt. Die Praxis sieht jedoch ganz anders aus. Mit ihren schwächlichen Zusatzraketen kommt das Shuttle gerade auf eine Flughöhe von 350 bis 400 Kilometern. Für eine erdnahe Orbitalbahn reicht das aus, jedoch nicht für weiter entfernte Einsätze.

Die Kosten für einen Shuttlestart waren bereits im Jahre 1990 mehr als dreimal so hoch wie für einen SATURN 5-Start. Und die Zuverlässigkeit der Zusatzraketen ist auch nicht die größte, man denke nur an die „Challenger"-Katastrophe. Hingegen war die SATURN die sicherste jemals gebaute Rakete der USA, mit keinem einzigen Fehlstart.

Die Frage sei erlaubt, warum die NASA für ihr Spaceshuttle-System keine SATURN-Raketen als Trägersystem genommen hat? Ein Shuttle

Saturn 5 auf der Startplattform

kann, trotz der *dreifachen* Kosten, nur ein *Sechzehntel* der Nutzlast einer SATURN ins All tragen! Eine Kombination zwischen SATURN und Shuttle hätte also nicht nur einen gewaltigen Preisvorteil gebracht, sondern wäre auch wesentlich effektiver gewesen.

Sollte jedoch das gesamte APOLLO-Programm der NASA eine ausgeklügelte Fälschungsaktion gewesen sein, dann darf man sich nicht wundern, wieso (angeblich) alle Baupläne der SATURN-Rakete, von APOLLO-Kapseln und Mondfähren verschwunden sind.

Mit dem Nicht-mehr-Auffinden der SATURN-Baupläne stellt sich die Frage, ob dieser Gigant nicht etwa auch nur ein Trugbild war? Hatte die SATURN etwa gar nicht die Kraft, ein Raumschiff bis zum Mond zu befördern? Es gibt tatsächlich Stimmen, die behaupten, die SATURN 5 sei für eine solche Aufgabe unterdimensioniert gewesen. Reichte ihre Schubkraft vielleicht gerade aus, um in eine Erdumlaufbahn zu gelangen? Denn gestartet sind diese Großraketen ja. Tausende Schaulustiger konnten die APOLLO-Starts live oder an den Fernsehbildschirmen miterle-

Start einer SATURN 5

ben. Doch was mit den APOLLO-Kapseln in der Erdumlaufbahn geschah, konnte niemand sehen. Blieben die Astronauten etwa so lange im Erd-Orbit, bis sie „lt. Drehbuch" vom Mond zurück zu kommen hatten, um dann spektakulär an Fallschirmen im Meer zu landen?

Das würde bedeuten, dass die „Life-Übertragungen vom Mond" von anderen Schauspielern in den dafür präparierten Hallen stattfanden. Daher wohl auch die Verspiegelung der Astronautenhelme, wodurch man kein Gesicht erkennen konnte (Ausnahme: APOLLO 17!). Daher wohl auch der Sprechfunkverkehr mit der miserablen Tonqualität, in der bei keiner Stimme nachvollziehbar ist, zu wem sie gehört.

Andererseits ist es nicht auszuschließen, dass die SATURN-Raketen leere APOLLO-Kapseln ins All beförderten, die dann ferngelenkt im Meer

Die gigantischen SATURN-Triebwerksdüsen von unten (BR-SPACE NIGHT)

Fliegende SATURN 5

landeten, allerdings immer so weit vom nächsten Flugzeugträger oder
Schiff entfernt, dass einige Stunden bis zur Bergung vergingen. In dieser
Zeit konnten die Astronauten bequem mit einem Hubschrauber zu der
gewasserten Kapsel geflogen werden, um dann hochoffiziell „geborgen"
zu werden.

Das Wunder mit den Mondlandefähren

Als *John F. Kennedy* Anfang der sechziger Jahre verkündete, dass bis zum Ende des Jahrzehnts amerikanische Astronauten zum Mond und wohlbehalten wieder zurück zur Erde fliegen sollten, da befand sich die amerikanische Raumfahrt noch in den Kinderschuhen. Das heißt, die gesamte Technologie für einen bemannten Mondflug, einschließlich der Trägerrakete und der Mondlandefähren LEM (*Lunar Excursion Module*, später LM), musste neu entwickelt werden. Mit einer Entwicklung allein war es jedoch nicht getan, denn ohne ausgiebige Tests ist die beste Entwicklung wertlos.

Wir kennen das Drama um die drei beim Training in der Kapsel am Boden verbrannten Astronauten von APOLLO 1. Wir kennen auch die APOLLO-Vorläufermissionen MERCURY und GEMINI, die noch mit umgebauten ehemaligen V2-Raketen ins All flogen. Doch für die rund sieben Meter hohe Mondlandefähre und die riesige SATURN 5-Trägerrakete gab es keine Vorbilder. Sie mussten ganz neu entwickelt werden, und zwar innerhalb von nur wenigen Jahren. Für ausführliche Tests war (fast) keine Zeit vorhanden. So zeigten die praktischen Testversuche mit dem LEM, dass das Gerät fatalerweise jede Menge Fehlfunktionen hatte, die auch nach praktischen Flugtests in der Erdumlaufbahn auftraten und kaum zu bewältigen waren. Aufgrund der hohen Fehlerquote ist es recht unglaubhaft, dass dieses Gerät bei der geschichtsträchtigen Mondlandung von APOLLO 11 eingesetzt wurde. Wenn ein Autokonzern ein Fahrzeug mit einer solchen Menge an Fehlern entwickeln würde, dann würde man schlicht von einer Fehlkonstruktion reden.

*Die Mondlandefähre ANTARES (LEM, LM) von APOLLO 14 „auf dem Mond"
(man beachte den fehlenden Landekrater unter der Raketendüse).*

Der letzte LEM-Testflug vor APOLLO 11, mit APOLLO 10 „in der Mondumlaufbahn" erwies sich als katastrophal. Die Landefähre „Charlie Brown" war kaum steuerbar. Sie wies mehr als tausend Fehlfunktionen auf und geriet kurzfristig völlig außer Kontrolle, wobei *Eugene Cernan,* der LEM-Pilot, lästerlich zu fluchen begann, wofür er später gerügt wurde.

Ein paar Monate vor dem Flug von APOLLO 11 wäre Neil Armstrong, der ein erfahrener Testpilot war, beinahe auf der Allington Air Force Basis mit einem LEM-Prototyp abgestürzt, mit dem er Flug und Steuerung trainierte. Das Gerät geriet außer Kontrolle und Armstrong konnte sich nur retten, weil er sich kurz vor dem Aufprall mit dem Schleudersitz rettete.

Nach APOLLO 10 erfolgte kein einziger praktischer LEM-Test mehr. Was jedoch noch bedeutsamer ist: Keine einzige Landefähre hatte auch

Etwa drei Monate vor dem Flug von APOLLO 11 wäre Neil Armstrong beinahe mit einem Mondlandefähren-Prototyp abgestürzt, als er die Kontrolle über das eigenwillige Gerät verlor. In letzter Sekunde konnte er sich mit dem Schleudersitz retten (unten).

LUNAR MODULE

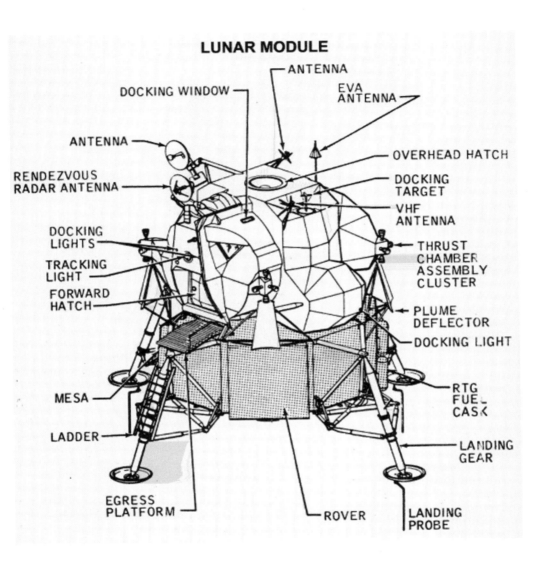

Die Mondlandefähre (LEM bzw. LM) bestand aus zwei Komponenten, dem unteren Landeteil und der mittels Verbindungsbolzen angeflanschten Retrokapsel, mit der die Astronauten „zurück zum Kommandomodul flogen", das während der „Mondaktivitäten" in einem „Orbit" den „Mond umkreiste". Auf der linken Seite der Ausstieg mit der Leiter (auf der Zeichnung fehlt die Alu-Folie der Verkleidung).

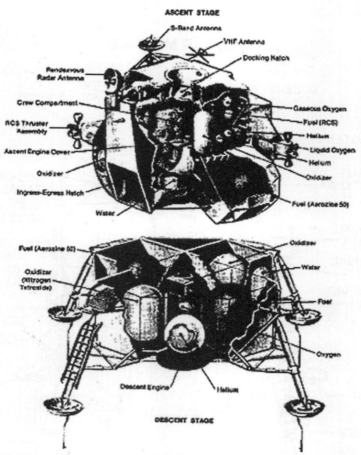

Risszeichnung der Mondlandefähre LEM. Oben die Retrokapsel, unten der Landeteil.

nur eine einzige praktische Probelandung absolviert! Das heißt, die Milliarden Dollar teuren Mondlandungen wurden mit Geräten durchgeführt, von denen man nur hoffen konnte, dass sie wunschgemäß funktionieren! Man fragt sich - sofern die Mondflüge wirklich stattfanden und nicht nur Simulationen darstellten -, wer für eine solche Verantwortungslosigkeit verantwortlich war! Stellen Sie sich vor, Sie würden sich ein Auto aus selbst hergestellten Einzelteilen zusammenbasteln und dann, ohne vorherige Fahrtests und ohne zu wissen, ob es überhaupt fährt, eine ausgedehnte Urlaubsfahrt damit machen! Allein die Vorstellung ist absurd, doch genauso verlief der Einsatz der Mondlandefähren.

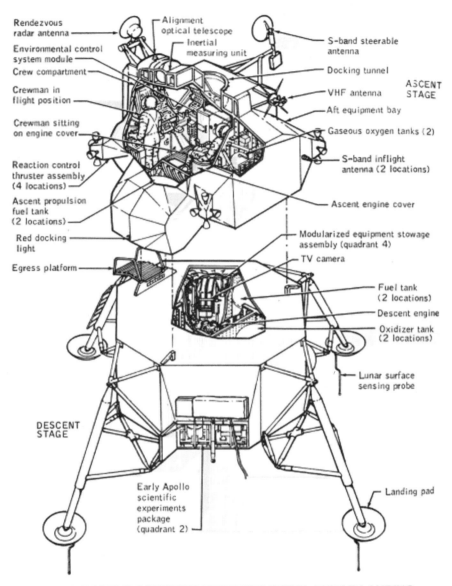

Rendezvous radar antenna

Environmental control system module

Crew compartment

Crewman in flight position

Crewman sitting on engine cover

Reaction control thruster assembly (4 locations)

Ascent propulsion fuel tank (2 locations)

Red docking light

Egress platform

Alignment optical telescope

Inertial measuring unit

S-band steerable antenna

Docking tunnel

VHF antenna

Aft equipment bay

Gaseous oxygen tanks (2)

S-band inflight antenna (2 locations)

Ascent engine cover

Modularized equipment stowage assembly (quadrant 4)

TV camera

Fuel tank (2 locations)

Descent engine

Oxidizer tank (2 locations)

Lunar surface sensing probe

Landing pad

ASCENT STAGE

DESCENT STAGE

Early Apollo scientific experiments package (quadrant 2)

LUNAR MODULE CONFIGURATION FOR INITIAL LUNAR LANDING

Die Mondlandefähre LM in der NASA-Risszeichnung

75

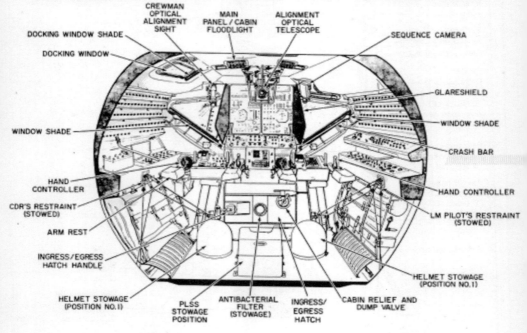

LUNAR MODULE ASCENT STAGE INTERIOR VIEW LOOKING FORWARD

Das Innere der Mondlandefähre

Und mit diesem unberechenbaren, 15.422 kg schweren Gefährt, überwiegend bestehend aus einem Rohrgerüst, das mit einer dünnen Aluminiumhaut und einer ebenso dünnen Isolationsfolie bespannt war, und das niemals seine Landefähigkeiten unter Beweis stellen musste, landeten (angeblich) nicht nur Armstrong und Aldrin wohlbehalten auf dem Mond, sondern auch die Astronauten aller folgenden APOLLO-Flüge. Und seltsamerweise muss hier ein Wunder passiert sein, denn keine einzige Fähre zeigte mehr eine Fehlfunktion. Eine Ausnahme bildet der Ausfall der automatischen Steuerung beim „Landeanflug" mit der APOLLO 11-Fähre „EAGLE", so dass Armstrong manuell landen musste (im Flugsimulator?). Alle anderen „Landungen" und „Rückstarts" verliefen perfekt!

Es ist schon bemerkenswert, dass die Landefähren von APOLLO 11, 12 und 14 bis 17 so fehler- und einwandfrei funktionierten, obwohl die NASA andererseits *bis heute* - rund dreißig Jahre nach APOLLO -

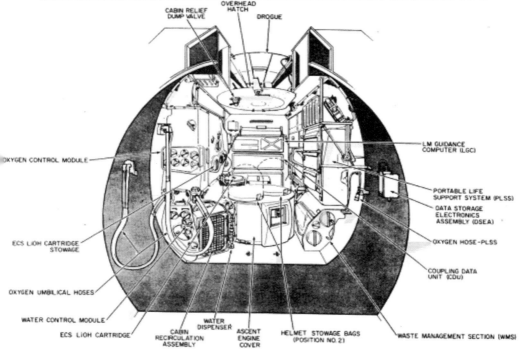

LUNAR MODULE ASCENT STAGE INTERIOR VIEW LOOKING AFT

Das Innere der Mondlandefähre (hinterer Teil der Kabine)

noch kein einziges einwandfrei funktionierendes, senkrecht landendes Gerät entwickeln konnte.

Dabei ist anzumerken, dass vor APOLLO 11 nicht nur die Landefähigkeit der Fähren, sondern auch die Rückstartfunktionen der Retrokapseln überhaupt nicht getestet waren, schon gar nicht unter lunaren Bedingungen. Man hat niemals in der Praxis ausprobiert, ob die Retrokapseln überhaupt so funktionieren, wie sie es sollen! Doch bei den Mondmissionen kam merkwürdigerweise keine einzige Fehlfunktion mehr vor, alles funktionierte perfekt!

Und, anscheinend um der Sache noch eine „Krone" aufzusetzen, waren bei den Landungen der APOLLO 15 bis 17-Fähren an einer Seite der Fähren die „Mondrover" angeflanscht. Nun weiß jeder Pilot, wie problematisch die Flugstabilität wird, wenn in einem Flugzeug nur allein das Gepäck nicht gleichmäßig verstaut ist. Die einseitige Gewichtsbela-

77

Touring the Moon

Encumbered by a spacesuit, an astronaut on foot could not venture very far from the LM; carrying tools and samples made his forays more difficult. On the last three lunar missions a lightweight electric car greatly increased the productivity of the scientific traverses. Mission rules restricted us from going more than 6 miles from the LM—the distance we could walk back in a pinch—but even so the area that could be investigated was ten times greater than before. The Rover's mobility was quite high; it could climb and descend slopes above 25°. Crossing a steep slope was uneasy for the man on the downhill side, but there were no rollovers. On the level we averaged close to our top speed of 7 mph. Once, going down the Lee-Lincoln scarp, we set an informal lunar speed record for four-wheeled vehicles of 11 mph.

Folded up to fit within its storage bay in the LM descent stage, the little car was designed so that it almost assembled itself.

Deploying the Lunar Rover

Carried to the Moon in a nose-down, floorpan-out position, the Rover could be deployed by an astronaut paying out two nylon tapes. In the first stage the car swings out from its storage bay. Then the rear part of the chassis unfolds and locks, and the rear wheels unfold. In the third stage the front chassis and wheels snap out.

Finally, the astronaut lowers it to the surface, and unfolds the seats and footrests. Torsion-bar springs and latches made assembly semiautomatic. Power for the Rover came from two 36-volt silver-zinc batteries driving an independent ¼-hp motor in each wheel. A navigation system kept track of the bearing and range to the LM.

Der zusammengeklappte und seitlich an der Fähre angeflanschte Rover.

Der an die Fähre ange-flanschte Mondrover (APOL-LO 15)

78

Landefähre (Detail): Solche Geräte, die aus Planen und Plastikfolien zusammengeschnürt waren,sollen weltraumtauglich gewesen sein! (APOLLO 17)

stung der Landefähren durch die „Rover" hätte bei der Navigation zu allergrößten Stabilitätsproblemen der ohnehin problematisch zu steurnden Landefähren führen müssen. Doch bei der Steuerung und der Landung der Mondfähren störte die einseitige Belastung merkwürdigerweise anscheinend überhaupt nicht! Die NASA argumentiert, die Fähren seien mit Stabilisierungssystemen ausgestattet gewesen, welche die ungleichmäßige Belastung der Fähren automatisch ausgeglichen hätten. Ich frage mich jedoch: wenn es schon damals solche Spezialgeräte gab, warum werden diese dann nicht in Flugzeuge eingebaut?

Ich wundere mich, wieso solche Unmöglichkeiten von der Öffentlichkeit aufgenommen wurden, ohne dass jemand stutzig wurde. Es muss doch auch Piloten geben, welche die Unmöglichkeit dieser Manöver aufzeigen können?

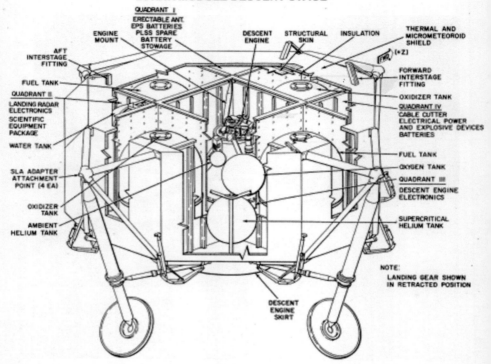

LUNAR MODULE DESCENT STAGE

Der Landeteil der APOLLO-Mondlandefähre

Die Computer-Spezialistin *Carol Chatwick* aus Philadelphia hat jedenfalls schon vor längerer Zeit die NASA-Angaben über Treibstoffmengen, Gewicht der Mondlandefähren, Schub- und Anziehungskraft - auch der SATURN-Startraketen - nachgerechnet, wobei sie zu dem Ergebnis kam, dass die angegebenen Werte unmöglich stimmen können. Warum hat das bisher sonst niemand bestätigen können, zumal die Leistungsfähigkeit der heutigen Computer gegenüber den Geräten vor nur zehn Jahren fast ins Unermessliche gesteigert werden konnte?

Nachmessungen kritischer Journalisten an „echten" Mondlandemodulen im Nationalen Luft- und Weltraumfahrtsmuseum in Washington und im Johnson Weltraumzentrum in Houston ergaben, dass die Mannschaftskabinen und Ausstiegsluken zu klein für zwei ausgewachsenen Astronauten in ihren druckgefüllten Raumanzügen sind. Die Astronauten hätten hier weder ein- noch aussteigen können. Da sie es jedoch ganz offen-

Astronauten-Trainingsgerät im NASA Langley Research Center

Ein Mondlandefähren-Trainingsgerät beim NASA Langley Research Center. Mit diesem Gerät trainierten die APOLLO-Astronauten das Fliegen mit der Mondlandefähre LEM.

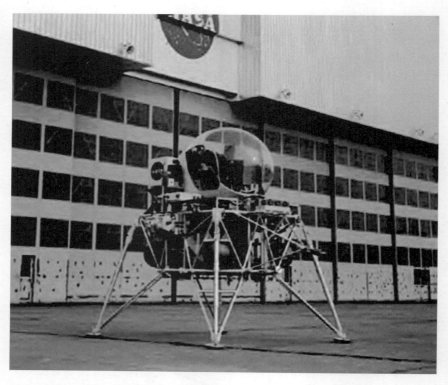

Ein weiteres Mondlandefähren-Trainingsgerät beim NASA Langley Research Center.

sichtlich gemacht haben, wie die Fotos und Filme beweisen, muss es hierzu eine andere Erklärung geben. Entweder entsprechen die Fähren in den Museen nicht den Originalen (obwohl sie als solche dort stehen) oder die Raumanzüge der Astronauten waren gar nicht durch den Innendruck aufgeblasen. Und das ist mir auch aufgefallen (siehe unten).

Auch der Mondrover der Firma Boeing, der bei späteren APOLLO-Trips auf der Mondoberfläche herumkurvte, war nach Aussagen der Journalisten um fast zwei Meter zu lang, um in das Modul hineinzupassen.

Die Geschichte der Mondlandung stimmt hinten und vorne nicht. Sie basiert auf der Leichtgläubigkeit unkritischer Zeitgenossen, die sich von undurchsichtigen Regierungsstellen immer wieder ein X für ein U vormachen lassen.

Die Landefähre „Eagle" von APOLLO 11 nach dem Abkoppelmanöver auf dem Flug „zur Mondlandung", aufgenommen aus dem Kommandomodul. Wichtig: die US-Flagge ist gut beleuchtet. Wo ist der Raketenantriebsstrahl? Die Düse ist gut zu erkennen, aber ohne Funktion. Dafür ist die Fähre von unten hübsch beleuchtet (siehe Ausschnitt rechts unten). Handelt es sich bei diesen Bildern um ein Fährenmodell, das an einem Faden hing?

LM Daten (NASA-Angaben)

Gesamtgewicht LM:	16618,758 kg
darin enthalten Treibstoff:	8862,492 kg
darin enthalten Gewicht Retrokapsel:	4981,641 kg
darin enthalten Treibstoff:	2383,233 kg

Kabinendurchmesser: 233,68 x 233,68 cm (92 x 92 inches)
Kabinendruck   4,6 - 5 psi

Zum Vergleich

Der NASA-Trickfilm vom „Landeanflug" von APOLLO 11 zeigt das arbeitende Bremstriebwerk der Fähre.

LEM im Landeanflug. Man beachte auf dieser NASA-Zeichnung den Raketenantrieb mit der realistisch dargestellten Abgasflamme, dem die von der NASA veröffentlichten APOLLO-Bilder und Filme so gar nicht entsprechen.

Landeszene aus dem Film „2001 - Odyssee im Weltraum". Hier wurden die Zuschauer schon einmal darauf vorbereitet, dass es keinen Antrieb zu sehen gibt! Andererseits beachte man die Größe der halb im Schatten liegenden Erdkugel und vergleiche sie mit der viel zu kleinen Erde auf den APOLLO-Fotos.

84

Lautlose Raketenantriebe?

Ein weiteres Phänomen der APOLLO-Missionen ist, dass von den Raketenmotoren der Mondlandefähren in keinem Funksprechverkehr auch nur ein leises Geräusch zu hören ist. Kamen hier etwa lautlose Triebwerke zum Einsatz? Und nicht nur das: anscheinend erzeugten diese Wundertriebwerke auch keine Vibrationen. Das kann jeder selbst nachprüfen, der den Wortwechsel zwischen den Astronauten in den Landefähren und der Bodenkontrollstation in Houston/Texas verfolgte. Jeder konnte sich davon überzeugen, denn die „historische Mondlandung" von APOLLO 11 wurde u.a. auch zum 30. Jahrestag am 21. Juli 1999 auf verschiedenen regionalen Fernsehsendern wiederholt, mit allen damaligen Kommentaren, z.B. am 20.07.99 Bayern 3 in „Space Night" von 0:00 bis 6:00 Uhr, N3 (Nord) mit Dokumentationsbeitägen von 23:20 Uhr bis 6:00 Uhr oder WDR mit Dokumentationsbeitägen von 22:00 Uhr bis 5:00 Uhr.

Während des Landeanflugs „an den Mond" wurden Kommentare zwischen den Astronauten und der Bodenkontrollstation in Houston ausgetauscht, ohne dass die Astronauten auch nur laut reden mussten! Und das, obwohl sie bei der Landung direkt auf einem arbeitenden Raketenmotor vom Kaliber einer Mittelstreckenrakete standen (Der Innenraum der Fähren war mit rund viereinhalb Kubikmetern zu eng, als dass die Astronauten sitzen oder liegen konnten. Sie starteten und landeten im Stehen und hatten lediglich Armstützen und Sicherheitsgurte zur Verfügung). Auch bei den Rückstartszenen der Retrokapseln, insbesondere von APOLLO 15 bis 17, ist weder von einem Absprengen der Verbindungsbolzen zwischen Ober- und Unterteil (eine lautlose Sprengung!) noch von einem arbeitenden Raketenmotor beim Rückstart während der

Unterhaltung zwischen den Astronauten und der Kontrollstation in Houston etwas zu hören.

Das LEM-Landetriebwerk konnte in seiner Schubkraft reguliert werden und erzeugte bis zu 4750 Kilopond (!) Schubkraft. Unmittelbar über einem solchen arbeitenden Raketentriebwerk herrscht ein höllischer Lärmpegel in einer Stärke von 140 bis 150 Dezibel, der wohl kaum abschirmbar sein dürfte, schon gar nicht durch die dünne Aluminiumfolienverkleidung der Fähren. Hinzu kommen die starken Vibrationen, die ein Raketentriebwerk zwangsläufig erzeugt, und die gerade in einer Leichtkonstruktion wie dem LEM überdeutlich spürbar gewesen sein müssten. Auch hiervon war bei den Landungen nichts zu bemerken. Und keiner der APOLLO-Astronauten hat später davon gesprochen.

Die strukturellen Elemente der Kabine bestanden vor allem aus Aluminiumlegierungen, nur an Verbindungsstellen und Orten stärkerer mechanischer Beanspruchung wurde Titanmetall verwendet. Diese Materialzusammenstellung ist keinesfalls dazu geeignet, akustisch abschirmend zu wirken. Und die Plastikfolienverkleidungen darüber können ebenfalls akustisch nicht abschirmen.

Was ging hier vor? Fanden die Landungsdialoge etwa alle in einem Studio statt, während ein Trickfilm abgespielt wurde? Vergleicht man die (angeblich) angewendete Technik mit den Dialogen der Astronauten - ohne jedes Hintergrundgeräusch -, so drängt sich diese Erkenntnis direkt auf.

Die NASA argumentiert hier geradezu lächerlich: Die Fähren seien mit gedrosselten Triebwerken geflogen. Doch wozu baute man ein Triebwerk mit diesen Dimensionen ein, wenn es nicht voll genutzt werden konnte? Dann hätte doch auch ein kleineres, leichteres Triebwerk ausgereicht, zumal die NASA mit jedem Gramm geizen musste.

Die Astronauten

W as mir bis heute absolut nicht einleuchten will:

Warum hat man bei einem solch teuren Unternehmen, wie es das APOLLO-Projekt darstellte, bei dem *jede Minute* Millionen Dollars kostete, bei jeder einzelnen Mission neue Astronauten eingesetzt? Astronauten, die über keinerlei praktische Erfahrungen mit der Mondlandung verfügten, sondern nur theoretische Trainingsprogramme absolviert hatten und somit ein hohes Sicherheitsrisiko darstellten. Warum hat man nicht ein Stammteam ausgebildet, das sämtliche „Mondflüge" durchführte, wie es sinnvoll gewesen wäre? Das „Stammteam" hätte dann aus zwei Astronauten bestehen können, denen jeweils ein Neuling zugeordnet wurde.

Die APOLLO-Astronauten hatten zwar teilweise praktische Erfahrungen aus früheren Flügen der MERCURY- und GEMINI-Projekte. Diese Flüge bestanden jedoch im wesentlichen nur aus Erdumkreisungen, die die Astronauten mehr oder weniger passiv erlebten. Ich wage zu bezweifeln, dass sie in der Praxis mit einem „Mondflug", den dazu erforderlichen Kopplungsmanövern, dem Flug mit der Landefähre, Landung und Rückstart, zu vergleichen sind.

Abgesehen davon, dass der eine oder andere Astronaut bereits „Raumerfahrung" mit den MERCURY- und GEMINI-Flügen hatte, kamen nur drei Astronauten zweimal zum Einsatz, für alle anderen war der „Mondflug" absolut neu, sie besaßen keinerlei praktische Erfahrungen mit den Fluggeräten. Und auch die drei Astronauten, die einen zweiten „Mondflug" mitmachten, besaßen keine Erfahrungen beispielsweise im Umgang mit der störrischen Landefähre.

Die Astronauten von APOLLO 14 beim Einstieg in die Kapsel.

Das ganze Problem löst sich jedoch sofort in Luft auf, wenn die APOL-LO-Flüge nur bis in die Erdumlaufbahn führten. Erdnahe Umkreisungen sind relativ einfach zu bewerkstelligen, zumal von Astronauten, die schon einmal auf einem Umkreisungstrip waren. Tatsächlich beweisen die Innenaufnahmen aus den APOLLO-Kapseln während der „Flüge zum Mond", dass die Kapseln die Erdumlaufbahn niemals verlassen hatten, auch nicht APOLLO 13 - es sei denn, die NASA-Angaben stimmen nicht, dass es die Filme und Fotos „auf dem Weg zum Mond" entstanden. Doch darauf kommen wir noch zu sprechen.

Deshalb konnte die NASA auch das Strahlungsproblem ignorieren, denn in einer erdnahen Umlaufbahn ist die Höhe der von den Astronauten aufgenommenen Strahlungsdosis vernachlässigbar. Auch darauf werden wir noch zu sprechen kommen.

Deshalb konnte es sich die NASA auch leisten, mit einer Fehlkonstruktion wie dem LEM zu starten, denn die Gefährte brauchten nicht zu landen, sondern standen in einer der NASA-Hallen.

Hier eine Aufstellung der Flüge, an denen die einzelnen Astronauten beteiligt waren:

APOLLO-Astronaut	APOLLO-Mission	frühere Flüge
Walter Schirra	APOLLO 7	MERCURY 5, GEMINI 6A
Don Eisele	APOLLO 7	
Walter Cunningham	APOLLO 7	
William Anders	APOLLO 8	
Frank Borman	APOLLO 8	GEMINI 7
James Lovell	APOLLO 8	GEMINI 7, 12
James McDivitt	APOLLO 9	GEMINI 4
David Scott	APOLLO 9 APOLLO 15	GEMINI 8
Russel Schweickart	APOLLO 9	
Thomas Stafford	APOLLO 10	GEMINI 6, 9
Eugene A. Cernan	APOLLO 10 APOLLO 17	GEMINI 9
John Young	APOLLO 10 APOLLO 16	GEMINI 3, 10
Neil Armstrong	APOLLO 11	GEMINI 8
Edwin Aldrin	APOLLO 11	GEMINI 12
Michael Collins	APOLLO 11	GEMINI 10
Charles Conrad	APOLLO 12	GEMINI 5, 11
Alan Bean	APOLLO 12	
Richard Gordon	APOLLO 12	GEMINI 11
Alan Shepard	APOLLO 14	MERCURY-Redstone 3
Edgar Mitchell	APOLLO 14	
Stuart Roosa	APOLLO 14	
James Irwin	APOLLO 15	
Alfred Worden	APOLLO 15	
Charles Duke	APOLLO 16	
Harrison H. Schmitt	APOLLO 17	
Ronald E. Evans	APOLLO 17	

Die „Sternenblindheit" der Astronauten

Die NASA hat bei ihren Astronauten mit einem merkwürdigen Phänomen zu tun: der „Sternenblindheit". Die ersten Astronauten in der Erdumlaufbahn stellten fest, dass keine Sterne zu sehen seien. Wie das? Hatte es mit den Auswirkungen der Schwerelosigkeit zu tun oder mit der fehlenden Atmosphäre? Es schien unvorstellbar, dass Astronauten zum Mond fliegen sollten, die nicht in der Lage waren, Sterne zu sehen. Wie sollten sie im Mondschatten, der dunklen Seite, manövrieren? So lächerlich es klingt, die NASA errichtete in den Bergen ein Campinglager und testete dort die Astronautenanwärter, ob sie „sternentauglich" sind. Ob diese Tests verwendbare Ergebnisse brachten, ist zweifelhaft, denn die Astronauten sahen im All auch weiterhin nur manchmal Sterne.

Neil Armstrong (APOLLO 11): *„ The sky is black, you know (der Himmel ist schwarz, weißt du) "*; *„It's a very dark sky (Es ist ein sehr schwarzer Himmel) "* (Hurt: „For all mankind", 1988, zitiert in René).

Michael Collins (während der GEMINI 10-Mission): *„ My God, the stars are everywhere: above me on all sides... (Mein Gott, die Sterne sind überall: über mir auf allen Seiten...) "* (Hurt: „For all mankind", 1988, zitiert in René).

Über seine drei Jahre später erfolgte APOLLO 11-Mission schrieb er jedoch *„I can't see the earth, only the black starless sky... (Ich konnte die Erde nicht sehen, nur den schwarzen sternenlosen Himmel...) "* (Collins: „Carrying the fire", 1974, zitiert in René). Was war passiert? War Collins inzwischen der „Sternenblindheit" erlegen?

Als APOLLO 11 „den Mond umrundete", kommentierte Armstrong: *„Houston ... Now we are able to see the stars again ... The sky is filled with stars, just like nights out on Earth (Houston ... Jetzt können wir die Sterne wieder sehen ... der Himmel ist voll von Sternen, wie in einer Nacht auf der Erde) "* (Hurt: „For all mankind", 1988, zitiert in René). Hatte er inzwischen seine Meinung geändert? Oder waren die Sterne für die Astronauten einmal sichtbar, das andere Mal unsichtbar? Kann man Sternenlicht an- und ausschalten? Ja! Wenn es eine Simulation ist!

Die perfekten Mondfotos

Ein Bild sagt mehr als tausend Worte...
(Sprichwort)

Die Kameras

Die von der NASA der Weltöffentlichkeit dargebotenen Mondfotos sind perfekt inszeniert. Viele Bilder sehen aus, als seien die Motive genau ausgewählt und vorteilhaft arrangiert. Kein Bild ist verwackelt oder unscharf. Die zu fotografierenden Objekte oder Motive befinden sich fast immer genau in der Bildmitte.

Wie ist das möglich? Die aufnehmenden Kameras waren an der Brust der Astronautenanzüge befestigt, und die Astronauten hatten keine Möglichkeiten, durch einen Kamerasucher das Motiv anzupeilen (die verwendeten Hasselblad-Kameras hatten, „um Gewicht zu sparen", keine eingebauten Sucher). Hätte da nicht hier und dort ein Bild dazwischen sein müssen, bei dem das Motiv am Bildrand oder halb abgeschnitten ist?

Die Astronauten konnten in ihren Anzügen sogar nur mit größten Schwierigkeiten einen Teil ihrer eigenen Kamera sehen, weil sie sich im „toten" Blickwinkel befand. Sie mussten also blind, auf gut Glück, fotografieren. Wie schwierig es ist, mit einem Fotoapparat etwas aufzunehmen, ohne es durch den Sucher angepeilt zu haben, weiß nicht nur jeder Fotograf. Doch bei den

Hasselblad-Kamera

Die Hasselblad-Kameramodelle, die mit „zum Mond" flogen

Mission	Menge	Modell
APOLLO 8	2	500 EL/70
APOLLO 10	2	500 EL/70
APOLLO 11	1	HEDC 500 EL/70 (oder Superweitwinkel)
	2	500 EL/70 (im Kommandomodul)
APOLLO 12	2	HEDC 500 EL/70
	5	500 EL/70 (im Kommandomodul)
APOLLO 13	3	HEDC 500 EL/70
	1	500 EL/70 (im Kommandomodul)
APOLLO 14	2	HEDC 500 EL/70
	2	500 EL/70 (im Kommandomodul)
APOLLO 15	3	HEDC 500 EL/70
	1	500 EL/70 (im Kommandomodul)
APOLLO 16	2	HEDC 500 EL/70
	1	500 EL/70 (im Kommandomodul)
APOLLO 17	2	HEDC 500 EL/70
	1	500 EL/70 (im Kommandomodul)

Zusätzlich wurden weitere Datenkameras bzw. TV-Kameras mitgeführt. Bei APOLLO 15 bis 17 wurden zusätzlich Metric- und Panorama-Kameras mitgeführt, die hochaufgelöste Weitwinkel-Stereobilder lieferten.

veröffentlichten APOLLO-Bildern ist keines, das daneben geht, und nur wenige, bei denen sich das zu fotografierende Motiv nicht exakt in der Bildmitte befindet. Die NASA argumentiert, die Astronauten hätten vorher monatelang auf der Erde in Raumanzügen trainieren müssen, wie man auf diese Weise fotografiert...

Es ist völlig unmöglich, unter diesen Umständen ausschließlich perfekt arrangierte und fotografierte Bilder zu erhalten, ging es mir durch den Kopf aufgrund der veröffentlichten Fotos der NASA. Doch nachdem

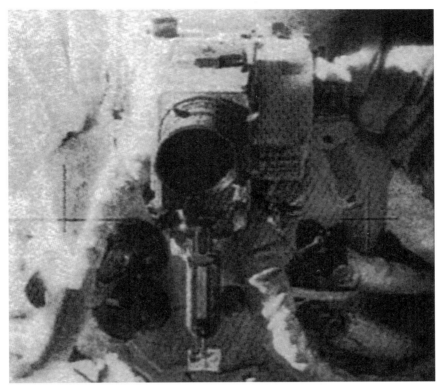

Eine Hasselblad-Kamera an einem APOLLO-Raumanzug

ich die einzelnen Hasselblad-Filmmagazine der Astronauten durchgesehen hatte, muss ich diese Meinung revidieren. Tatsächlich sind die „perfekten" Fotos nur eine geringe Auswahl, die überwiegende Anzahl der Fotos zeigt durchaus keine perfekten Arrangements. Sie zeigen auch Astronauten mit „abgeschnittenen" Köpfen, „halbe" Rover sowie jede Menge Überbelichtungen und Lichteinfälle, wenn gegen die „Sonne" fotografiert wurde. Gegenlichtaufnahmen mit Lichteinfall wurden gar ganze Serien fotografiert. Und hier wurde ich wieder stutzig: ein versehentliches Foto gegen die Sonne passiert jedem einmal. Doch auf dem Mond ist die Sonnenstrahlung um ein Vielfaches größer als auf der Erde. Es kann mir niemand weis machen, die Astronauten hätten die Sonne nicht gesehen. Es sei denn, die Fotos wurden in NASA-Hallen mit einer Mondoberflächen-Nachbildung angefertigt, wobei das Sonnenlicht durch Scheinwerfer ersetzt wurde. Die hätte man durchaus eventuell „übersehen" können. Allerdings hätte die NASA gut daran getan, wenigstens einige der „miss-

glückten" Fotos zu veröffentlichen. Das
APOLLO-Spektakel wäre dadurch etwas glaubwürdiger geworden.

Auf den Grafiken (auch auf NASA-
Zeichnungen sowie auf den NASA-Emblemen der einzelnen APOLLO-Missionen), die eine Mondlandefähre auf der
Mondoberfläche darstellen, ist jeweils ein
wunderschöner Krater unter dem Landetriebwerk dargestellt, wie es bei dem verwendeten Raketentriebwerk nur allzu lo-
gisch ist. Jedoch erscheinen die Krater ausnahmslos nur auf Grafiken!

Ich kenne kein einziges Foto der APOLLO-Missionen, auf dem unter
einer der Mondlandefähren durch die meterdurchmessenden Landetrieb-
werke ein Krater entstanden ist. Mehr über dieses Thema weiter unten.

Die TV-Linsen für Nachtaufnahmen

Die bei den APOLLO-Missionen mitgeführten Fernsehkameras waren mit speziellen Vorsatzlinsen für Nachtaufnahmen von *Westinghouse*
ausgerüstet. Da alle APOLLO-Flüge so geplant waren, dass die Landungen bei vollem Tageslicht erfolgten, muss man sich fragen, wozu diese
Vorsatzlinsen mitgenommen wurden, zumal ein Mondtag rund zwei Wochen lang dauert und andererseits mit jedem Gramm Gewicht gegeizt
wurde.

Als Erklärung wurde angegeben, diese Vorsatzlinsen wären gebraucht
worden, um die Astronauten filmen zu können, während sie sich im Schatten der Landefähren aufhielten. Dem muss man jedoch entgegen halten,
dass mit den Hasselblad-Kameras bei einer weit kleineren Blende ein-
wandfreie Einzelbilder der Astronauten im Fährenschatten aufgenommen
wurden, wobei die Verschlussgeschwindigkeit bei $^1/_{250}$stel Sekunde lag.

Vertreter der NASA (und auch Neil Armstrong) meinten dazu, die
guten Einzelbilder seien möglich gewesen, weil die Mondoberfläche genügend Sonnenlicht reflektiert habe, um auch im Fährenschatten gut genug
sehen zu können. Demgemäß wäre es zwar sinnvoll gewesen, wenn bei
APOLLO 11 diese Linsen mitgeführt, sie bei den folgenden Missionen

jedoch weggelassen worden wären. Schaut man sich die „Mondfotos" an, so ist von einer „stark reflektierenden Mondoberfläche" allerdings nicht viel zu sehen.

Fanden die APOLLO-Mondexkursionen jedoch in einer abgedunkelten Halle statt, dann macht der Einsatz solcher Linsen durchaus einen Sinn!

Die perfekte Bildausleuchtung

· *Wie ist es möglich, dass auf verschiedenen Bildern im Schatten liegende Bildteile (Fähren, Flaggen [!], Astronauten, Geräte) auch auf der Schattenseite, selbst bei Gegenlicht (!) so gut ausgeleuchtet sind, dass Details der Raumanzüge oder Flaggen gut erkennbar sind?* Man hielt mir entgegen, die helle Mondoberfläche würde genug Licht reflektieren, um auch die Schattenseiten auszuleuchten. Selbstverständlich reflektiert jede helle Fläche Licht. Aber das funktioniert leider nicht bei Gegenlicht-Aufnahmen. Da kann die Oberfläche noch so hell reflektieren, die sonnenabgewandte, dem gegen die Sonne Fotografierenden zugewandte Seite des Objekts muss schwarz sein, weil die Kameraeinstellungen nicht genug abblenden können. Das kann jeder selbst ausprobieren! Und schauen Sie sich ruhig die APOLLO-Fotos an: Auf welchem der Bilder gibt es tatsächlich eine helle Oberfläche? Es stimmt einfach nicht, dass die „Mondoberfläche" zu Zeiten der APOLLO-Missionen hell reflektiert hätte. Das mag zutreffen, wenn die Sonnenstrahlung direkt von oben gekommen wäre. Bei den APOLLO-Fotos stand die Sonne jedoch nur knapp über dem Horizont, auf vielen Bildern ist die Mondoberfläche schlichtweg schwarz, ohne Konturen.

· *Wieso ist die US-Flagge und der „United States"-Schriftzug bei den von der NASA für die Weltöffentlichkeit ausgesuchten Fotos immer so gut beleuchtet?* Dass es durchaus auch andere, realistischere Bilder gibt, zeige ich anhand von Vergleichsbildern.

· *Wie ist es möglich, dass auf verschiedenen Bildern von den Astronauten bei ihren „Mondaktivitäten" mehrere Schattenwürfe in verschiedene Richtungen erkennbar sind?* Schatten in verschiedene Richtungen können nur entstehen, wenn der Leuchtkörper

In der Bildmitte hinten die Landefähre von APOLLO 14, davor die Reifenspuren des mitgeführten Handkarrens. Oben links ist ein Lichteinfall, der von der Sonne zu stammen scheint. Wieso ist aber nur ein Teil des Geländes beleuchtet? Warum ist nicht die gesamte Fläche gleichmäßig beleuchtet?

relativ dicht hinter einem Objekt steht oder wenn mehrere Beleuchtungskörper verwendet wurden, die mit einem gewissen Abstand voneinander entfernt aufgestellt waren - oder wenn es sich um Fotomontagen handelt. Doch die APOLLO-Astronauten führten keine Zusatzbeleuchtungen mit. In einer Halle mit verschiedenen Deckenscheinwerfern sind solche Bilder möglich, unter Sonnenlich ausnahmslos *niemals!*

Wie kommt es - insbesondere auf den Bildern von APOLLO 11 bis 14 -, dass die Mondoberfläche genau dort, wo ein Astronaut oder die Fähre fotografiert wurden, punkt- oder kreisförmig gut ausgeleuchtet ist, während zum Bildhorizont hin der Boden immer dunkler wird? Wenn die Sonne der einzige Beleuchtungskörper ist, dann *muss* die *ganze* Ebene gleichmäßig hell beleuchtet sein, und dann *müssen* alle Schatten in *dieselbe* Richtung zeigen!

Licht- und Schattenspiele

Wieso ist Astronaut Young (APOLLO 16) auf der Schattenseite (links) ebenso gut beleuchtet wie auf der Sonnenseite?

Die US-Flagge an der Fähre „Falke" (Pfeil), obwohl im Schatten liegend, ist gut ausgeleuchtet (APOLLO 15).

97

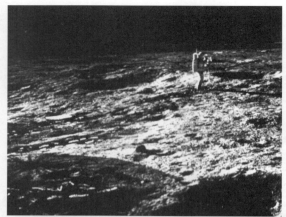

Nur das Teilstück, auf dem sich der APOLLO 14-Astronaut aufhält, ist ausgeleuchtet, während der Rest der Landschaft im Dunkel liegt. Die ganze Gegend bis zum Horizont müsste gleichmäßig hell beleuchtet sein.

Edgar Mitchell (APOLLO 14) mit einer „Mondkarte" in der Hand und hochgeklapptem (!) Sonnenschutzvisier. Aufgrund seines Schatten befindet sich die Sonne auf der linken Bildseite. Wieso ist er dann auch auf der Schattenseite so hell ausgeleuchtet (siehe rechte Hand)? Das funktioniert nur mit Zusatzbeleuchtung oder mit Gegenblitz. Keines von beiden hatten die Astronauten dabei.

98

Astronaut Young (APOLLO 16) am „Plum-Krater". Wieso ist er auf der sonnenabgewandten Seite so gut beleuchtet? Ohne Gegenbeleuchtung müsste er völlig
schwarz aussehen. Auch hier wieder: Der Raumanzug liegt eng an, dabei müsste
er aufgeblasen sein.Unten: Im Hintergrund die Sonne (oder ist das ein Hallenscheinwerfer?).

Wieso ist die im Schatten liegende US-Flagge an der Fähre (Pfeil) so gut ausgeleuchtet? Sie müsste im tiefsten Dunkel liegen (APOLLO 14, aus Videoaufzeichnung)

Wenn der helle Fleck im Hintergrund die Sonne sein soll (oder der Sonnenreflex in der Kamera-Optik), wieso sind dann auf der Schattenseite von Astronaut Scott Details erkennbar? Außerdem fällt sein Schatten in eine andere Richtung als der Schatten des Gerätes (Gnomon) am rechten Bildrand. Für eine „atmosphärelose" Welt herrscht recht viel Dunst vor (APOLLO 15, Hadley-Delta, Apennin-Gebirge).

100

APOLLO 11: Wie ist es möglich, dass zwei Personen unterschiedlich lange Schatten zeigen? Dieses Phänomen kann nur entstehen, wenn mehrere Lichtquellen vorhanden sind. Wie können solch lange Schatten entstehen, wenn der höchste Sonnenstand bei APOLLO 11 32° über dem Horizont (beim Rückstart) und während der ersten sechs Stunden bei rund 22° lag?

APOLLO 14: Vergleichen Sie die Schattenrichtung der Landefähre mit der Richtung der Steinbrocken-Schatten im Vordergrund!

APOLLO 17 mit Schatten, die in unterschiedliche Richtungen zeigen.

Zum Vergleich:

So sollten Schatten aussehen: alle in die selbe Richtung, da die Sonnenstrahlung nun mal immer in die selbe Richtung zeigt. Doch die Fotos von der „Mondoberfläche" zeigen oftmals mehrere Schatten, die in verschiedene Richtungen weisen. (Foto von APOLLO 15)

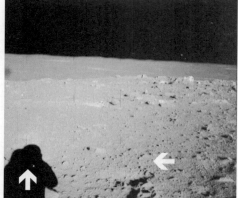

APOLLO 14: Der Astronautenschatten zeigt in eine ganz andere Richtung als die Schatten der Steinbrocken!

APOLLO 16: Schatten, die in jede Richtung zeigen (die Pfeile zeigen in die Schattenrichtung), sind ohne Zusatzscheinwerfer ein Ding der Unmöglichkeit - nur bei der NASA nicht...

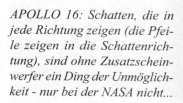

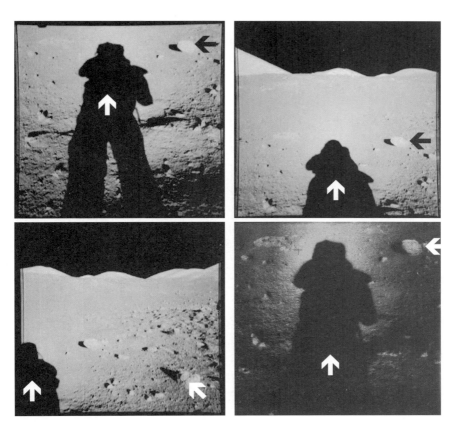

APOLLO 17: Ein „Schattenkabinett". In welche Richtung darf es denn sein? Der Schatten von Harrison Schmitt zeigt gradeaus, die Schatten der Steinbrocken rechts zeigen nach links, die Schatten der Steine auf der linken Seite zeigen nach rechts. Ein Zeichen für eine gute Ausleuchtung durch mehrere Scheinwerfer. Wie viele Beleuchtungskörper (Scheinwerfer) waren hierbei wohl im Einsatz? (Die Pfeile zeigen die Schattenrichtungen an)

Winkel des Sonnenstandes bei den einzelnen Missionen

Mission	bei Landung	bei Rückstart
APOLLO 11	18°	32°
APOLLO 12	18°	36°
APOLLO 14	27°	45°
APOLLO 15	27°	57°
APOLLO 16	30°	68°
APOLLO 17	24°	61°

(René)

APOLLO 15-Bilder zeigen ebenso mehrfache Schatten wie die von *APOLLO 17* *und APOLLO 16 (Die Pfeile zeigen die Schattenrichtungen an; Der große Schatten ist übrigens jeweils der des fotografierenden Astronauten).*

Astronaut David Scott beim Einsammeln von Erdproben.

APOLLO 16: auch hier mehrfache Schatten in verschiedene Richtungen.

(unten) APOLLO 15: Wenn der helle Fleck im Hintergrund die Sonne sein soll, dann zeigt der Schatten von Scott in die falsche Richtung!

(oben) APOLLO 15: Ist der helle Fleck im Hintergrund die Sonne? (lt. Schatten) Warum erzeugt sie keinen Reflex im Objektiv?

(links) APOLLO 16: Auch hier, neben dem Helm des Astronauten, ein Lichtfleck. Nach den Schatten ist es die Sonne, doch warum ohne Reflexe? Wieso ist der Astronaut auf der sonnenabgewandten Seite (der Schattenseite) so gut ausgeleuchtet?

APOLLO 12: Zwei Schatten, die in eine andere Richtung zeigen. Bei normalem Sonnenlicht ist das nicht möglich.

Dass die Schatten auf den Fotos nicht parallel verlaufen, könnte möglicherweise auch mit einer Objektiv-Verzerrung zusammenhängen. Egal ob auf dem Mond oder in einer Halle, mit einem starken Weitwinkel-Objektiv verzerrt jedes Bild. Ich glaube kaum, dass bei diesen Bildern mehrfache Beleuchtungskörper zum Einsatz kamen, sonst müssten Objekte - zumindest auf einigen Fotos - mehrere Schatten werfen. Mir ist jedoch kein einziges Foto bekannt, das mehrere Schatten des gleichen Objektes zeigt. Mehrfache Schatten auf Fotos, die in verschiedene Richtungen zeigen, lassen sich mit Objektiv-Verzerrungen jedoch nur schlecht erklären. Bei Objektiv-Verzerrungen müssten außerdem die fotografierten Astronauten ebenso verzerrt sein. Das sind sie jedoch nicht.

Es ist klar, dass die Richtung des Schattens auch von Form und Neigung eines bestrahlten Objektes abhängt. Das kann jeder selbst ausprobieren, indem er in einem dunklen Raum vor einer Schreibtischlampe einen Gegenstand unterschiedlich im Licht neigt: Die Schatten wechseln je nach Neigung ihre Richtung.

106

*Schatten fallen **immer** parallel. Man beachte hier auch die dunkle sonnenabge-wandte Seite der Bäume.*

Schatten fallen jedoch *immer* in die selbe Richtung, wenn nur eine einzige Lichtquelle vorhanden ist, die weit genug entfernt ist, wie die Sonne. Sie können nicht nach links und rechts fallen, und wenn die Gegend noch so hügelig ist. Auch das kann man an einem Sonnentag selbst ausprobieren. Es kann auch jeder Fotograf bestätigen.

Einzige Ausnahmen für verschiedene Richtungen können entstehen, wenn sich die Beleuchtung in unmittelbarer Nähe hinter dem schatten-werfenden Objekt befindet. Aber das ist bei der Sonne ja nicht der Fall.

Wie gesagt: die Schattenrichtung *muss* immer dieselbe und parallel sein, allerdings kann wegen Boden-Unebenheiten die Schattenlänge drastisch variieren. Deshalb der Vergleich mit der Schreibtischlampe und ihrem „variablen" Schatten. Sie steht unmittelbar hinter dem schattenwerfenden Objekt.

Sieht so ein Objekt aus, das gegen die Sonne fotografiert wurde? Sieht so die Sonne aus, wenn man das Objektiv auf sie richtet? (APOLLO 14)

Sieht so eine Gegenlichtaufnahme in einer atmosphärelosen Gegend aus? Wieso ist die Aufnahme so „vernebelt"? Wo sind die Sonnenreflexe im Objektiv, wenn das im Hintergrund die Sonne ist? Das Foto wirkt wie eine Hallenaufnahme mit unzureichender indirekter Beleuchtung (APOLLO 15)

Zum Vergleich:

So sieht ein Foto aus, das gegen die Sonne fotografiert wurde. Je nach Kameratyp und Objektiv können zusätzliche Reflexe der Linsen auftreten, die sich als helle, in einer Linie stehende Punkte zeigen.

108

Die APOLLO 15-Landefähre „Falke" mit der gut ausgeleuchteten, im Schatten liegenden US-Flagge und dem ebenso gut ausgeleuchteten salutierenden Astronauten James Irwin.

Ist das oben gezeigte Foto das Endergebnis einer Foto-Session? Oder wurde es nachträglich „geschönt"? Wieso gibt es Fotos von Irwin und Scott (unten), bei denen die Beleuchtung „nicht stimmt"? Diese Fotos sind typische Gegenlichtfotos (wie sie normalerweise aussehen müssen), bei denen im Schatten keine Details erkennbar sind. Und: wer war der Kameramann? Beide Fotos sind fast identisch! Es ist ohne Regieanweisung nicht möglich, dieselbe Pose und dieselben Abstände einzuhalten, zumal die Kamera nicht auf einem Stativ stand!

Dave Scott   *James Irwin*   109

(links) APOLLO 15: So sehen Personen aus, die gegen das Licht fotografiert wurden - bei im Schatten liegenden Partien erkennt man keine Details.

(rechts) APOLLO 16: So sehen Personen aus, die gegen das Licht fotografiert wurden - schwarz und ohne erkennbare Details.

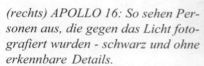

(links) Astronaut beim Salutieren (APOLLO 17): So sieht ein Astronaut auf der sonnenabgewendeten Schattenseite aus - dunkel!

(rechts) APOLLO 17: So sieht ein Astronaut auf der sonnenabgewendeten Schattenseite aus - dunkel!

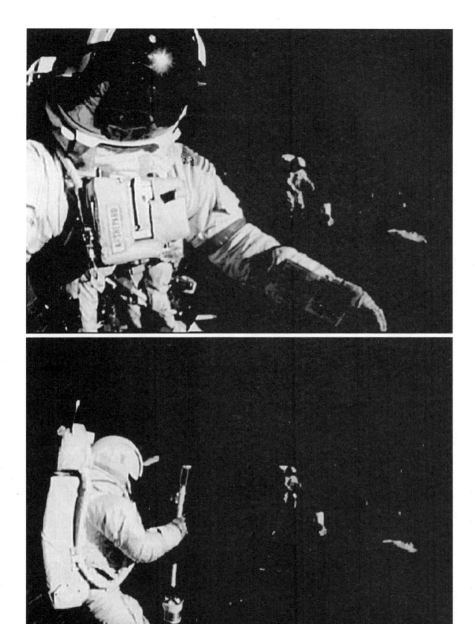

APOLLO 14: Was zeigen uns diese Fotos? Ist zwischenzeitlich die Sonne unter-
gegangen oder sind die Hallenscheinwerfer ausgefallen?
Was zeigen uns diese Bilder noch? Die Raumanzüge liegen eng an, obwohl sie
wegen ihres Innendrucks im Vakuum des Mondes aufgeblasen sein müssten.

111

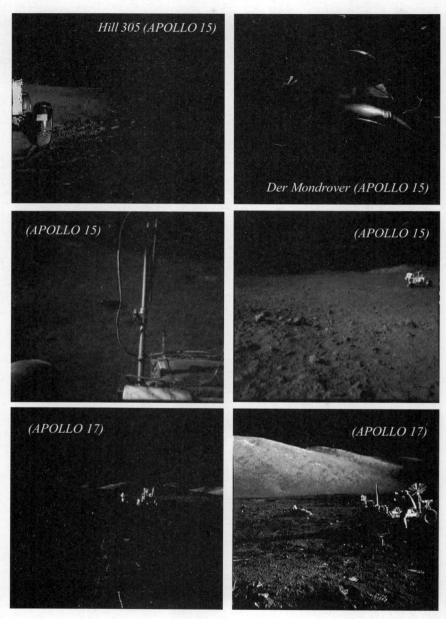

Hill 305 (APOLLO 15)

Der Mondrover (APOLLO 15)

(APOLLO 15)

(APOLLO 15)

(APOLLO 17)

(APOLLO 17)

Anscheinend ist die Hallenbeleuchtung öfter ausgefallen, nicht nur bei APOLLO 14. Oben Fotos von APOLLO 15 mit der im Dunkel liegenden „Mondlandschaft". Kaum erkennbar: der Rover. Daneben noch einmal, in der „Abenddämmerung"?

112

Wieso scheint der „Mondhorizont" bei vielen Bildern nur wenige Meter entfernt zu sein? Ich glaube nicht, dass sich die größere Krümmung der Mondoberfläche gegenüber der Erdoberfläche so stark auswirkt. Außerdem ist der „Horizont" nicht bei allen Bildern gleichmäßig „nah". Auffällig ist bei einer überwiegenden Zahl von Bildern (auch der Originalmagazin-Bilder) die abrupte Trennung zwischen Vorder- und Hintergrund. Das erweckt den Eindruck, dass der Hintergrund aus einer Fotowand bestehen könnte.

Die fehlenden Sterne

Die von *Bill Kaysing* und anderen bemängelten fehlenden Sterne auf den APOLLO-Fotos lassen sich jedoch relativ leicht erklären - sofern es sich um „echte" Aufnahmen handelt: die Sternen-Lichtstärke reicht einfach nicht aus, um die verwendeten Ektachrome-Filme zu belichten. Das kann jeder selbst nachprüfen. Es entsteht derselbe Effekt, wenn man auf der Erde bei Nacht den Sternenhimmel fotografieren will: man erhält schön gleichmäßig schwarze Fotos ohne Sterne. Es sei denn, man arbeitet mit einem Stativ und längeren Belichtungszeiten. Beides wurde jedoch bei den APOLLO-Missionen nicht verwendet. Hinzu kommt, dass auf der Mondoberfläche, im Vergleich zur Erde, eine rund zwanzig Prozent hellere Sonneneinstrahlung besteht, die das relativ schwache Sternenlicht überstrahlt haben kann.

Der schwarze Himmel ist also mit einiger Wahrscheinlichkeit nicht in die Bilder hineinretuschiert, auch wenn er auf einigen Fotos so wirkt. Es gibt durchaus auch Fotos, auf denen einige einzelne, besonders helle Sterne sichtbar sind, insbesondere bei Aufnahmen im All (vgl. APOLLO 13-Foto weiter vorn).

Einige Autoren argumentieren, die NASA habe die Sterne „weggelassen" oder den Himmel retuschiert, um keine Probleme mit Astronomen und Amateurastronomen zu bekommen, wenn bei gefälschten Fotos ein falscher Sternenhintergrund gewählt würde. Tatsächlich hatte die NASA in ihrer geheimen Basis in Mercury, Nevada ein Planetarium installiert, um einen Sternenhimmel vortäuschen zu können. Es funktionierte jedoch nicht, denn ein Planetarium-Projektor benötigt eine helle Lampe und hoch-

Echte Mondlandschaft oder zusammengeklebte Requisiten? Warum die großen Helligkeitsunterschiede? Warum ist die Landschaft im Hintergrund nicht ebenso gut beleuchtet wie im Vordergrund? Sind die hellen Berge (Bild rechts) im Hintergrund nur eine Fototapete? (links und unten links: APOLLO 15, rechts: APOLLO 16, unten rechts APOLLO 17)

reflektierende Deckenwände in einem runden Gebäude. Planetarien funktionieren nur in Dunkelheit, und ein einziger heller Scheinwerferstrahl zerstört die Sternenillusion. Wie sollte man die APOLLO-Ausrüstung und die Astronauten in völliger Dunkelheit filmen können? Die Fähren konnte man nicht in völliger Dunkelheit „auf dem Mond landen" lassen, weil sie mit Batteriestrom arbeiteten, mit dem unmöglich Scheinwerferbatterien betrieben werden konnten.

Heutzutage wäre das kein Problem mehr. Man würde mit Computerhilfe die fehlenden Sterne perfekt mit den richtigen Konstellationen ein-

114

Warum ist die Erde so klein? Sie müsste vom Mond aus gesehen mindestens dreimal so groß erscheinen wie der Mond von der Erde aus sichtbar ist!

kopieren, so dass kein Astronom etwas daran aussetzen könnte. Doch diese Möglichkeiten besaß die NASA damals noch nicht.

Warum ist die Erde viel zu klein?

Was mich viel mehr an den APOLLO-Fotos „vom Mond" stört, ist die Größe der Erde. Da die Erde vom Mond genauso weit entfernt ist wie der Mond von der Erde, dieser jedoch nur einen Bruchteil der Größe der Erde aufweist, müsste die Erde, vom Mond aus gesehen, mindestens dreimal so groß erscheinen wie der Mond am irdischen Himmel. Und wie sieht die Erde auf den APOLLO-Bildern aus? Noch kleiner, als der Mond von der Erde aus aussieht. Hier scheint mir schon eher eine Diskrepanz vorzuliegen. Auch der atmosphärische „Lupeneffekt" auf der Erdoberfläche dürfte kein annehmbarer Grund für die Größendiskrepanz

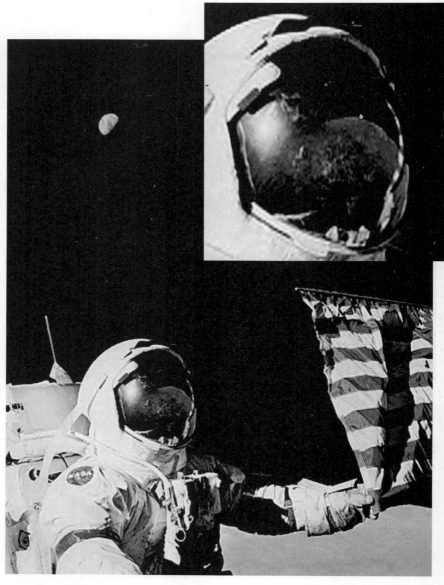

Astronaut Cernan (APOLLO 17) mit der US-Flagge, über ihm die Erde. Wieso erscheint die Erdkugel über der Mondoberfläche kleiner als der Mond von der Erdoberfläche aus gesehen? Da die Erde um ein Mehrfaches größer als der Mond ist, müsste sie, von dort aus gesehen, auch um ein Mehrfaches größer sein! Auf den APOLLO-Fotos sieht sie jedoch fast kleiner aus! Die Ausschnittsvergrößerung des Helmes von Cernan: Was spiegelt sich denn darin? Alles Mögliche, nur keine Mondoberfläche!

Etwa so groß müsste die Erde von der Mondoberfläche aus erkennbar sein, und nicht so winzig, wie es die APOLLO-Fotos zeigen!

sein, da der Effekt der Größenveränderung nur bei Mond- (oder Sonnen-) -aufgang bzw. -untergang am Horizont auftritt (wir kennen den Effekt: Sonne oder Mond erscheinen am Horizont etwas größer, als wenn sie senkrecht über uns stehen).

Warum sind Gegenlichtaufnahmen „vernebelt"?

Ein weiterer Punkt scheint mir das merkwürdige Verhalten der Kameras zu sein: Gegenlichtaufnahmen sind „vernebelt", Sonnenreflexe im Objektiv sind - trotz fehlender Atmosphäre - nicht scharf, wie wir sie von der Erde kennen. Die Astronauten - schaut man sich die Original-Film-

Dunst bei APOLLO 17. Das ist kein Einzelbild, sondern aus einer Serie herausgegriffen, als die Astronauten mit dem Rover einen Ausflug machten. Im Vordergrund die Traverse des Rover mit der Videokamera.

magazinfotos an - scheinen, trotz angeblich ausgiebiger und langer Ausbildung an und mit den Kameras, recht unbedarft drauflos fotografiert zu haben. Fast hat man den Eindruck, ein Laie hätte die fotografierten Objekte besser ausgewählt als die Astronauten. Jeder Hobbyfotograf weiß, dass er möglichst nicht gegen die Sonne fotografiert, weil sonst das Bild wegen der frontalen Lichteinstrahlung unbrauchbar wird. Den Astronauten, egal von welcher APOLLO-Mission, störte das offenbar herzlich wenig. Sie fotografierten manchmal gleich eine ganze Bildserie gegen die Sonne, ganz so, als ob sie nicht da gewesen wäre. Dabei muss sie doch - wegen fehlender Atmosphäre - rund zwanzig Prozent stärker als beispielsweise an einem irdischen Sommertag geschienen haben! Diese Vernachlässigung der Sonne ist für mich ein weiterer Hinweis darauf, dass

*Was zeigt dieses überbelichtete Foto von APOLLO 17? Den Schatten des foto-
grafierenden Astronauten. Moment mal! Den Schatten? Wie kann das Bild den
Schatten zeigen, wenn es gegen die Sonne fotografiert wurde?!*

anstatt der Sonne nur relativ schwache Studioscheinwerfer bei den APOL-
LO-Hallenmissionen im Einsatz waren.

Wer hätte etwa vor dreißig Jahren gedacht, dass sich ein Vierteljahr-
hundert später jemand die APOLLO-Fotos vornimmt und daran Win-
kelmessungen anstellt? Doch genau das haben beispielsweise Bennett
und Percy Bennet & Percy („Dark Moon") gemacht. Dabei stellten sie
so manche Ungereimtheit fest. Beispielsweise konnten sie genau errech-
nen, dass das berühmte Frontalbild von Buzz Aldrin auf dem „Mond" gar
nicht von Armstrong stammen kann, weil es aus Augenhöhe aufgenommen worden ist, während die Kamera Armstrongs auf dessen Brust befestigt war (siehe auch Kapitel „APOLLO 11"). Frage: *Wer hat dieses
Bild eigentlich wirklich fotografiert?*

119

Gefälschte Fotos

Der mysteriöse Felsen mit dem „C"

Auf einem der Fotos von APOLLO 16 ist der Buchstabe „C" auf einem Felsen zu sehen (siehe folgende Seiten), was nach Percy und Bennett ein typisches Studio-Requisitenzeichen sei. Dieser ominöse Felsen wurde zwar schon öfter zitiert, bisher hieß es jedoch immer, das sei eine merkwürdige Laune der Natur. Auf dem Foto steht ein Astronaut mit dem Rücken zur Kamera neben dem „Mondrover", während im Bildvordergrund ein ominöser Felsbrocken liegt, der die (Studio-) Markierung „C" enthält.

Das erinnert mich übrigens an den Felsen mit dem „B", der im Jahr 1976 neben dem Landeplatz von VIKING 2 auf der Marsoberfläche fotografiert wurde. Nachdem schon bei APOLLO solche Tricks angewendet wurden, frage mich heute, ob die VIKING-Lander damals wirklich auf der Marsoberfläche gelandet sind, zumal bei einem 360-Grad-„Rundumblick" nur einige zehn Meter Landschaft zu erkennen sind, weil die Lander „leider" in Senken gelandet seien. In einer Senke oder in einem NASA-Studio?

Das verschwundene „C"

Bei der Durchsicht weiterer NASA-Fotos musste ich später verblüfft feststellen, dass die NASA dieses Foto inzwischen „entschärft" hat (s. Abb.).

War auf dem „Originalbild" das „C" auf dem Felsen noch deutlich erkennbar, ist das heute im Internet-Archiv der NASA befindliche Foto gegenüber dem „Originalbild" relativ unscharf. Das „C" auf dem Felsen hat man offensichtlich wegretuschiert bzw. unkenntlich gemacht.

120

Verschiedene Versionen des Fotos mit dem „C-Felsen"

*„Entschärfte" Fotos mit wegretuschier-
tem „C"*

*Ausschnittsvergrößerung des „C-Felsens".
Rechts: Der „B-Felsen" beim Landeplatz von VI-
KING 2 auf dem Mars*

121

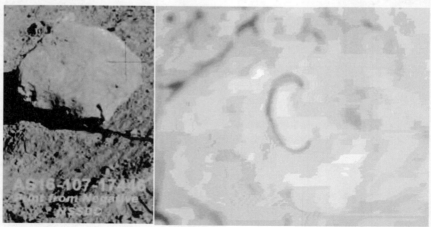

Das „ C" ist nicht auf allen Bildern zu sehen. Möglicherweise handelt es sich nur um einen Flusen, der mit kopiert wurde.

Noch einmal das Foto mit dem „C-Felsen" (Pfeil). Dieses Studiofoto ist es wert, noch einmal genauer betrachtet zu werden, und wir erkennen außer dem Requisitenfelsen folgende Fehler, die dem Arrangeur dieser Szene entgangen sind:

1) Die Fahrspuren des Rover: Welches Fahrzeug kann eine derart abrupte rechtwinklige Kurve fahren? Wo sind die Spuren der Vorderreifen? Solche Spuren hinterlässt nur ein zweirädriger Karren. Wurde der Rover etwa per Hand in diese Richtung gehoben? Selbst wenn auch die Hinterräder lenkbar waren, ist es recht unwahrscheinlich, dass beide Reifenpaare exakt in der selben Spur fuhren.
2) Die Schatten: Wieso zeigen die Schatten der Gesteine in eine andere Richtung als die des Rover und des Astronauten? Sonnenlicht erzeugt nur parallele Schatten.
3) Das Kamera-Markierungskreuz: Wieso ist es von der Rover-Antenne halb abgedeckt?
4) Die Spuren: Wieso sehen sie aus, als ob sie in feuchtem Sand gemacht worden wären? Versuchen Sie einmal, Fahrspuren in trockenem Sand zu fotografieren!

123

Dazu muss man wissen, dass von den Original-Filmen der APOLLO-Astronauten nur eine einzige Kopie gezogen wurde, bevor sie weggeschlossen wurden. Alle veröffentlichten Bilder stammen von dieser Kopie, sind also Kopien von Kopien, die dann weiterhin als Kopien für weitere Kopien dienten und so fort. Mit jeder weiteren Kopie wird das Bild jedoch schlechter. Die im Internet befindlichen Fotos dürften Kopien vielleicht der zehnten oder späteren Generation sein. Ich frage mich, warum die NASA, die doch die Originale besitzt, solch schlechte Bilder veröffentlicht, obwohl sie an anderer Stelle, jedoch dem „Normal-Internet-Surfer" kaum zugänglich, weil gut versteckt, auch die Original-Hasselblad-Fotos bereit hält?

Inzwischen gibt es für das „C" eine recht einleuchtende Erklärung, die möglicherweise sogar stimmt. Es soll sich bei dem „C" um einen Flusen auf dem Dia handeln, der zufällig auf dem Felsen landete. Extreme Vergrößerungen des „C" würden einen Farbunterschied zu anderen Strukturen des Steines zeigen. Nun kennt jeder, der schon einmal mit Fotos gearbeitet hat, den Ärger, wenn die schönsten Fotos durch Flusen im Fotolabor verunziert werden. Auch unter den älteren NASA-Fotos gibt es genügend dieser Art. Heute kommt so etwas nicht mehr vor, weil die Bilder der Sonden (beispielsweise vom Mars) elektronisch, Bit für Bit, übertragen werden. Filmentwicklungen und Papierfotos entfallen dabei. Doch zu APOLLOs Zeiten arbeitete man noch mit normalen Filmen.

Es ist schon merkwürdig, dass die Medien, die doch sonst jedes noch so fadenscheinige Ereignis aufgreifen und dahinter eine Sensation vermuten, die Kritiken an dem APOLLO-Projekt völlig ignorieren. Wie man im Fernsehen auch bei den „Jubiläumssendungen" etwa zum 30. Jahrestag der „1. bemannten Mondlandung" sehen konnte, wird noch heute völlig kritiklos alles für bare Münze genommen, was die NASA damals veröffentlichte. Dabei sind die begründeten Einwände, die gegen das Projekt sprechen, gewaltig. Sie werden aber anscheinend ignoriert. Wo sind diejenigen Journalisten, die hier recherchieren und Aufdeckungsarbeit leisten, wie sie es schon so manches Mal taten? Ich denke nur an Watergate...

Eine löbliche Ausnahme bildet die Sendung des „SPIEGEL-TV", ein Themenabend am 27. Juli 2001, in der recht kritisch einige Ungereimtheiten der APOLLO-Flüge gezeigt wurde. Über diese Sendung später mehr.

Fotomontagen

Zu den nachgestellten APOLLO-Bildern gesellen sich direkt gefälschte, bei denen Astronauten, Fähre, Geräte oder auch Felsen nachträglich in eine „Mondlandschaft" einkopiert worden sind. Dabei sind die NASA-Fälscher damals teilweise recht nachlässig vorgegangen, weil verschiedentlich die Kamera-Markierungskreuze durch die einkopierten Objekte ganz oder zum Teil verdeckt worden sind. Die Markierungskreuze dienen dazu, auf den Bildern Entfernungen besser abschätzen zu können. Die Kreuze sind in eine Glasscheibe geätzt, die sich innerhalb der Kamera unmittelbar vor dem aufnehmenden Film befindet. Die Markierungskreuze *müssen* also zwangsläufig *vor jedem* aufgenommenen Objekt sichtbar sein.

Ein Foto von APOLLO 17 zeigt den Astronauten *Harrison Schmitt* neben einem großen Felsen, hinter den in das Foto offenbar - warum auch immer - ein weiterer Felsen einkopiert worden ist. Die Fälscher sind jedoch schludrig vorgegangen und hatten beim Einkopieren ein Kameramarkierungskreuz halb abgedeckt. Dieses Bild fand ich heute nicht mehr im NASA-Internet-Archiv (allerdings ist es bei den Hasselblad-Magazin-Fotos noch vorhanden). Dafür ist im Internet-Archiv, das für die Öffentlichkeit bestimmt ist, ein ähnliches Foto vorhanden, auf dem der Astronaut etwas näher bei dem Doppelfelsen steht. Der einkopierte Felsen deckt kein Kreuz mehr ab, vielleicht wurde es wegretuschiert. In den Original-Filmmagazinen ist auch dieses Foto vorhanden, und noch weitere von diesem Ort. Der fotografierende Astronaut nahm die Szene aus verschiedenen Blickwinkeln auf, und an Hand der Bildreihenfolge kann man rekonstruieren, wie er sich bewegt hat. Für das wegretuschierte Kamerakreuz finde ich keine Erklärung, eine Überblendung durch Licht halte ich für ausgeschlossen, weil an anderen, ähnlich hell beleuchteten Stellen das Kreuz durchaus erkennbar ist.

Ein weiteres Beispiel dafür, wie die NASA Bilder manipuliert, stammt ebenfalls von APOLLO 17: Der Rover mitsamt Astronaut wurde in eine „Mondlandschaft" offenbar einkopiert, wobei auch hier das Kamera-Markierungskreuz teilweise abgedeckt wurde.

Verschiedene Versionen des Bildes mit Harrison Schmitt von APOLLO 17 vor dem Felsen, hinter dem ein weiterer Felsen eingefügt wurde, wodurch ein Kameramarkierungskreuz zur Hälfte abgedeckt wurde (Ausschnittsvergrößerung rechts oben)

An einer Überblendung des Kreuzes kann es nicht liegen, denn dieses Bild zeigt das Markierungskreuz auf dem Felsen (rechts) mitten auf der hellsten Stelle.

Man hielt mir entgegen, verschiedene abgedeckte Markierungskreuze seien ganz einfach zu erklären, nämlich durch eine Überblendung bei zu hellem Hintergrund, wie sie jeder Fotoamateur kenne. Das dachte ich zunächst ebenso, doch warum gibt es dann genügend APOLLO-Fotos mit Markierungskreuzen vor hell beleuchteten Gegenständen, auf denen keine Überblendung stattfand?

Mir fiel auch auf, dass auf vielen der veröffentlichten „Mond"-Fotos der NASA offensichtlich der „Mondboden" im Nachhinein „verschmiert", also unkenntlich gemacht wurde, eine recht primitive Art der Retusche, die mit jedem Grafikprogramm machbar ist. Diese Art der Verunechtung hat die NASA bei früher veröffentlichten Fotos noch nicht angewandt. Auch auf den Fotos der Original-Filmmagazine ist der Mondboden nicht „verschmiert". Ist diese „Verschmierung" nur ein Ergebnis davon, dass hier Kopien von Kopien von Kopien gemacht wurden?

127

APOLLO 17: In das Foto vor die Markierungskreuze einkopierter Rover mit Astronaut (unten Ausschnittsvergrößerung)

Dass es auch anders geht, zeigt dieses Bild, bei dem das Markierungskreuz am Rover nicht „überblendet" ist.

Weitere Objekte mit abgedeckten Markierungskreuzen

Noch mehr? Hier ist noch ein Kreuz abgedeckt, diesmal durch die US-Flagge

Die „Wasserstandslinien"

Merkwürdig sind auch die „Wasserstandslinien", die von verschiedenen Astronauten beschrieben wurden. APOLLO 15-Astronaut *David Scott* beschrieb sie als *„eine dunkle Linie wie ein Schmutzrand in einer Badewanne am Fuß des Gebirges"* (Apenninen). Die Astronauten fanden dort weitere gradlinige Markierungen, wie sie auf der Erde als Sedimentablagerungen bezeichnet werden. Bei APOLLO 16 stellten die Astronauten fest, dass der „Stone Mountain" terrassiert sei und dieselbe Art von Linien zeige, wie sie Scott und Irwin (APOLLO 15) beschrieben.

Sollten diese Beobachtungen wirklich auf dem Mond gemacht worden sein, so würden sie eine Sensation größten Ausmaßes darstellen, wäre somit doch der Nachweis erbracht, dass es irgendwann in der Vergangenheit nicht nur offenes Wasser, sondern sogar Meere auf dem Mond gab. Das bestreitet unsere Wissenschaft jedoch nach wie vor beharrlich, obwohl schon früher von unbemannten Sonden ehemalige Flussläufe auf der Mondoberfläche fotografiert wurden, denn mit offenem Wasser müsste eine dichte Atmosphäre verbunden gewesen sein, damit das Wasser nicht schlagartig im Weltall verschwinden konnte. Eine ehemals dichte Atmosphäre mit den dazugehörigen Wind- und Wetterbedingungen würde hingegen auch die Erosionserscheinungen auf dem Mond erklären, die sanft gerundeten Hügel und Berge.

„Mt. Hadley" mit Linien (APOLLO 15)

Auch Fotos von APOLLO 14 zeigen ein abruptes Ende des Vordergrundes. Fängt hier die Fototapete des Hintergrundbildes an?

APOLLO 15-Fotos: Die Ähnlichkeit der Hintergrundberge zu denjenigen von APOLLO 17 ist frappierend (rechts: Mount Hadley).

Da die als „Wasserstandslinien" bezeichneten geologischen Formationen sowohl von APOLLO 15- als auch APOLLO 16-Astronauten gesehen und fotografiert wurden, also an verschiedenen geologischen Stellen, verwundert es, dass diese Sensation von der NASA nicht groß herausgebracht wurde, würde hierdurch doch ein Weltbild zum Einsturz gebracht!

Das kann eigentlich nur bedeuten, dass es der NASA peinlich wäre, wenn falsche Annahmen über den Mond als Tatsachen festgeschrieben würden, wenn es diese Formationen in Wirklichkeit gar nicht gibt! Wenn sich die „Landegebiete" von APOLLO 15 und 16 jedoch im Studio befanden, dann bestanden die „Berghänge" aus bemalten (oder großfor-

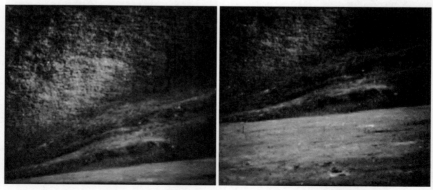

Die „Wasserstandslinien" am Mt. Hadley (APOLLO 15)

matig aneinandergeklebten Foto-) Wänden, wie sie von Werbeagenturen eingesetzt werden. Die so bezeichneten „Wasserstandslinien" waren dann geologische Formationen höchst irdischer Berge. Und die Sedimentlinien waren die schlecht getarnten Übergänge zwischen dem Hallenboden und der bemalten Kulissenwand, etwa ähnlich wie die oben beschriebenen „Berghänge" des APOLLO 17-„Landeplatzes".

Im Zusammenhang mit den malerisch vor diesen „Berghängen" platzierten Landefähren ohne Landekrater und weggeblasenem Staub macht diese Vorstellung durchaus einen Sinn, nämlich den einer perfekt (?) inszenierten Hallenshow.

Raumschiffmodelle vor Mondfotos?

Zu den Fotos von der Mondoberfläche, denen man den Fälschungscharakter ansehen kann, weil Markierungskreuze abgedeckt oder offensichtliche Retuschen vorgenommen wurden, gesellen sich allerdings noch die besser „fabrizierten" Fotos, die offenbar mit Modellen gemacht wurden. Im Film „2001" zeigte die Hollywood-Filmindustrie, wie es gemacht wird. Schon hier wurden verblüffend echt aussehende Landeanflüge auf die Mondoberfläche gezeigt. Abgesehen davon, dass in dem Spielfilm Raumschiffmodelle verwendet wurden, die mit den APOLLO-Schiffen kaum Ähnlichkeit hatten, entsprachen die Annäherungen an den (Modell-) Mond genau den Filmsequenzen, wie sie (einige Jahre später) von den APOLLO-Missionen „gefilmt" wurden. Sind die bekannten Fotos von Fähren und Kommandomodulen „im Orbit" des Mondes vielleicht nur mit Modellen fotografiert worden? Die Rückstart-Szenen der Retrokapseln - aufgenommen mit TV-Kameras - machten mich seinerzeit erstmals stutzig, weil sie tatsächlich wie Modelle aussehen, die an einem Faden hochgezogen werden.

Und betrachtet man die „von der Mondoberfläche zurückkehrenden" Retrokapseln „im Anflug an das Kommandomodul", so müssen doch arge Zweifel aufkommen, ob es sich bei dem, was uns hier vorgeführt wurde, wirklich um Raumfahrzeuge handelte, oder ob das nur äußerst schlampig und lieblos „zusammengeschusterte" Modelle waren. Diese verbeulten Vehikel aus Plastikfolien und Presspappe sehen nun wirklich

Die Retrokapseln von APOLLO 16 (oben) und 17 (unten) beim „Rückstart vom Mond": nur nachlässig zusammengeklebte Modelle?
Wo ist der Abgasstrahl des arbeitenden Raketentriebwerks?

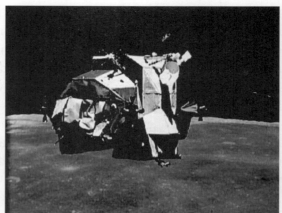

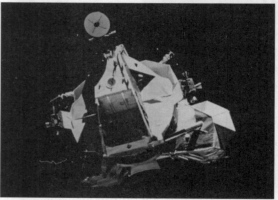

Das Kommandomodul CSM von APOLLO 14 vor der Mondoberfläche, fotografiert aus der Landefähre LM. Moment mal, hier stimmt etwas nicht! Wieso fliegt das CSM unterhalb der Fähre?

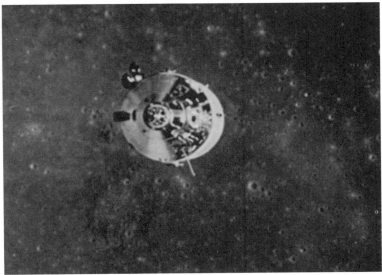

APOLLO 11-Retrokapsel und Kommandomodul vor der Mondoberfläche. Im oberen Bild beachte man, wie klein die Erde aussieht. Vom Mond aus gesehen müsste sie mindestens dreimal so groß erscheinen.
Das untere Bild zeigt wiederum das Kommandomodul aus einer überhöhten Sicht. Normal müsste im Hintergrund das All zu sehen sein, weil die Fähre zum und vom Mond kam.

Zum Vergleich

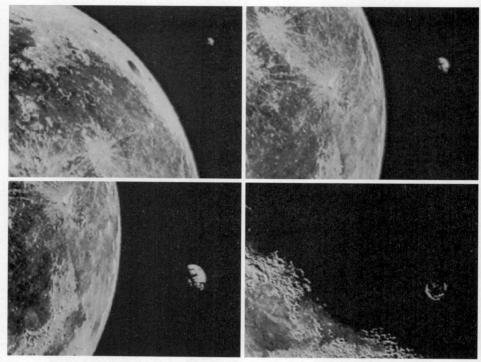

Aus dem Film „2001 - Odyssee im Weltraum": Annäherung eines Zubringer-raumschiffes an den Mond. Man vergleiche die Bilder mit den APOLLO-Fotos.

Blick durch die Frontschei-ben des Mondschiffes kurz vor der Landung. Die Bil-der aus den landenden APOLLO-Mondfähren sa-hen ganz ähnlich aus (aus: „2001")

Kaum erkennbar, aber gleich auf mehreren Fotos vorhanden: Längs- und Quer-linien am Berghang (Pfeil) im Hintergrund (APOLLO 17)

nicht raumtüchtig aus. Ich habe den Eindruck, die NASA wollte auspro-bieren, wie weit sie mit ihren Präsentationen die Weltöffentlichkeit an der Nase herumführen kann, bevor sie unglaubwürdig wird. Doch die Öf-fentlichkeit hat alles kommentarlos hingenommen und für bare Münze gehalten.

Zusammengeklebte Hintergrundbilder

Fotos der APOLLO 17-Mission zeigen am oberen Berghang im Hin-tergrund hinter der Landefähre gradlinige Strukturen. Es sind nicht nur Querlinien, sondern auch Längslinien zu erkennen. Diese Linien (nicht zu verwechseln mit den Kamera-Markierungskreuzen!) befinden sich nicht nur auf einem Bild, sonst könnte man noch von Film- oder Belichtungs-fehlern o.ä. reden, sondern auf verschiedenen Fotos. Auch das Argu-ment, das mir ein Leser entgegenhielt, es handele sich hierbei um soge-nannte „Telegrafendrähte" (Kratzer auf dem Film durch eingedrungene

Auch hier sind die Längs- und Querlinien erkennbar.

Die „korrigierte" Version mit wegretuschierten Strichen am Berg.

Auch bei APOLLO 15 dasselbe Phänomen: Mt. Hadley mit Strichen am Hang. Hat man für die Missionen dieselben Fotowände verwendet?

Staubpartikel), kann ich nicht gelten lassen, da sich diese Linien auf den verschiedenen Fotos immer an derselben Stelle am Berghang befinden. Bei Kratzern auf dem Film müssten sie hingegen auch an anderer Stelle auftauchen. Hinzu kommt, dass die Original-Filmrollen keine Staubkratzer zeigen.

Gesetzt den Fall, dass es sich hierbei um Studiorequisiten handelte - also um großformatige Hintergrundbilder, die aus mehreren Einzelteilen

So waren die Kulisse bei den APOLLO-Missionen nach Ansicht von David Percy aufgebaut („What happened on the Moon?"), und dem kann ich mich nur anschließen.

139

zusammengefügt waren -, hat man die Einzelbilder an dieser Stelle offenbar schlampig zusammengeklebt.

Möglicherweise wurden auch bei den APOLLO-Missionen 15 bis 17 die gleichen, nur wenig geänderten Studiorequisiten benutzt. Vergleicht man die Fotos der „Landeplätze", so ist die Ähnlichkeit der Landschaften mit den „Hintergrundbergen" derart groß, dass man kaum zwischen APOLLO 15 bis 17 unterscheiden kann. Es besteht also die Möglichkeit, angesichts des nicht geringen Aufwandes für eine entsprechend große Halle, die für den Rover einen gewissen Aktionsradius zulässt, dass diese Halle mehrfach genutzt wurde.

APOLLO 11

„Es war unfassbar ... die ganze Scheiße, die sie über mich, über sich und alle von uns gelesen hatte, hatte sie geglaubt. Plötzlich war mein ganzes Leben irgendwie unwirklich. "

Edwin „Buzz" Aldrin, APOLLO 11-Astronaut, über seine Frau
(zitiert in: Keith, Die Beweise")

Warum verzögerte sich der Ausstieg so extrem?

Als genauer Zeitpunkt der „Landung" von APOLLO 11 auf der Mondoberfläche gilt der 20. Juli 1969, 21:17 Uhr 39 Sekunden MEZ. Der Ausstieg von *Neil Armstrong* aus der Landefähre geschah jedoch erst am 21. Juli 1969 um 3:56 Uhr MEZ. Das ist eine Zeitdifferenz von sechs Stunden, 38 Minuten und 21 Sekunden. Was machten die Astronauten eigentlich in dieser Zeit?

Die NASA meint, nach den Anstrengungen des Landevorganges hätten die beiden Astronauten erst eine Ruhepause einlegen müssen. Doch wieso benötigten sie über sechs Stunden Pause *im Stehen?* Wir erinnern uns: die Landefähren hatten im Innenraum so wenig Platz, dass die Astronauten nur im Stehen starten und landen konnten. Nur einige Armstützen und Sicherheitsgurte standen ihnen als Halt zur Verfügung.

Vom Standpunkt der Logik her gesehen wäre es doch sinnvoller gewesen, dass sich die Astronauten vorher, an Bord des Kommandomoduls, ausgeruht hätten, um mit neuer Energie auf dem Mond zu landen und sogleich auszusteigen. Zusätzlich hätte die Zeit auf der Mondoberfläche dadurch besser genutzt werden können.

Neil Armstrong beim Ausstieg aus der Fähre (Einzelbilder aus TV-Übertragung)

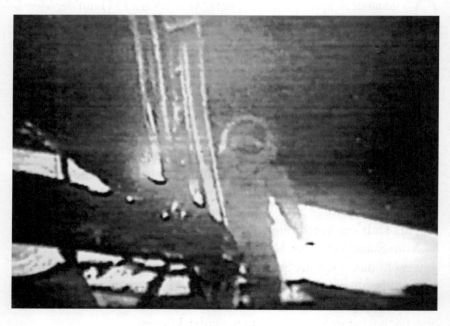

Das ARD-Sonderstudio am 20. Juli 1969. In dieser stundenlangen Sondersendung wurde minutiös jedes Wort der Astronauten übertragen und sofort übersetzt. Eine ganze Reihe von hochkarätigen Wissenschaftlern saß bereit, um zu jedem Punkt Kommentare zu liefern. Anhand eines Landefähren-Modells wurden jeder Handgriff und Schritt jedes der beiden Astronauten nachvollzogen.

Hierher gehört natürlich das unbestätigte Gerücht, Armstrong hätte bei der Landung UFOs gesehen und bei der Bodenkontrolle in Houston angefragt, was sie tun sollten, woraufhin ihm mitgeteilt worden sein soll, die Astronauten sollten mit ihrem Ausstieg warten, bis die UFOs wieder weggeflogen seien. Diese Wartezeit hätte nun einmal sechs Stunden gedauert.

Fand die „Mondlandung" jedoch in einer Halle statt, so könnte es technische Probleme mit der Videoübertragung gegeben haben. Vielleicht hat das System nicht so richtig funktioniert, das beim Ausstieg auf Zeitlupe umschalten musste. Die schließlich in alle Welt ausgestrahlten TV-Bilder des „Ausstiegs" und der „ersten Schritte auf dem Mond" sahen ja auch katastrophal schlecht aus, was jedoch mit einiger Wahrscheinlichkeit pure Absicht war.

Die ARD hatte damals eine ganze Reihe von teils hochrangigen Wissenschaftlern ins Studio eingeladen, um jedes Detail des „Mondfluges" fachkundig kommentieren zu können. Da die Bildübertragung meist nur ein Flimmern zeigte, spielte man mit einem Fährenmodell und Schauspielern in nachgebauten Raumanzügen nach, was als Ton übertragen wurde.

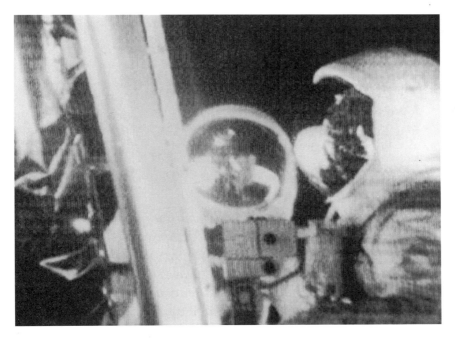

Armstrong und Aldrin an der Leiter der Mondfähre, an der sie eine Erinnerungsplakette enthüllten (aus der Videoübertragung)

Wo war Armstrongs „kleiner Schritt"?

Wie auch immer, die APOLLO-Astronauten waren nicht nur gute Schauspieler, sondern darauf konditioniert, ein Leben lang mit einer Lüge leben zu müssen. Der Betrüger, der die ganze Welt - warum und in welchem Auftrag auch immer - getäuscht hat, heißt NASA.

Das bezieht sich auch auf den berühmt gewordenen Ausspruch vom „kleinen Schritt", den Neil Armstrong nach seinem Ausstieg bei der Landung von APOLLO 11 angeblich gemacht haben soll (Jeder kennt ihn: *„Ein kleiner Schritt für mich, ein großer für die Menschheit...").* Spätestens anlässlich des 30. Jahrestages der „1. bemannten Mondlandung" konnte jedoch jeder die Wiederholung der damaligen Fernseh-„Direktübertragung" mit den Kommentaren der damaligen Moderatoren verfolgen und hören, wie Moderator Günter Siefarth kurz nach Armstrongs „Ausstieg" wörtlich kommentierte:

„Aber Armstrong ist wirklich dem treu geblieben, was er vor einigen Wochen auf der letzten großen Pressekonferenz sagte, als er gefragt wurde, ob er denn über irgend etwas nachgedacht hätte, was er als angemessen und gegeben bei diesem Anlass sagen könnte, und er sagte nur schlicht ‚Nein, ich habe es nicht', und er hat hier oben ja auch nichts dergleichen gesagt, keine großen Erklärungen abgegeben".

Und dann konnte man, grau in grau, verwaschen und unscharf, zusehen, wie sich Armstrong schemenhaft vor der Fähre hin und her bewegte und nichtssagende Kommentare abgab, beispielsweise, dass er zunächst „ein achtel Inch", später etwa zwei Zentimeter im „Mondstaub" einsinken würde. Den geschichtsträchtigen Spruch zitierte er jedenfalls *mit keinem Wort*. Ich habe mir die Ausstiegsszene mehrfach genau angesehen und auf jedes Wort von Armstrong geachet. Den Spruch hörte ich nicht. Woher stammt also der Spruch vom „kleinen Schritt"? *Wann* soll Armstrong ihn aufgesagt haben? Jedenfalls keinesfalls bei der Live-„Direktübertragung", das konnte jeder Zuschauer nachprüfen. Wieso ist es im Nachhinein eigentlich niemandem aufgefallen, auch keinem der Moderatoren, dass Armstrong von der NASA ein Spruch untergeschoben worden ist, den er offensichtlich nicht gesagt hat? Ein solch markanter Spruch wäre den Zuschauern doch unbedingt in Erinnerung geblieben!

Spätestens anlässlich der Sendungen zum 30. Jahrestag hätte das Fernsehen jedoch darauf hinweisen können, dass hier etwas nicht mit

146

rechten Dingen zugeht, denn einige der damaligen Moderatoren wurden zu der damaligen „Direktübertragung" und ihren Kommentaren interviewt. Ich kann es einfach nicht glauben, dass das Fehlen dieses Ausspruches von niemandem bemerkt worden sein soll! Für mich ist dies ein typisches Beispiel dafür, wie wenig die Menschen auf das Dargebotene achten.

Zu einem anderen Punkt fragte ein Leser: Wer hat die Astronauten eigentlich beim Aussteigen gefilmt?

Dazu hatte die NASA die Erklärung abgegeben, dass eine TV-Kamera an der Fähre mitgeführt wurde, die nach der „Landung" ausgeklinkt worden sei, mit Blickrichtung auf die Ausstiegsleiter. Diese Antwort scheint schlüssig zu sein, denn wie das funktionierte, wurde seinerzeit im ARD-Studio vorgeführt. Die Kamera zeigte bei APOLLO 11 auch nicht genau auf die Fähre, sondern musste erst von Armstrong ausgerichtet werden.

„For all mankind" - „Für die ganze Menschheit"?

Einer anderer der am meisten zitierten Aussprüche lautet, dass die Mondflüge nicht für eine einzelne Nation vorgenommen worden seien, sondern dass die APOLLO-Astronauten „im Namen der ganzen Menschheit" auf dem Mond gelandet seien. So pathetisch drückten sich nicht nur NASA-Angehörige, sondern auch Astronauten aus. Auch auf der Plakette am Landebein der Fäh-

re von APOLLO 11 (s. unten) stand der Satz „ *We came in peace for all mankind* " (Wir kamen in Frieden für die ganze Menschheit).

Doch wie sah die veröffentlichte „Wirklichkeit" aus? Die erste Handlung einer jeden Astronautencrew nach dem Ausstieg bestand darin, die amerikanische Nationalflagge zu hissen. Es reichte wohl nicht aus, dass auf jedem noch so kleinen Flecken ihrer Ausrüstung eine US-Flagge abgebildet oder aufgeklebt war, dieses nationalistische Übergetue widerspricht vollkommen der Anmaßung, für die „ganze Menschheit" agiert zu haben.

Das Frontalfoto von Aldrin

Das Frontalfoto von Buzz Aldrin auf der „Mondoberfläche", „fotografiert von Neil Armstrong", weist im einzelnen folgende Merkwürdigkeiten auf:

1) Das Foto ist aus Augenhöhe gemacht worden (anhand des Aufnahmewinkels erkennbar), wogegen die Aufnahmekameras auf der Brust der Astronauten befestigt waren.

2) Die Fläche um den Astronauten ist kreisförmig ausgeleuchtet. Die ganze Ebene müsste jedoch gleichmäßig hell beleuchtet sein, da die Sonne kein Punktstrahler ist.

Die hell ausgeleuchtete Landestelle von APOLLO 11 mit Buzz Aldrin. Die ganze Ebene müsste jedoch gleichmäßig hell ausgeleuchtet sein. Dagegen müsste Aldrin auf der sonnenabgewendeten Seite (vgl. Schatten) schwarz aussehen. Woher stammt die Zusatzbeleuchtung? Unter der Fähre ist - anhand der Fußspuren erkennbar - kein Staub weggeblasen.

Das berühmte Foto von Buzz Aldrin. Wer hat es gemacht? Von Armstrong kann es nicht stammen, weil es von einer überhöhten Position aus aufgenommen wurde, während die Hasselblad-Kameras (wie hier bei Aldrin) auf der Brust am Raumanzug befestigt waren.
Der sich im Helm „spiegelnde" Horizont ist offenbar nachträglich einkopiert worden, denn er stimmt nicht mit dem Aufnahmewinkel überein.

Ein ähnliches Foto existiert von APOLLO 12: auch hier stimmt der im Helm spiegelnde Horizont nicht mit dem Aufnahmewinkel überein. Außerdem müsste der Astronaut auf der Schattenseite (gegen die Sonne fotografiert) schwarz aussehen. Dafür sind im Hintergrund (links) schwach Teile der Hallendecke zu erkennen!

149

*Einer der Landefüße der Lan-
defähre „Eagle": Wie an den
reichhaltigen Spuren gut erkennbar ist, wurde durch den
Landevorgang keinerlei Staub
durch das Raketentriebwerk
weggeblasen.*

*Ein anderer Landefuß der
APOLLO 11-LM. Ich frage mich,
wozu es gut sein sollte, die Landefüße so mit Frischhaltefolien
einzupacken. Bestanden die
Füße nicht aus Metall, sondern
aus hitze- und kälteempfindli-
chen Materialien? Oder sollte
auf diese Weise getarnt werden,
dass hier etwa Plastik und Holz
eingesetzt wurden?*

3) Der Astronaut ist auf der Vorderseite gut ausgeleuchtet, obwohl die Sonne (aufgrund des Schattens) rechts hinter ihm
steht. Bei einer solchen Gegenlichtaufnahme müsste der
Astronaut auf der (dem Fotografen zugewendeten) Schattenseite schwarz sein.

4) Der sich im Helm spiegelnde Horizont stimmt nicht mit dem
Aufnahmewinkel überein. Er ist offenbar nachträglich einkopiert worden.

5) Der Raumanzug liegt eng an, obwohl er wegen des Innendrucks aufgeblasen sein müsste. Buzz Aldrin müsste im Vakuum des Mondes aussehen wie das berühmte „Michelin-
Männchen".

In der SPIEGEL-TV-Sendung vom 27.07.01 befragte man auch
Fotografen sowie Fachleute der Firma Hasselblad, welche die verwen-

deten Kameras geliefert hatte, nach ihrer Meinung, wie die merkwürdigen Beleuchtungssituationen auf den APOLLO-Fotos möglich seien. Selbstverständlich konnte keiner der Befragten von Fälschungen reden, aber sie gaben einhellig unumwunden zu, dass es ihnen unerklärlich ist, wie die Fotos ohne jede Zusatzbeleuchtungen entstanden sein sollen.

Die Flagge von APOLLO 11. Man beachte das in Höhe der Flagge von links nach rechts liegende Kabel: Wie viele Techniker sind wohl darübergelaufen, dass es teilweise im „Mondstaub" begraben ist?

Aldrins Ausstieg

Fast alle Fotos von APOLLO 11 stammen von Neil Armstrong und zeigen Buzz Aldrin beim Ausstieg und bei seinen Aktivitäten.

Die Ausstiegsluke der Mondlandefähre „Eagle" lag auf der Schattenseite, das heißt, Aldrins Ausstiegsszene musste gegen die Sonne aufgenommen werden. Höchst merkwürdig mutet dabei an, dass Aldrin, obwohl im Schatten, derart gut ausgeleuchtet ist, dass nicht nur Details gut erkennbar sind, sondern sogar ein Lichtreflex auf einem seiner Stiefel entstanden ist. Und das alles gegen die Sonne! Normalerweise dürfte er nicht erkennbar sein (vgl. mit den Ausstiegsfotos von APOLLO 12, es wurden die gleichen Hasselblad-Kameras benutzt).

Wenn Aldrin so gut ausgeleuchtet ist, bedeutet das, dass hier Zusatzscheinwerfer zum Einsatz gekommen sein müssen, doch solche Geräte wurden bei den APOLLO-Missionen nicht mitgeführt. Fand die Ausstiegsszene also in einer Halle statt?

Oben und rechts: Aldrins Ausstieg aus der Fähre. Obwohl die Luke auf der sonnenabgewendeten Seite liegt, ist der Astronaut hell beleuchtet. An seinem rechten Absatz erkennt man einen Lichtreflex (Ausschnittsvergrößerung rechts), der nicht entstehen darf, wenn die Sonne von der entgegengesetzten Seite scheint!

Zum Vergleich: APOLLO 12-Ausstiegsszene

Ausstiegsszene von APOLLO 12: Auch hier liegt die LEM-Ausstiegsluke im Schatten. Der aussteigende Astronaut ist kaum erkennbar, auch nicht auf dem unteren Bild, auf dem er schon vor der Fähre auf dem „Mondboden" steht. Hat der Regisseur hier nicht aufgepasst? Oder hat man aus den Fehlern bei APOLLO 11 gelernt?

152

Woher kommt die Cola-Flasche bei APOLLO 11?

Während der flackernden, unscharfen TV-„Direktübertragung" der Exkursion von Armstrong und Aldrin auf der „Mondoberfläche" rollte plötzlich quer durch die rechte untere Bildhälfte eine Coca-Cola-Flasche. Sie war höchstens eine bis zwei Sekunden sichtbar, aber im Gegensatz zu dem bekannten, verschwommen unscharfen Schwarzweiß-bild scharf abgebildet.

Dieses Vorkommnis wurde u.a. in den Zeitungen West-Australiens veröffentlicht (Rene, a.a.O.), doch merkwürdigerweise niemals weiterverfolgt. Anscheinend wurde dieses Vorkommnis nur von wenigen bemerkt, und von einem Großteil dieser als optische Täuschung abgetan. Ich habe seinerzeit ebenfalls - wie Millionen anderer Zuschauer - gebannt die „Direktübertragung" verfolgt und kann mich nicht erinnern, eine Colaflasche gesehen zu haben. Auf den heute verbreiteten „Aufzeichnungen" dieser Mondhüpferei ist die Colaflasche natürlich - sofern sie wirklich vorhanden war - herausgeschnitten. Wenn der APOLLO-Mondflug und die Mondaktivitäten von Armstrong und Aldrin echt waren, dann könnte es sich allerdings auch um einen gut bezahlten Reklamegag gehandelt haben, die Flasche (per Einblendung) durch das Bild rollen zu lassen.

Man darf auch nicht vergessen, dass in den Sechzigerjahren die Technik der Videoaufzeichnung erst in den allerersten primitiven Kinderschuhen vorhanden war, im Gegensatz zu heute, wo sich fast in jedem Haushalt ein Videorecorder befindet. Es hatte kaum jemand die Möglichkeit, die Übertragung privat mitzuschneiden.

Warum konnte Jodrell Bank APOLLO 11 nicht anpeilen?

Das Radioteleskop von *Jodrell Bank* in USA, eine der größten Anlagen dieser Art, konnte merkwürdigerweise den Flug von APOLLO 11 nicht verfolgen, als das Raumschiff „in der Nähe des Mondes" war. Zu diesem Zeitpunkt war es noch errechnete rund 1700 Kilometer „von der Mondoberfläche" entfernt.

Jodrell Bank benutzte ein 15-Meter-Radioteleskop mit einer Frequenz von 2300 Mhz. Die Operations-Funkfrequenzen des MSFN (*Manned Space Flight Network* = Netzwerk für bemannten Raumflug) lagen jedoch ausschließlich unterhalb des *Deep Space Tracking Network* (DSTN, Tiefraum-Netzwerk). Das bedingte, dass alle Radioteleskop-Einheiten des Tiefraum-Netzwerkes neu einjustiert werden mussten.

Als Ursache dafür, dass der Flug von APOLLO 11 nicht weiter verfolgt werden konnte, wurde angegeben, dass die NASA angeblich die genauen Daten nicht bekanntgegeben hätte, bei welchen Koordinaten APOLLO 11 auf dem Mond zu finden sei. Merkwürdig ist das bei diesen Teleskop-Dimensionen schon, zumal Jodrell Bank die Flugbahn der zeitgleich den Mond umkreisenden sowjetischen Sonde LUNA 15 exakt verfolgen konnte. LUNA 15 landete weich auf der Mondoberfläche und brachte Mondgestein zurück zur Erde. Doch die genauen Daten von LUNA 15 waren in Jodrell Bank zunächst ebenso unbekannt wie die von APOLLO 11 und konnten nur kalkuliert werden. Wieso konnten dann die APOLLO 11-Daten nicht ebenso gut kalkuliert werden? Könnte es daran liegen, dass sich APOLLO 11 - im Gegensatz zu LUNA 15 - gar nicht in Mondnähe befand?

Übrigens konnte die Landung der Fähre EAGLE auch aus der (relativ niedrigen) Mondumlaufbahn, vom Kommandomodul aus, nicht beobachtet werden, wie aus dem Funkverkehr mit Houston hervorgeht. War dies etwa nur eine akustische „Vorsichtsmaßnahme" der NASA zur Beruhigung der vergeblich Ausschau haltenden Beobachter?

Wenn Jodrell Bank keine eigenen APOLLO 11-Signale vom Mond empfangen konnte, dann liegt das einfach daran, dass die der Öffentlichkeit präsentierten Fernsehbilder von einem Teleskop in Australien aufgenommen wurden. Dort wurden die Fernsehbilder - woher sie auch kamen - zunächst auf einem Monitor ausgegeben. Dann wurden sie mit einer TV-Kamera von diesem Monitor abgefilmt und per Satellit in die USA nach Houston übermittelt. Dieser Umweg war nötig, weil die Bilder ein anderes TV-Bildformat als das in den USA übliche TV-Standardformat hatten. Das erklärt auch - wenigstens teilweise - die unwahrscheinlich schlechte Bildqualität.

APOLLO 16 - und Scheinwerferbeleuchtung von oben?

Die von einem Monitor abgefilmten Bilder wurden dann von Houston der Weltöffentlichkeit als „Live-Übertragung" präsentiert, obwohl schon wegen der Abfilmerei eine Zeitverzögerung entstand. Die veröffentlichten TV-Bilder waren also gar nicht live.

Ob die Fernsehbilder auf der Erde fabriziert und dann (wie in dem Film „Unternehmen Capricorn") zu einem Satelliten und von diesem zurück zur Erde (nach Australien und von dort zurück nach USA) geschickt wurden, kann nicht belegt werden, es würde aber beispielsweise die fehlende zeitliche Verzögerung im Funkverkehr erklären, die bei einer Erde-Mond-Verbindung im Sekundenbereich liegen muss.

Jodrell Bank mit ihrem auf den Mond gerichteten Teleskop konnte die Signale natürlich nicht auffangen, wenn von dort keine kamen.

Echt oder nur Filmtrick?

Die Aktionen der Astronauten auf der „Mondoberfläche"

Die Videofilme und Fotos der APOLLO-Missionen erscheinen auch heute noch perfekt, und auch die Menge des vorhandenen Filmmaterials spricht *eigentlich* eher gegen als für Fälschungen.

Betrachten wir die „Känguruh-Hüpfer" der Astronauten und die Aktivitäten „auf dem Mond" jedoch einmal mit anderen, kritischen Augen. Wenn sie eine Fälschung darstellen, wie könnten sie inszeniert worden sein?

Die Technik einer Trainingshalle mit einer nachgestellten Mondoberfläche ermöglicht die gezeigten Aktivitäten, denn die Deckenkonstruktion enthält nicht nur Beleuchtungskörper, sondern auch Laufschienen und bewegliche Krananlagen. Wer hat die Filmaufnahmen der hüpfenden Astronauten eigentlich einmal darauf hin genauer untersucht, ob die Astronauten nicht an Seilen hingen? Auf verschiedenen Trainingsfotos sieht man ähnliche Vorrichtungen, die eine verminderte Schwerkraft simulieren sollen. Es gibt also prinzipiell mindestens drei Möglichkeiten, in „Zeitlupe" hüpfende Astronauten darzustellen: Erstens, indem sich die Astronauten unbeholfen bewegten, was ihnen in ihren unförmigen Anzügen nicht schwer gefallen sein dürfte. Zweitens, indem man die Bewegungen mit Zeitlupeneffekt filmt, und drittens, indem die Astronauten an Seilen aufgehängt agieren. Wie gut sich Seilaufhängungen vor einem kritischen Publikum tarnen lassen, zeigt beispielsweise der Illusionist David Copperfield mit seinen Flugkunststücken.

Wie weit ist der Horizont wohl entfernt? Zehn oder zwanzig Meter? Auf jeden Fall ist die Landschaft dort abrupt zu Ende. Der „dunstige Mondhimmel" entstand, weil „gegen die Sonne" fotografiert wurde. Es ist schon merkwürdig, dass auf einem „atmosphärelosen" Himmelskörper im Gegenlicht solch ein Dunst zu sehen ist (APOLLO 17, Originalbild).

Man sollte sich nicht irritieren lassen durch die „Weite der Mondlandschaft", in der die Astronauten agierten. Die Hallen, in denen die Aufnahmen gemacht wurden, können durchaus relativ klein gewesen sein. Die „Weite" kann durch Bildwände simuliert worden sein, die auch relativ nahe bei den Astronauten standen. Diese Technik wird in der Filmindustrie standardmäßig angewandt. Durch geschickte Ausleuchtung wird der Übergang zwischen Fotowand und

*Trainingsfotos der
APOLLO 11-Astro-
nauten*

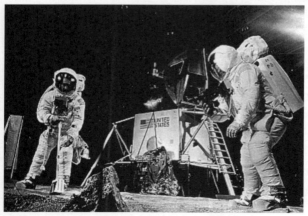

Astronautentraining (oben: APOLLO 13, unten: APOLLO 12)

Boden verwischt. Doch dieser Übergang ist verschiedentlich erkennbar, beispielsweise bei den Aktionen von APOLLO 15 bis 17. Er wurde dann beispielsweise „hinwegerklärt" durch „Wasserstandslinien" o.ä. an den „Berghängen".

Wenn man die Fotos der Astronauten in ihren Raumanzügen, wie sie beim Training unter irdischen Bedingungen (mit atmosphärischen Außendruck) aussehen, mit Fotos auf dem „atmosphärelosen Mond" vergleicht, so kann kein Unterschied festgestellt werden. Sie sehen absolut gleich aus, obwohl die Anzüge wegen ihres Innendruckes im Vakuum aufgeblasen sein müssten.

Sehen wir auf diesen Fotos von APOLLO 12 die Deckenkonstruktion der Halle?

Haltevorrichtungen an den Deckenkonstruktionen in NASA-Trainingshallen

Auch auf APOLLO 14-Fotos sind diese Linien vorhanden. Bitte vergleichen Sie mit den Deckenkonstruktionen der NASA-Trainingshallen oben und mit der sichtbaren Deckenkonstruktion auf den APOLLO 11-Trainingsfotos.

APOLLO 15: Der sogenannte Nordkomplex. Und darüber: Scheinwerferreihen? Unmittelbar darunter ist der Boden am hellsten ausgeleuchtet.

APOLLO 15: Zeigt dieses Bild Beleuchtungskörper oder einen Teil der Deckenkonstruktion der Halle? Unten eine Ausschnittsvergrößerung.

Was zeigt das reflektierte Bild im Visier von Astronaut Bean (APOLLO 12)? Im Hintergrund eine ganze Reihe von Scheinwerfern. Wie kommen sie auf den Mond? Und wer hat das Bild fotografiert? Der im Visier reflektierte Astronaut auf gar keinen Fall, denn seine beiden Hände hängen herunter. Frage: Wer betrügt hier wen?

Das merkwürdige Verhalten der Flagge von APOLLO 12

Wie bei den anderen APOLLO-Missionen bestand die erste Aufgabe der Astronauten nach dem Ausstieg auch bei APOLLO 12 darin, die amerikanische Flagge aufzustellen und vor ihr zu salutieren. Die US-Flagge wird, wegen der „fehlenden Atmosphäre", am oberen Rand durch eine Querstrebe in aufgefalteter Form gehalten.

Die meisten der APOLLO 12-Fotos zeigen allerdings, dass die Querstrebe sich zwischenzeitlich gelöst haben musste, denn die Flagge hängt nach unten an ihrer Stange. Zwischenzeitlich hatte jedoch kein Astronaut an der Flagge hantiert, es wurde kein „Mondbeben" registriert und - da ja angeblich atmosphärelos - konnte auch kein Wind die Flagge aus ihrer Halterung gedrückt haben.

Rechts oben: Astronaut Bean beim Aufstellen der Flagge.
Darunter: links neben der Landefähre erkennt man die US-Flagge.
Links unten: Die Ausschnittsvergrößerung zeigt die korrekt aufgestellte Flagge.

Kurze Zeit später hängt die Flagge „ganz normal" nach unten an ihrer Stange. Wer hat die obere Querstrebe aus ihrer Halterung gezogen?

Die Ausschnittsvergrößerung zeigt die hängende US-Flagge.

Rechts: Die hängende Flagge mit dem Schatten des fotografierenden Astronauten. Wie weit ist der „Mondhorizont" entfernt? Zwei oder zwanzig Meter?

Die flatternde Flagge von APOLLO 14

Während einer der Astronauten neben der Flagge stand, fing die Flagge plötzlich an zu flattern. Der Astronaut versuchte, das Flattern zu verhindern, indem er das flatternde Ende festhielt. Nachdem er es wieder losgelassen hatte, fing die Flagge erneut an zu flattern. Dieser Videostreifen wurde in den Jubiläumssendungen zur ersten „Mondlandung" zwar auch gezeigt, seltsamerweise wurde er jedoch immer dann geschnitten, als das Flattern begann. Verschiedentlich hat man sodann auf Standbildfunktion umgeschaltet, was dem Fernsehzuschauer nur auffällt, wenn er die ganze Szene kennt.

Zunächst dachte ich, das sei ein deutliches Zeichen für die Existenz einer „Mondatmosphäre". Unter dem jetzigen Blickwinkel ge-

164

Nach dem Aufstellen der US-Flagge durch einen der Astronauten fing diese plötzlich an zu flattern. Unten Einzelbilder aus der Videoaufzeichnung.

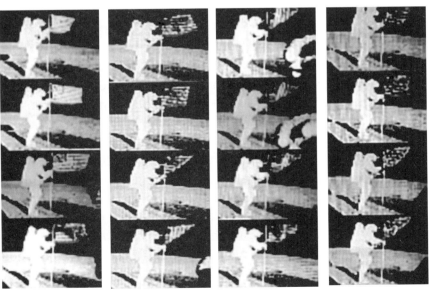

sehen, scheint diese Szene jedoch viel mehr in einer Trainingshalle aufgenommen worden zu sein, wobei der Luftzug ganz normal durch Be- und Entlüftungsanlagen der Halle erklärbar wird.

Letztendlich zeigen eine ganze Reihe von Fotos, trotz der Bilder mit der „weiten Mondlandschaft", einen „Mondhorizont", der nur einige Meter entfernt zu sein scheint.

Die NASA gibt als Erklärung für das Flattern aus, die Astronauten hätten die Flaggen mit einer drehförmigen Bewegung in den „Mondboden" gerammt. Dabei hätte die Flagge angefangen zu flattern, was ganz normal sei, egal ob im Vakuum oder auf der Erde.

Die Flagge würde flattern, weil die Astronauten sie mit kreisförmigen Bewegungen in den Boden gerammt hätten, sagt also die NASA. Dazu ist zu sagen, dass es mindestens zwei Videoaufnahmen gibt, die Astronauten beim Flagge-Aufstellen zeigen. Tatsächlich ist es nicht ausgeschlossen, dass das „Flattern" durchaus durch die Aktivitäten der Astronauten hervorgerufen worden sein könnte. Allerdings flattert die Flagge insbesondere bei der APOLLO 14-Szene recht merkwürdig. Es sieht so aus, als ob ein relativ starker Windstoß die Flagge mehrfach bewegt. Als der Astronaut sich für das obligatorische Erinnerungsfoto posieren wollte, fing die Flagge jedoch wieder an zu flattern, woraufhin der Astronaut zufasste und sie wieder gerade zog. Der Astronaut zieht sie mehrmals in die korrekte Position, woraufhin sie wieder zu flattern beginnt. Nachdem er die Flagge losgelassen hatte, fing sie erneut an zu flattern, so dass sie wieder gerade gezogen werden musste. Das ist jene Video-Version, die in den deutschen APOLLO-Sendungen bisher immer herausgeschnitten und durch eine Standbildaufnahme ersetzt wurde. Das alles mit der drehförmigen Bewegung des Einrammens erklären zu wollen, geht nur, wenn man den Filmstreifen nicht kennt.

Könnte man die flatternde Flagge noch mit übertragenen Bewegungen der Astronauten erklären, so lässt sich der hin und her schaukelnde Einkaufstüten-ähnliche Gegenstand, der wohl ein Sonnenwindsegel ist, unter der Mondfähre von APOLLO 14, nicht mehr durch Astronauten-Bewegungen erklären, denn - wie das Video ebenfalls zeigt - es befinden sich beide Astronauten außerhalb der

166

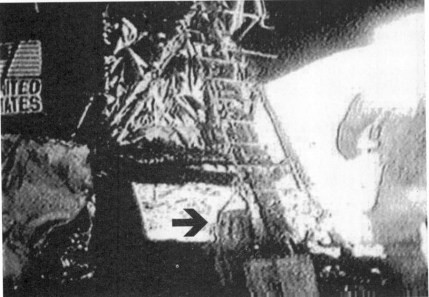

Oben und nächste Seite: Der Gegenstand, der wie eine Einkaufstüte aussieht (wohl ein Sonnensegel, Pfeile), schwankt unter dem APOLLO 14-LEM hin und her (Einzelbilder aus Videofilm)

Fähre! Beide Astronauten liefen vor der auf die Fähre gerichteten Kamera hin und her. Durch welche Einwirkungen schaukelte dieser Gegenstand wohl? Diese Video-Szene ist den amerikanischen und britischen Kritikern der APOLLO-Missionen wohl bisher entgangen.

Kurios ist die Erklärung des „Hoax-Entlarvers" Phil Plait (www. badastronomy.com - „Yes, We Really *Did* Go to the Moon!"), wonach die Flagge auf verschiedenen Bildern nur deshalb so flatternd aussehen würde, weil es den Astronauten so gefallen hätte. Sie hätten sie absichtlich so hingezogen, damit sie „natürlicher" aussehen würde ...

Die Rückstart-Szene als Zeichnung. Unter der gezeichneten Fähre der (im Original nicht vorhandene) Landekrater, die Retrokapsel mit (im Original nicht vorhandenem) Raketenantrieb.

Der Rückstart und die Flugmanöver

Sind die Flug- und Koppelmanöver der Raumfähren mit den Kommandomodulen ebenfalls gefälscht? Flugmanöver fanden offenbar wirklich statt, jedoch anscheinend nur in der Erdumlaufbahn. Kommandomodule und Fähren, die untereinander sowieso alle gleich aussahen, scheinbar vor einem neuen Hintergrund (dem Mond) agieren zu lassen, ist, technisch gesehen, kein Problem. Die Technik der Objekt-Ein- und Ausblendung ist heute ausgefeilt (z.B. „Blue-Screen"-

Rückstartsequenz von APOLLO 15
(Einzelbilder aus Videoaufzeichnung):
Wo ist die Abgasflamme des Raketen-
antriebs?

Technik), war aber auch schon in den sechziger Jahren machbar, wie Science-Fiction-Filme beweisen. Und wirklich habe ich ein Bild gefunden, das aufgrund des unterschiedlichen Helligkeits- und Kontrastwertes offensichtlich zusammenkopiert wurde!

Es ist sehr beeindruckend, wie die Retrokapsel vom Mond startet und in der Sichtluke zu sehen ist, wie die Mondoberfläche langsam zurückbleibt, mit dem Fährenunterteil und dem Rover und den vielen Fuß- und Fahrspuren. Diese Szenen sind perfekt aufgenommen worden. Allerdings gibt es ähnliche Szenen in Science-Fiction-Filmen, und dort würde keiner auf die Idee kommen, es seien „echte" Aufnahmen.

Betrachten wir die Rückstartszenen genauer, so fällt mir jedoch einiges auf:

- *Wo blieben die Flammen und der Abgasqualm der Raketenantriebe?*
- *Wieso blieb das LEM-Unterteil, das für die Retrokapsel als Start-*

170

Rückstart-Szene aus der Sicht der NASA.Eine Wunschvorstellung, wie es sein sollte? Unter dem LEM ein Landekrater, die Retrokapsel mit sichtbarem Rake- tenantrieb, Flagge und Schriftzug gut beleuchtet.

Rückstartszene von APOLLO 16. Wo ist der Raketenantrieb?

tisch diente, jeweils unbeschädigt stehen? Warum verbrannten die Flaggen nicht im Abgasstrahl?

Das LEM-Unterteil bestand, wie alle Teile der Fähre, aus einer leichten Aluminiumkonstruktion. Für hitzeabweisende Isolierschichten auf dem Starttisch bestand kein Bedarf, erstens wegen des Gewichts, zweitens konnte das Unterteil beim Rückstart ruhig zerstört werden, weil es nicht mehr benötigt wurde. Durch den tausende Grad heißen Abgasstrahl des Raketentriebwerkes hätte das Unterteil in Sekunden zerschmolzen werden müssen. Doch - wie die Filme zeigen - blieb es völlig unbeschädigt. Und das ist unmöglich.

Demgemäß müssen wir annehmen, dass auch die gefilmte Rückstartsequenz „von der Mondoberfläche", so eindrucksvoll sie auch aussieht, eine Trickaufnahme ist. Allerdings keine perfekte Trickaufnahme, sonst hätte der Regisseur auf die angeführten Details geachtet.

172

Rückstart, aus der Sichtluke der Retrokapsel fotografiert: Die Flagge flattert im Abgasstrahl. Moment mal! Sind die Retrokapseln mit Pressluft oder mit Raketen-triebwerken gestartet? Angeblich mit Raketentriebwerken. Müsste dann nicht durch den tausende Grad heißen Abgasstrahl alles Brennbare verglüht sein? (APOLLO 14)

Der antriebslose Rückstart

Mit welchem Antrieb sind die Retrokapseln der Mondfähren (der obere, abtrennbare Teil der Fähren) wohl vom Mond zurück gestartet? Es gibt drei Videoaufzeichnungen des Rückstarts (APOLLO 15, 16 und 17), und auf keinem dieser Aufzeichnungen ist beim Start die Funktion eines Raketenantriebs zu erkennen. Nach dem Absprengen der Verbindungsbolzen (eine gängige Technik) zwischen Retro-kapsel und LEM-Unterteil flogen die Retrokapseln, wie an einem Bindfaden gezogen, nach oben aus dem Bild. Davon konnte sich auch jeder überzeugen, der beispielsweise die diversen Fernsehsen-dungenbeispielsweise zum Thema „30 Jahre Mondflug" gesehen

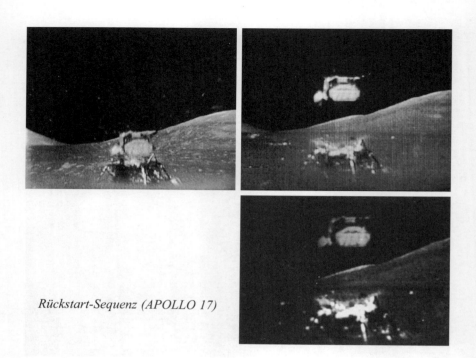

Rückstart-Sequenz (APOLLO 17)

hat. Die Rückstartsequenzen wurden mehrfach gezeigt. Heute kann man sie u.a. noch in dem Film „Space Cowboys" sehen, der im Nacht-programm „Space Night" von Bayern 3 öfter wiederholt wird.

Allgemein wird hierzu argumentiert, selbstverständlich seien die Retrokapseln mit Raketenantrieb zurück in die Umlaufbahn gestar-tet, man brauche sich nur die Konstruktionszeichnungen anzusehen, dort seien schließlich Triebwerke und Treibstoffbehälter eingezeich-net. Wie sollen sie wohl sonst zurückgeflogen sein? Und da die Vi-deobilder der Rückstartszenen nicht gestochen scharf sind, könne man durchaus einen Raketenantrieb hineininterpretieren. Man dürfe nicht vergessen, dass ein Raketenantrieb im luftleeren All längst nicht so gut sichtbar sei wie innerhalb einer Atmosphäre, durch die feh-lende Atmosphärenreflexion.

Doch diese Argumentation ist falsch! Es gibt auch einige Fotos (und auch Videoaufzeichnungen), die Raketentriebwerke in Aktion im All zeigen. Merkwürdigerweise sind die Abgasflammen dieser Triebwerke - im Gegensatz zu denen der Haupttriebwerke der Lan-

174

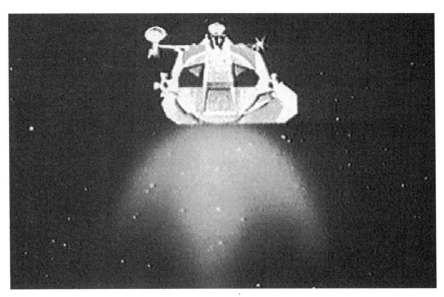

Rückstartszene in einem NASA-Trickfilm, der anlässlich der „Mondlandung" von APOLLO 11 während des „Landeanfluges" gesendet wurde. In diesem Trickfilm zeigen nicht nur die Landefähre, sondern auch die Retrokapsel Raketenabgase, wie es sein müsste.

defähren - sehr deutlich erkennbar! Wenn es also so wäre, dass Raketenantriebsflammen im Vakuum nicht oder kaum sichtbar seien, so dürften sie auf keinem Bild erkennbar sein!

Ich bin heute der Meinung, dass die Videofilme des „Rückstarts" reine Trickfilme sind. Möglicherweise handelt es sich dabei sogar um ein- und denselben Trick, der vielleicht mit mehreren Filmkameras aufgenommen wurde, denn beim Bildvergleich lässt sich kein Unterschied feststellen, ob es sich nun um APOLLO 15, 16 oder 17 handelt. Die drei Filmszenen unterscheiden sich nur gering in der (relativ schlechten) Bildqualität.

Rauch- und qualmlose Raketenantriebe

Wie jeder weiß, entwickeln Raketen - das ist technisch bedingt durch die Treibstoffzusammensetzung - enorm viel Qualm. Das kann man bei jedem Raketenstart deutlich sehen. Selbst die kleinen Kor-

Zum Vergleich

Dass man im All durchaus den Abgasstrahl eines Raketenmotors sehen kann, zeigt dieses Bild eines Space-Shuttle in der Erdumlaufbahn. Am oberen Bildrand die Erde.

Abgase, wie sie etwa bei den Boosterraketen der Space-Shuttles zu sehen sind.

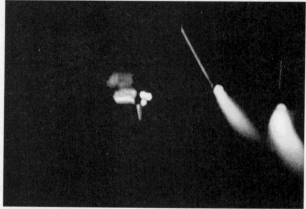

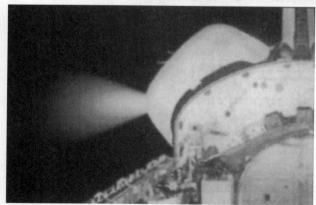

Ein Space Shuttle-Korrekturtriebwerk in Aktion. Die Abgase sind durchaus sehr deutlich erkennbar.

Zum Vergleich: Ein Raketenstart. Die Qualmentwicklung ist beträchtlich.

rekturtriebwerke für Kurskorrekturen, die nur sekundenweise gezündet werden, qualmen.

Mit Ausnahme nicht nur der Retrokapseln, sondern auch der Mondlandefähren! Da die Retrokapseln jedoch (angeblich) vom Mond zurückgestartet sind, muss man sich fragen - sofern es sich nicht um Trickfilmsequenzen handelt -, mit welchem revolutionären Antrieb das geschah, zumal die Angaben für die mitgeführten

Zum Vergleich: Spaceshuttle-Start: Man beachte die Rauchentwicklung

Zum Vergleich: Raketenprüfstand (Rocketdyne Propulsion Field Laboratory) beim Test eines Raketentriebwerks.

Und jetzt noch einmal: Wo sind hier die Triebwerksflammen?

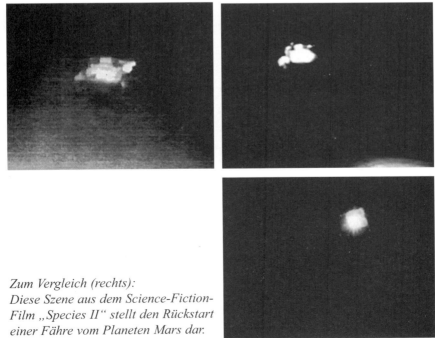

Zum Vergleich (rechts):
Diese Szene aus dem Science-Fiction-
Film „Species II" stellt den Rückstart
einer Fähre vom Planeten Mars dar.

*Der untere LEM-Teil, der als Startplattform für die Retrokapsel diente. Man er-
kennt, dass durch den „Raketenantrieb" keinerlei Beschädigungen hervorgerufen
wurden! (APOLLO 15). Starteten die Retrokapseln etwa mit Pressluft? Aber selbst
das hätte man im Vakuum sehen müssen...*

Treibstoffmengen gerade mal für Korrekturtriebwerke ausgereicht
hätten. Und warum hat man nach dem Ende der APOLLO-Missionen niemals mehr etwas von diesem revolutionären Antrieb gehört?
Doch leider, leider sind nicht nur die Baupläne der SATURN 5-Ra-
kete, sondern der gesamten APOLLO-Missionen „verschollen".

Die NASA verwickelt sich in Widersprüche: der bei den Landefähren verwendete Treibstoff sei ohne Flamme und Qualm verbrannt,
das hätte an der Zusammensetzung gelegen, dessen Zusammensetzung bei dieser Aussage natürlich nicht erwähnt wird. Merkwürdig!
An anderer Stelle kann man nämlich nachlesen, dass damals der selbe Treibstoff verwendet wurde, wie er heute noch in den Spaceshuttles oder in Korrekturtriebwerken zum Einsatz kommt!

Die Rückstartplattform

Raketentriebwerke entwickeln aufgrund ihrer Bauweise einen gewaltigen thermischen Antriebsstrahl. Damit während des Startvorganges dieser nicht auf die Rakete bzw. die Retrokapsel zurückschlagen und sie beschädigen kann, muss er abgelenkt und unschädlich gemacht werden. Bei Raketen, die von der Erdoberfläche aus starten, enthält der Starttisch deshalb eine sogenannte „Schurre". Das ist ein tunnelähnlicher Abgaskanal in der Startplattform direkt unter dem Raketentriebwerk, in welchem der Antriebsstrahl der startenden Rakete zur Seite hin abgelenkt wird. Dabei müssen die Ablenkflächen der Schurre mit großen Wassermengen gekühlt werden, da der Antriebsstrahl ungeheuer große Wärmeenergien erzeugt, die jeden Starttisch in Sekunden zerschmelzen würden (Gröttrup: „Über Raketen. Allgemeinverständliche Einführung in Physik und Technik der Rakete", S. 206f.). Bei schräg von einer Lafette o.ä. aus startenden Raketen entfällt diese Vorrichtung.

Sehr schön wurden die verheerenden Kräfte eines Starttriebwerkes in einem im Januar 2002 im Fernsehen gezeigten Film über die europäischen Ariane-Raketen dargestellt. Obwohl unter dem Starttisch riesige Entlüftungsschächte installiert sind, welche die Flammen aufnehmen und ablenken, werden bei jedem Raketenstart zusätzlich tausende Tonnen Wasser in die Triebwerksflammen gespritzt, um deren Temperaturen so weit abzusenken, dass keine Schäden entstehen können. Nun kann man zwar einwenden, dass es sich bei den Ariane-Raketen um ganz andere Dimensionen handelt. Trotzdem ist die Hitzeentwicklung auch eines kleineren Triebwerkes beträchtlich.

Wernher von Braun: warum ist er dem, was er einst in seinen Büchern vertrat, untreu geworden?

Die Retrokapseln waren, als Teil der Landefähren, mit diesen fest verbunden. Erst nach dem Absprengen der Verbindungsbolzen, kurz vor dem Rückstart, konnten sie starten. Bei den zurückbleibenden LEM-Unterteilen kann man die unversehrte, glatte Fläche, auf der die Retrokapseln verankert waren, erkennen.

Nun noch einmal die Frage: Mit welchen Triebwerken starteten die Retrokapseln? Wenn konventionelle Raketentriebwerke zum Einsatz gekommen wären, wie es behauptet wird, dann hätte der Antriebsstrahl bei der Zündung auf dem glatten Starttisch der LEM-Unterteile nicht entweichen können und wäre zurückgeschlagen, was eine Explosion mit sich gebracht hätte (Wernher von Braun: „Start in den Weltraum", S. 18). Dies unabhängig von einer Einsechstel-Schwerkraft oder einem Vakuum.

Außerdem wären die zurückbleibenden Unterteile durch die Hitze des Antriebsstrahls beim Rückstart sofort zerschmolzen worden, da sie nur aus einer leichten Aluminiumkonstruktion bestanden. Wie schon erwähnt, bestand auch keinerlei Grund, die Rückstart-Plattform durch (schweres) Stahlblech oder andere Materialien besonders zu schützen, da das Unterteil nicht mehr benötigt wurde. Rückstart-Filme, bei denen die Astronauten eine Kamera an das Fenster hielten, zeigen jedoch, dass die zurückbleibenden LEM-Unterteile unbeschädigt blieben!

Hier kann also kein konventioneller Raketenantrieb zum Einsatz gekommen sein, denn sonst frage ich mich, warum bei den irdischen Startplätzen aus thermischen Gründen ein solch großer Aufwand getrieben werden muss?

Wenn die Abgasflammen der LEM und der Retrokapseln so unschädlich waren, dass sie

1. nicht gesehen werden können,
2. keine Hitze erzeugten,
3. keinen Staub wegbliesen,
4. keine Geräusche verursachten,

muss es sich zwangsläufig um Trickfilm-Aufnahmen handeln, da Raketentriebwerke mit obigen Eigenschaften bis heute nicht bekannt sind.

Die vergessene Radioaktivität

„Kosmische Strahlung zerstört Nervenzellen"
(Dr. Bernard Rabin, Universität Maryland, 1996)

Der meiner Meinung nach stichhaltigste Grund, der *gegen* einen Besuch von Astronauten auf dem Mond spricht, ist die radioaktive Strahlung im All und auf dem Mond, welcher bei den APOLLO-Missionen Mensch und Material zwangsläufig ausgesetzt gewesen sein *mussten*.

Ich wundere mich im Nachhinein, wieso das Strahlungsproblem niemals offiziell erwähnt wurde, auch nach den APOLLO-Flügen nicht. Dabei erinnere ich mich, dass es noch in den Fünfziger- und Sechzigerjahren von verschiedenen Wissenschaftlern warnende Stimmen gab, die der Meinung waren, dass eine Raumfahrt oberhalb der strahlungsarmen Zone unmittelbar über der Erdatmosphäre (in der unsere Spaceshuttles und u.a. die internationale Raumstation ISS kreisen) nicht möglich sei, solange keine wirksamen Schutzmaßnahmen entwickelt worden seien. Selbst der „Vater der Weltraumfahrt" *Wernher von Braun* hatte in seinen Büchern, in denen er u.a. zukünftige Flüge zu Mond und Mars projektierte, massive Abschirmungen für die Raumfahrzeuge eingeplant.

Noch 1960 ging eine Meldung durch die Zeitungen, wonach amerikanische Wissenschaftler von der *Universität Minnesota* davor warnten, dass ein Protonengürtel den Weg des Menschen ins All versperrt. Sie hatten den Gürtel nach heftigen Sonnenausbrüchen entdeckt. Daraufhin erklärte Wernher von Braun, dass es schwer sein werde, Menschen gegen die tödlichen Protonenstrahlungen zu schützen, denn das sei nur durch dicke Bleiwände möglich, die keine der

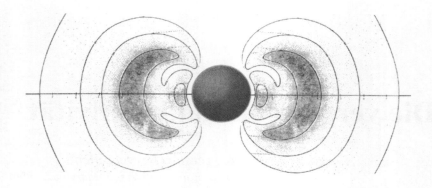

Erste Darstellung des doppelten Van-Allen-Gürtels (Querschnitt) Inzwischen weiß man, dass die Freiräume an den Polen wesentlich enger sind als hier dargestellt.

seinerzeitigen Raketen schleppen könne („Weltraumfahrt später. ‚Todesstrahlen versperren den Weg‘“, in: Frankfurter Nachtausgabe vom 28.07.60).

Der Van-Allen-Gürtel

Um die Erde erstreckt sich ein mehrteiliger Strahlungsgürtel, der sogenannte Van-Allen-Gürtel, benannt nach dem amerikanischen Physiker *Dr. James A. Van Allen* von der Universität des Staates Iowa. Er hatte die Forschungsausrüstung für den ersten amerikanischen Satelliten, EXPLORER I, entwickelt. An Bord befanden sich Zählgeräte für geladene Teilchen. Das waren Messgeräte von der Art der Geigerzähler, mit denen man die Stärke von radioaktiver Strahlung messen kann. Der Satellit entdeckte 1958 mit diesen Geräten erstmalig die Existenz dieses Strahlengürtels. EXPLORER I war der erste Satellit, der dort detaillierte Messungen vornehmen sollte. Die Übertragung der Messergebnisse brach jedoch schon nach 48 Stunden zusammen, noch bevor der Satellit alle seine Aufgaben erledigen konnte, weil die Geräte in der hohen Radioaktivität ausfielen. EXPLORER III, gestartet am 28. Juni 1958, wurde dann direkt in den Van-Allen-Gürtel geschossen, um genauere Messungen vorzunehmen. Weitere Satelliten folgten.

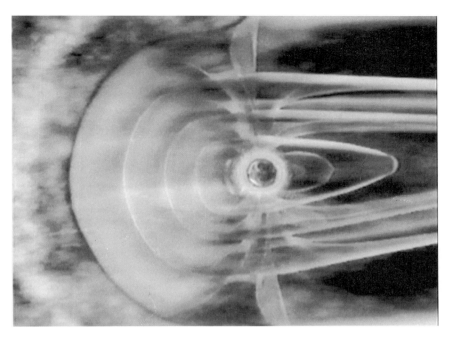

Darstellung der gestaffelten Strahlungsgürtel um die Erde, nach neuesten Erkenntnissen. Man beachte dabei die Winzigkeit der Erde. Obwohl die Gürtel in diesem Ausmaß zu Beginn der Siebzigerjahre noch nicht bekannt waren, waren sie dennoch vorhanden.

Man weiß heute, dass der mehrfach gestaffelte Van-Allen-Gürtel einerseits einen Schutzschirm für uns darstellt, weil er unsere Erde vor kosmischen Strahlenschauern (z.B. Sonnenwind, kosmische Strahlung) aus dem All schützt. Andererseits stellt er eine ungeheuere Strahlungsintensität dar, wenn er durchquert werden muss. Sie ist derart hoch, dass beim (ungeschützten) Menschen zumindest irreparable Schäden zurückbleiben *müssen*, denn auf jeden Quadratzentimeter seiner Haut träfen in der Sekunde 100.000 Teilchen (Kippenhahn: „Unheimliche Welten", S. 96ff). Auch in den empfindlichen elektronischen Geräten von Raumfahrzeugen, die den Gürtel durchqueren, können schwere Schäden verursacht werden.

Wie weit genau sich der Van-Allen-Gürtel ins All erstreckt, darüber gibt es bisher nur voneinander abweichende Aussagen. Über

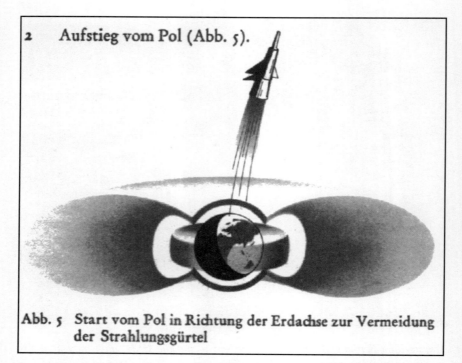

2 Aufstieg vom Pol (Abb. 5).

Abb. 5 Start vom Pol in Richtung der Erdachse zur Vermeidung der Strahlungsgürtel

(aus: Wernher von Braun: „Erste Fahrt zum Mond")

seine hohe Strahlungsintensität ist hingegen schon mehr bekannt, weil ihn im Laufe der Zeit mehrere Satelliten und Sonden mit Messgeräten durchquert haben. Merkwürdigerweise wird der Van-Allen-Gürtel in seiner Gefährlichkeit für den raumfahrenden Menschen jedoch fast nie erwähnt, obwohl er der eigentliche Grund dafür ist, dass die internationale Raumstation ISS - wie die ehemalige russische Raumstation MIR - auf einer derart niedrigen Erdumlaufbahn stationiert wurde, dass sie kontinuierlich durch Korrekturtriebwerke auf ihrer Höhe gehalten werden muss, um nicht abzustürzen und zu verglühen. In diesem Zusammenhang entwickelt die europäische Raumfahrt-Organisation ESA einen Raumgleiter, der beim Andocken an die ISS dieser automatisch einen Schub verpassen soll, um sie anzuheben.

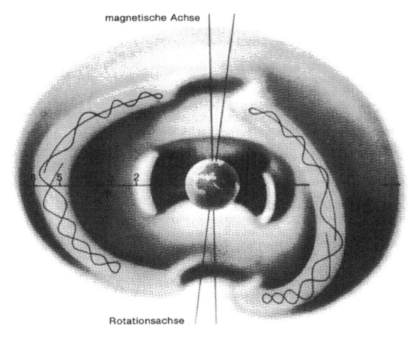

magnetische Achse

Rotationsachse

Darstellung des doppelten Van-Allen-Gürtels (Lexikon der Astronomie)

Dabei wäre es ein Leichtes gewesen, die Raumstation auf einer einige hundert Kilometer höheren, stabileren Umlaufbahn zu positionieren, doch dann befände sie sich im Bereich des Van-Allen-Gürtels und der damit verbundenen hohen Radioaktivitätszone.

Van Allen stellte fest:

> *„...unsere Messungen zeigen, dass die Strahlungsstärken von 1958 zwischen zehn und hundert Röntgen (rem) pro Stunde liegen".*

Dr. James A. Van Allen: er fand die nach ihm benannte Radioaktivitätszone.

Zum Vergleich: 25 rem ist die maximale Dosis, die von einem Lebewesen unbeschadet aufgenommen werden kann. NASA-Ingenieure und -Wissenschaftler schrieben

187

1963 ein Buch („Aeronautical Engineering & Science"), worin sie feststellten, dass durch einen schwachen Solarsturm ein Mensch immer noch eine Strahlungsdosis von 25 rem pro Stunde aufnimmt, wenn er durch eine Aluminium-Schutzwand von *einem Zentimeter* Dicke geschützt ist. Die Aluminium-Verkleidungsfolien der APOL-LO-Landefähren waren jedoch nur etwa 0,05 mm dick! Die Verkleidungen der Kommandokapseln waren nicht viel dicker (René, a.a.O.). Es bestand also so gut wie kein Schutz vor den radioaktiven Raumstrahlungen.

Der Van-Allen-Gürtel wurde ursprünglich als zwei Strahlungsgürtel festgestellt, inzwischen haben russische, amerikanische und deutsche Wissenschaftler gemeinsam durch die Auswertung diverser russischer KOSMOS-Satelliten einen dritten Strahlungsgürtel zwischen den beiden anderen festgestellt. Er befindet sich in einem Abstand zwischen 13.000 und 19.000 Kilometer zur Erde.

Der Van-Allen-Gürtel enthält Protonen und Elektronen, die entweder aus dem Sonnenwind eingefangen wurden oder durch Kollisionen zwischen Atomen der höheren Atmosphäre und kosmischer Strahlung entstanden.

Mit dem Van-Allen-Gürtel ist es jedoch nicht getan, auch wenn er die größte Bremse für einen bemannten Raumflug darstellt. Außerhalb dieses Gürtels herrscht die normale kosmische Strahlung, die man allerdings einigermaßen unaufwendig abschirmen kann.

Weitere radioaktive Gürtel um die Erde

In den Sechzigerjahren zündeten die USA mehrere Atombomben außerhalb der irdischen Atmosphäre, um die Ausbreitung von Elektronen im Magnetfeld der Erde zu studieren. Dabei sollten die Auswirkungen auf Menschen und Material getestet werden, und insbesondere, wie weit der „elektromagnetische Puls" (EMP) in der Lage war, elektronische Geräte zu stören. Die Ergebnisse waren verheerend und übertrafen die schlimmsten Erwartungen (Bennet & Percy: „Dark Moon").

Im Rahmen der Operation „Argus" zündeten die USA am 8. August 1958 ihre erste nukleare Bombe in einer Höhe von rund 480

Die „Starfish"-Atombombenexplosion am 9. Juli 1962, ein schaurig-schönes Spektakel, das jedoch einen radioaktiven Strahlungsschirm um unsere Erde legte.

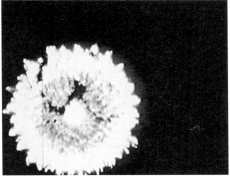

Kilometern, knapp unterhalb des Van-Allen-Gürtels. Die zweite Bombe wurde am 27. August 1958 (200 km Höhe) und die dritte am 30. August 1958 (250 km Höhe) gezündet. Am 6. September 1958 wurde eine weitere Bombe in 500 Kilometern Höhe zur Explosion gebracht. Die Bomben hatten eine Sprengkraft von eins bis zwei Kilotonnen und explodierten über dem Südatlantik. Die Ergebnisse wurden von dem kurz vorher in Position gebrachten Satelliten EXPLORER IV aufgezeichnet und zur Erde gesendet.

Dabei wurden zeitweise die irdische Ionosphäre aufgerissen, Magnetstürme ausgelöst und die Radiokommunikation unterbrochen. Die Explosionen erzeugten einen neuen radioaktiven Gürtel, der mehrfach stärker strahlte als der Van-Allen-Gürtel. Obwohl es hieß, dass dieser Gürtel sehr kurzlebig sei, konnte er noch drei Monate nach seiner Bildung gemessen werden. EXPLORER IV meldete den Bodenstationen, dass die Erde mitsamt ihrer Atmosphäre in eine

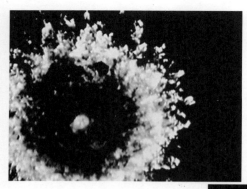

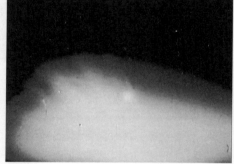

*Bilder der „Starfish"-Atombomben-
explosion am 9. Juli 1962.*

Wolke aus Elektronen eingehüllt worden ist. Diese Elektronen ent-
stammen den radioaktiven Spaltprodukten der Explosion.

Doch es ging weiter: Am 9. Juli 1962 wurde u.a. eine 1,4-Mega-
tonnen-Bombe von Johnston Island aus gestartet, am 8. August 1962
zündeten die USA im Rahmen des Projektes „Starfish" eine weitere
Atombombe im All, dieses Mal eine Megatonnen-Bombe. Sie explodierte in einer Höhe von rund vierhundert Kilometern über Johnston Island im Pazifischen Ozean. *Sir Bernard Lovell* vom *Lovell-
Observatorium* bezeichnete den Effekt als „kataklysmisch". Die obere
Ionosphäre rund um die Erde wurde durch die Explosion aufgebro-
chen. Der EMP erzeugte noch im rund tausend Kilometer entfernten
Hawaii massive elektrische Störungen, wobei unter anderem in mehreren Straßenzügen die Beleuchtungen (!) durchbrannten. Die So-
larzellen von Satelliten im Bereich der Explosion wurden zerstört.

Die Sowjets wollten dem nicht nachstehen und zündeten am 22.
Oktober 1962 eine 200-Kilotonnen-Bombe, am 28. Oktober 1962

eine 800-Kilotonnen-Bombe und am 1. November 1962 eine 1-Plus-Megatonnen-Bombe, die allesamt von Sibirien aus gestartet wurden.

Der schlimmste Effekt war jedoch, dass sich durch die Explosion im irdischen Magnetfeld zwei neue stark radioaktiv strahlende Gürtel gebildet hatten, die jetzt in etwa viertausend Kilometern Höhe die Erde umspannen. Diese Zone hat eine radioaktive Intensität von mehr als der *hundertfachen* von jedem der natürlichen radioaktiven Gürtel (Bennet & Percy: „Dark Moon"). Der einzig wirksame Schutz gegen diese Strahlung ist Blei, wodurch ein Raumschiff jedoch zu schwer wird.

Nach NASA-Forschern befinden sich die neuen Gürtel etwa 644 Kilometer von der Erde entfernt und reichen 6400 Kilometer weit ins All hinaus. Die Halbwertszeit der Radioaktivität lag nach NASA-Angaben bei zwanzig Jahren, d.h. nach zwanzig Jahren (1982) strahlten die Gürtel noch mit der halben Intensität, nach weiteren zwanzig Jahren (2002) immer noch mit einem Viertel, nach weiteren zwanzig Jahren (2022) noch mit einem Achtel ihrer Radioaktivität, und so fort. Im Jahre 1963 vereinbarten dann die USA und die UdSSR schließlich, keine Atombombenexplosionen mehr im Weltraum vorzunehmen.

Dr. James Van Allen, der Entdecker des nach ihm benannten radioaktiven Strahlungsgürtels um die Erde, erkannte die Problematik, welche negativen Auswirkungen die starke Radioaktivität auf bemannte Raumflüge hatte. Er warnte bereits im Jahre 1959 die NASA davor, dass die Aluminiumverkleidung ihrer Raumfahrzeuge keinen Schutz vor der Strahlung des nach ihm benannten Gürtels bot. Das war, noch bevor die zusätzlichen Strahlungsgürtel durch die Atombombenexplosionen der Projekte „Argus" und „Starfish" hinzu kamen.

Es ist schon erstaunlich, dass trotz dieser schwerwiegenden Fakten während des gesamten APOLLO-Programms niemals von der Problematik der Durchquerung dieser radioaktiven Felder die Rede war.

Aufenthaltsdauer
der APOLLO-Astronauten „auf dem Mond"

Mission	Astronauten	EVA-Dauer	Gesamtzeit auf der Oberfläche
APOLLO 11	Armstrong Aldrin	2 Std. 31 Min.	21 Std. 36 Min.
APOLLO 12	Bean Conrad	1) 3 Std. 56 Min. 2) 3 Std. 49 Min. gesamt: 7 Std. 45 Min.	1 Std. 31 Min.
APOLLO 14	Shepard Mitchell	1) 4 Std. 47 Min. 2) 7 Std. 12 Min. gesamt: 11 Std. 59 Min. 5 km zurückgelegt	33 Std. 30 Min.
APOLLO 15	Irwin Scott	1) 6 Std. 32 Min. 2) 7 Std. 12 Min. 3) 4 Std. 49 Min. gesamt: 18 Std. 33 Min.	66 Std. 54 Min.
APOLLO 16	Duke Young	1) 7 Std. 11 Min. 2) 7 Std. 23 Min. 3) 5 Std. 40 Min. gesamt: 20 Std. 14 Min.	71 Std. 2 Min.
APOLLO 17	Cernan Schmitt	1) 7 Std. 11 Min. 2) 7 Std. 36 Min. 3) 7 Std. 15 Min. gesamt: 22 Std. 2 Min.	74 Std. 59 Min.

(EVA = Exkursion außerhalb der Landefähre)

Selbst heute verharmlost die NASA diesbezügliche Anfragen mit den nichtssagenden Argumenten: Die Astronauten sind doch zum Mond geflogen und gesund wieder zurückgekommen. Also war es nicht so schlimm, was sie an Strahlungsdosen aufgenommen haben...

Die APOLLO-Astronauten flogen in Raumfahrzeugen zum Mond, die mit ihrer dünnen Aluminiumverkleidung kaum gegen Strahlungen schützen konnten, und das in einer Periode der größten Sonnenaktivität (1970-1972), als die von der Sonne ausgestrahlte Energiemenge ein Vielfaches ihrer normalen Strahlung betrug. Bennett und Percy („Dark Moon") bezeichnen den Flug mit dem ungeschützten, langsam um seine Längsachse rotierenden APOLLO-Raumschiff als „Barbecue-Modus", weil die darin fliegenden Astronauten wie Hähnchen gleichmäßig gegrillt worden sein müssten, wobei es gleich sei, ob sie gegrillt, gesotten, gekocht, gebacken oder verstrahlt wurden. Überlebt haben dürfte bereits diese Tortur des Gürtel-Durchfliegens jedenfalls *kein einziger* Astronaut.

Unsere Sonne hat die Eigenschaft, in zeitlich regelmäßigen Abständen eine Phase erhöhter Sonnenfleckenaktivitäten zu durchlaufen. Diese etwa alle elf Jahre eintretende Phase ist gekennzeichnet durch erhöhte Energieausbrüche, die sogenannten *Flares*. Diese Flares sind so energiereich, dass sie beim Eintreffen in Erdhöhe trotz des schützenden Van-Allen-Gürtels noch Satelliten schädigen können. Betroffen sind hiervon die Sonnenzellenkollektoren sowie die empfindliche Elektronik.

Die NOAA (*National Oceanic & Atmospheric Administration*) stellte für den Zeitraum von 1967 bis 1991 insgesamt 134.793 sichtbare Solarstürme aller Größen und Stärken fest. Das heißt, pro Tag 14,77 Stürme. Jeder dieser Solarstürme dauerte etwa eine Stunde. Die Strahlendosis für lebende Organismen betrug pro Tag **369 rem.** Das heißt: Ein Lebewesen, das diesen Strahlenstürmen ausgesetzt ist, stirbt innerhalb von 32 Stunden, ausgenommen vielleicht einige Bakterien oder Viren (René).

Die APOLLO-Flüge fanden *alle* während der Phase der stärksten Flares statt.

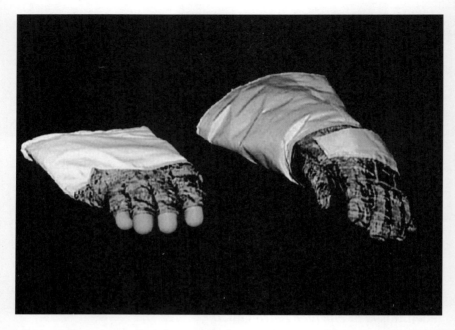

Teile der Raumanzüge (Handschuhe) von APOLLO 17. Bieten sie Schutz vor radioaktiver Strahlung?

Die radioaktiv strahlende Mondoberfläche

Und dann der Mond. Auch die Mondoberfläche strahlt relativ stark radioaktiv, besonders die oberen dreizehn Kilometer der Mondkruste (Bennet & Percy: „Dark Moon"). Die Messgeräte von APOLLO 15 registrierten eine ungewöhnlich hohe Radioaktivität in der Nähe der Apenninen. *David Hatcher Childress* zitiert einen NASA-Experten mit den Worten

> *„Als wir das mitbekamen, waren wir völlig baff. Jemand sagte: ‚Mein Gott, dieser Ort muss kurz vor dem Schmelzpunkt sein! Der Kern ist unglaublich heiß!'"* (David Hatcher Childress: „Archäologie im Weltraum", S. 17).

Da der Mondkern, aufgrund von Messungen, jedoch keinesfalls heiß, sondern kalt ist, muss es andere Gründe für die extrem hohe Radioaktivität der Mondoberfläche geben. Bisher ist sie nur durch

Teile der Raumanzüge (Helm, Schuh, Handschuh) von APOLLO 17. Bieten sie Schutz vor radioaktiver Strahlung?

die Jahrmillionen lange Sonnenbestrahlung erklärbar. Hier spielt nämlich mit hinein, dass der Mond keine vergleichbar dichte Atmosphäre wie die Erde besitzt, welche die Strahlungsschauer des Sonnenwindes mildern könnte. Strahlungen unserer Sonne prallen mit voller Wucht auf seine fast ungeschützte Oberfläche.

Die Raumanzüge

Doch die APOLLO-Astronauten landeten (mit Ausnahme von APOLLO 13) angeblich erfolgreich mit ihren Landefähren auf dem Mond und bewegten sich teilweise stundenlang in ihren Raumanzügen auf der Mondoberfläche.

Die Landefähren bestanden, wie die anderen APOLLO-Komponenten, größtenteils aus leichten, dünnen Aluminiumlegierungsfoli-

Astronaut Harrison Schmitt (APOLLO 17) hatte es nicht nötig, sich mit dem verspiegelten Helmvisier gegen die (radioaktive) Sonnenstrahlung zu schützen (Einzelaufnahme aus Video)

en, wobei die Abstiegs- und Aufstiegsstufen zusätzlich durch metallbedampfte Kunststoffschichten gegen Wärmestrahlung und Meteoritengefahr verkleidet waren.

Spätestens auf der Mondoberfläche müssen die Astronauten zwangsläufig eine nicht unbeträchtlich hohe Strahlungsdosis aufgenommen haben, da auch die Raumanzüge keinerlei Abschirmung gegen Radioaktivität besaßen. Hat man jedoch auch nur bei einem einzigen dieser Astronauten Strahlungsschäden oder Spätfolgen aufgrund der hohen aufgenommenen Strahlungsdosis feststellen können?

Wernher von Braun hat in den fünfziger Jahren („Start in den Weltraum", S. 141.) bei seinen Plänen für einen Mondflug noch darauf hingewiesen, dass eine Astronautenmannschaft auf dem Mond wegen der starken kosmischen Strahlung, die auf Mensch und Material einwirkt, und als Schutz gegen Meteoriten, ihre Station *„in der Tiefe einer Schlucht"* anlegen müssten. Zu diesem Zeitpunkt war die Eigenradioaktivität des Mondes allerdings noch nicht bekannt.

Bei den „Mondspaziergängen" der APOLLO-Astronauten könnte man noch argumentieren, das sei ein Zeichen dafür gewesen, dass die Raumanzüge dennoch gut abgeschirmt waren, obwohl es offensichtlich ist, dass das nicht stimmen kann.

Die Helme der Raumanzüge enthielten, zum Schutz der Augen vor der extrem hellen Sonnenstrahlung, verspiegelte Schutzschilde (auf einigen Fotos spiegelt sich die Umgegend in den Helmen), die hoch- oder herunterklappbar waren. Doch (nicht nur) die Astronauten von APOLLO 17 hatten es wohl nicht nötig, diese Sonnenschutzschilde zu benutzen, wie Filmaufnahmen beweisen, denn ihre Gesichter sind gut erkennbar. War die „starke" Sonnenstrahlung etwa gar keine, sondern nur eine Studioscheinwerferbeleuchtung?

Raumanzüge stellte man sich in Vor-APOLLO-Zeiten als unhandliche, klobige Konstruktionen vor:

„Die taucherähnliche Vermummung mit komplizierten Schutzeinlagen gegen das Strahlenbombardement und vielen technischen Hilfsmitteln müsste auf der Erde von untragbarer, niederdrückender Schwere sein."
(Bastian: „Weltall und Urwelt", S. 97).

Ein wirksamer Schutz könne nur aus einer entsprechend schweren Bleiverkleidung bestehen, weil *„ein unsichtbarer Regen energiereichster Strahlungsquanten jede Sekunde die schützenden Anzüge berieselt."* (Bastian, S. 101). Und woraus bestanden die Anzüge tatsächlich?

Die Raumanzüge für „intravehikulare Aktivität" (IVA), die an Bord benutzt wurden, unterschieden sich von denjenigen für „extravehikulare Aktivität" (EVA) vor allem darin, dass sie nicht durch das Zirkulieren von Wasser gekühlt wurden, sondern durch passive Kühlung auf Grund des hindurchströmenden Sauerstoffes. Der IVA-Anzug besaß als Außenschicht eine Feuerschutzschicht, die aus einem mit Teflon überzogenen Garn und aus Glasfasern bestand, die auch in der reinen Sauerstoffatmosphäre der APOLLO-Raumschiffe nicht brennen konnte.

Die EVA-Anzüge besaßen eine ebensolche Feuerschutzschicht, die jedoch mit einer Schutzschicht gegen Mikrometeoriten und gegen Temperatureinwirkungen kombiniert war. Insgesamt bestanden die Raumanzüge aus einundzwanzig verschiedenen Schichten. Dabei handelte es sich um verschiedene Kunststoffe, wie u.a. Nylon, Teflon, Neopren, Mylar, Dacron, Silikon, sowie um eine Schicht aus Aluminiumfasern.

Keine dieser Schichten schützt jedoch vor Radioaktivität!

Das radioaktiv strahlende All

Weil sich die hohe Radioaktivität der Strahlengürtel belastend auf Mensch und Material auswirkt, fliegen alle Space-Shuttle-Missionen der USA im erdnahen Raum, nur knapp über der Atmosphäre.

Die Radioaktivität im erdnahen Weltraum wurde von Satelliten und Raumsonden mit Messgeräten nachgewiesen und war schon Anfang der Fünfzigerjahre bekannt, wenn auch nicht in ihrer Zusammensetzung und in ihrem ganzen Ausmaß. Man wusste jedoch um

> *„...die vernichtende Einwirkung einer noch recht geheimnisvollen Strahlung, die aus den Tiefen des Weltenraumes zu uns kommt und unvergleichlich durchdringender ist als selbst die bekannten zerstörenden Radiumstrahlen. Diese berühmten und berüchtigten Höhenstrahlungen, Ultrastrahlen, Weltraumstrahlen, wie sie - nicht ganz einheitlich - genannt werden..."*
> (Bastian, S. 80).

Hier eine Auswahl von Satelliten, die Radioaktivitäts- bzw. Strahlungsmessungen vorgenommen haben:

- EXPLORER 4, am 26.07.58 auf eine Kreisbahn zwischen 265 und 2230 km gebracht. Der Satellit hatte Messgeräte für Ultra- und Korpuskularstrahlung an Bord.

- Die Mondsonde PIONEER 1, gestartet am 11.10.58, erreichte zwar den Mond nicht, erreichte jedoch einen Erdabstand von 113.800 km und sendete Daten über die Ausdehnung der Strahlungsgürtel.

Sir Arthur C. Clarke

- Desgleichen PIONEER 3, der am 06.12.58 gestartet wurde und einen Erdabstand von 102.300 km erreichte.

- EXPLORER 6, gestartet am 07.08.59 auf eine Kreisbahn zwischen 240 und 38.800 km. Seine Hauptaufgabe war die Erforschung der Strahlungsgürtel.

- EXPLORER 11, wurde 1961 in eine Kreisbahn in eine Höhe zwischen 486 und 1786 km geschossen.

- ARIEL, ein britisch-amerikanischer Satellit, der am 26.04.62 auf eine Umlaufbahn in einer Entfernung zwischen 392 und 1244 km gebracht wurde.

- EXPLORER 14, am 02.10.62 auf eine Kreisbahn zwischen 300 und 85.000 km gebracht.

- EXPLORER 15, am 28.10.62 auf eine Kreisbahn zwischen 312 und 17.520 km gebracht. Hauptaufgabe dieses Satelliten war, jenen Strahlungsgürtel zu erforschen, der durch amerikanische und sowjetische Kernwaffentests geschaffen wurde.

- Die Mondsonde RANGER 3 stellte 1962 auf ihrem Flug zum Mond durch Messungen fest, daß die radioaktive Gammastrahlung im All *mehr als zehnmal stärker als bisher angenommen ist.*

Arthur C. Clarke schrieb schon 1966 bezüglich bemannter Raumfahrt, dass Astronauten unter den denkbar schlechtesten Bedingungen fliegen würden. Er sagte voraus, dass sie „innerhalb weniger Stunden" sterben müssten, wenn eine Phase erhöhter Sonnenaktivität mit den Radioaktivitäts-Problemen zusammentreffen würde. Doch wie wir wissen, fanden alle APOLLO-Flüge zu einem Zeitpunkt *ganz erheblich* verstärkter Sonnenaktivität statt. Die periodisch stattfindenden magnetischen Sonnenstürme verstärken, wie man weiß, die natürliche Radioaktivität im All bis um das tausendfache. Doch welcher Astronaut starb daran? Keiner. Die APOLLO-Astronauten zeigten noch nicht einmal leichte Anzeichen einer Verstrahlung. Wie und mit welcher Abschirmung gelang es ihnen, unbeschadet diese hochenergetischen Zonen und die Sonnenstürme zu durchqueren?

Aufgenommene Strahlungsdosis
der APOLLO-Missionen

Mission	Flugzeit (Tage)	Art	Mission-Dosis (mGy)	Tägliche Dosis (mGy)
APOLLO 7	10,83	Erdumkreisung	1.60	0.15
APOLLO 8	6,12	Mondumkreisung	1.60	0.26
APOLLO 9	10,04	Erdumkreisung	2.00	0.20
APOLLO 10	8,00	Mondumkreisung	4.80	0.60
APOLLO 11	8,08	Mondflug/Landung	1.80	0.22
APOLLO 12	10,19	Mondflug/Landung	5.80	0.57
APOLLO 13	5,95	Mondumkreisung	2.40	0.40
APOLLO 14	9,00	Mondflug/Landung	11.40	1.27
APOLLO 15	12,29	Mondflug/Landung	3.00	0.24
APOLLO 16	10,08	Mondflug/Landung	5.10	0.46
APOLLO 17	12,58	Mondflug/Landung	5.50	0.44
SKYLAB 2	28,00	Erdumkreisung	15.96	0.54
SKYLAB 3	59,00	Erdumkreisung	38.35	0.65
SKYLAB 4	90,00	Erdumkreisung	77.40	0.86
APOLLO-SOJUS	9,00	Erdumkreisung	1.06	0.12

1 mGy = 100 millirad = 0,1 rad. Die tägliche Dosis errechnet sich aus der Gesamt-dosis geteilt durch die Anzahl der Crew-Mitglieder. APOLLO 8 und 10 bis 17 flogen jeweils durch den radioaktiven Van-Allen-Gürtel, die anderen Missionen bewegten sich unterhalb des Gürtels, mit Ausnahme der SKYLAB-Missionen, die teilweise innerhalb des unteren Van-Allen-Gürtels durchflogen.
Eine Dosis von 500 rad gilt für den Menschen als absolut tödlich.

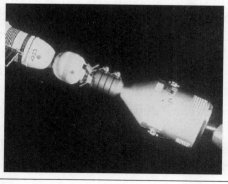

Das Kopplungsmanöver zwischen einer amerikanischen APOLLO- und einer russischen SOJUS-Kapsel in der Erdumlaufbahn geschah nach Beendigung der APOLLO-Flüge „zum Mond" in einer niedrigen Erdumlaufbahn.

Der Kabinenteil der APOLLO-Raumschiffkombinationen bestand aus dünnen Aluminium-Metallwaben, die kaum dazu geeignet sind, irgendwelche Strahlungen abzuschirmen. Auch für die restlichen Baugruppenteile wurden vor allem Aluminiumlegierungen verwendet, dagegen bestanden die Tanks für die Haupttreibstoffe aus Titanlegierungen, die kugelförmigen Sauerstofftanks aus „Inconel X", einer Legierung aus Nickel und Stahl.

Wie hoch die von den einzelnen Astronauten aufgenommene radioaktive Dosis war, mag die auf der nächsten Seite folgende Aufstellung zeigen, die im NCRP-Report 98 wiedergegeben wurde und auf NASA-Daten basiert (Bennet & Percy: „Dark Moon").

Es stellt sich die Frage, wie es möglich ist, dass die aufgenommene radioaktive Strahlungsdosis bei den einzelnen Mondflügen weitaus niedriger war als bei den SKYLAB-Umkreisungen auf der erdnahen Umlaufbahn, obwohl die SKYLAB-Missionen teilweise zwar innerhalb des unteren radioaktiven Van-Allen-Gürtels flogen, sich andererseits jedoch alle etwa neunzig Minuten im Erdschatten außerhalb der radioaktiven Sonnenstrahlung befanden. Diese Daten können nur dann stimmen, wenn die APOLLO-Astronauten den Strahlungsgürtel überhaupt nicht durchflogen haben! Man vergleiche die aufgenommene Strahlungsdosis der APOLLO-„Mond"-Missionen auch mit denen der APOLLO-SOJUS-Mission, dem Kopplungsmanöver, das ebenfalls nur in der erdnahen Umlaufbahn, unterhalb des Van-Allen-Gürtels, stattfand.

Interessant ist in diesem Zusammenhang auch eine Meldung, die am 20. Februar 2000 durch die Medien ging, wonach der amerikanische Astrophysiker *Freeman Dyson* bei der Jahrestagung der Amerikanischen Gesellschaft zur Förderung der Wissenschaft (AAAS) in Washington die Meinung vertrat, dass es bis in fünfzig Jahren irdische Kolonien auf fremden Himmelskörpern geben wird, in denen wir dann unseren Urlaub verbringen könnten. Der Weltraum-Meteorologe *Gary Heckman* von der US-Behörde für Meer und Atmosphäre (NOAA) meinte dazu (Gisela Ostwald: „Ferien im All - Ein Traum soll Realität werden", dpa):

„»Auch ich gehe davon aus, dass wir bald Ferien im All machen werden. Allerdings könnte der Urlaub hin und *wieder von einem Sonnensturm unterbrochen werden. Dann heißt es, schnell ab in Strahlenbunker«, etwa den Keller des Hotels. Wichtig sei, ihn mit einem dicken Schutzmantel aus Aluminium zu umgeben. Denn mit einem Sonnensturm könne die Strahlenbelastung im All für maximal zehn Stunden auf das Zehn- bis Hundertfache steigen". Und: „Eine andere, besonders ‚kritische Frage' sei die Strahlenbelastung. Als Ausweg sieht die NASA-Forscherin neue Raumfahrzeuge und -stationen mit Strahlenschutz, die die Menschen beim Besuch auf fernen Planeten von den gesundheitsgefährdenden Strahlen abschirmen. Auf der Erde macht dies die Atmosphäre."*

Welchen „Strahlenschutz" besaßen die APOLLO-Raumschiffe? Die APOLLO-Missionen fanden alle während starker Sonnenstürme statt. In welchen „Strahlenbunker" haben sich die Astronauten zurückgezogen?

Strahlungsunempfindliche Filme?

Ein weiterer stichhaltiger Punkt kommt ins Spiel: das benutzte Filmmaterial. Wie wir von der NASA wissen, haben die APOLLO-Astronauten eine große Menge Film- und Fotomaterial „vom Mond" mitgebracht. Abgesehen von den „Live-Übertragungen" handelt es sich teilweise um exzellente Fotos. Wer hat sich eigentlich bisher Gedanken darüber gemacht, dass allein das Vorhandensein dieser Bilder einen Widerspruch in sich darstellt?

Jeder kennt das Problem, wenn man bei Urlaubsflügen an der Zollkontrolle sein Gepäck durchleuchtet bekommt, dass Filme in speziell abgeschirmten Beuteln verwahrt werden müssen, weil sie sonst ärgerlicherweise wegen der (relativ schwachen!) Röntgenstrahlungen unbrauchbar werden. Filme besitzen eine organische Schicht auf der Filmträgerfolie, die auf radioaktive Strahlung „allergisch" reagiert, mit einfachen Schleiern bis zur völligen Unbrauchbarkeit des Filmes.

APOLLO 16: Filmwechsel im Freien „auf der Mondoberfläche". Angst vor radioaktiven Schäden? Woran man nicht denkt, das gibt es auch nicht!

Und nun die APOLLO-Bilder: Es ist merkwürdigerweise kein Foto bekannt, das Schleier oder Schlieren aufgrund von Strahlungsschäden aufweist, nur bei den ersten Bildern „normaler" Lichteintritt, wie ihn jeder kennt, der einen Film wechselt. Natürlich kann man auch hier argumentieren, dass die Filmkassetten in speziellen, abgeschirmten Behältnissen aufbewahrt waren, oder dass die NASA die schlechten Bilder aussortiert habe. Doch spätestens zu dem Zeitpunkt, als der Film in die Kamera eingelegt wurde, war er ungeschützt. Und durch das Objektiv konnte die radioaktive Strahlung ungehindert auf den Film auftreffen (und warum sollten in den Hasselblad-Magazinen der APOLLO-Astronauten ausgerechnet solche Aufnahmen fehlen, wo doch gleich serienweise Gegenlichtaufnahmen sowie an Filmanfängen und -enden Lichteinfälle zu sehen sind).

Bennett und Percy haben Nachforschungen angestellt, indem sie direkt mit Vertretern der Firma Hasselblad zusammentrafen und das damals von der NASA verwendete Hasselblad-Kameramodell untersuchten. Das Ergebnis: dieses Kameramodell bot für den eingelegten Film weder Schutz vor Radioaktivität noch vor Hitze und Kälte. Die mitgeführten Hasselblad-Kameras hätten bei Mondtemperaturen zwischen plus 130 Grad und minus 180 Grad Celsius die größten Schwierigkeiten gehabt, zu funktionieren. Die NASA hatte die Mondkameras gegenüber der normalen schwarzen Ausführung tatsächlich mit einem Schutz versehen: sie hatte die Kameras silbern lackiert...

Nachträgliche Tests mit den bei den APOLLO-Missionen verwendeten Kodak-Filmen [Ektachrome EF ASA (ISO) 160 Professional-Film], indem diese normal belichtet und dann vor der Entwicklung unterschiedlich hoher Radioaktivität ausgesetzt wurden, zeigten, dass schon ab einer Strahlenbelastung von 5 rem eine signifikante Abnahme von Kontrast und Informationsdichte entsteht.

Erkundigungen bei der Firma Kodak ergaben ein weiteres Mosaiksteinchen: Filme dürfen ganz allgemein wegen ihrer organischen Beschichtung nur in einem begrenzten Temperaturbereich verwendet werden (wie jedem Amateurfotograf bekannt ist). Bei zu großer Kälte wird der Film spröde, bei zu großer Hitze wird der Film schlicht unbrauchbar (wie viele Urlauber zu ihrem Ärger feststellen konnten, die ihren Fotoapparat am Strand in der Sonne liegen ließen, und weshalb man neue Filme, die man längere Zeit lagern will, möglichst in einem Kühlschrank aufbewahren soll).

Nachträgliche Tests mit dem bei den APOLLO-Missionen verwendeten Kodak-Ektachrome-Filmen ergaben, dass bei den von der NASA angegebenen Temperaturen auf der Mondoberfläche (+82,2°C bis -117,8°C) jeder dort verwendete Film nach der Entwicklung, allein durch die hohen Temperaturunterschiede, signifikante Bildschäden zeigen müsste.

Und jetzt noch einmal: Es ist kein APOLLO-Foto bekannt, das Schleier, Schlieren, fehlenden Kontrast oder auch nur Farbverfälschungen aufgrund von Strahlungsschäden, Hitze- oder Kälteschäden, aufweist. Nur die ersten und letzten Bilder der jeweiligen Filmrollen zeigen einen „normalen" Lichteinfall durch den Filmwechsel, wie ihn jeder Fotoamateur kennt. Wie ist das möglich?

Sowjets wollten Atombombe auf dem Mond zünden

Wie im Juli 1999 gemeldet wurde, kamen knapp dreißig Jahre nach der „ersten Mondlandung" am 20. Juli 1969 bisher unbekannte Einzelheiten des Wettlaufs zwischen den USA und der ehemaligen Sowjetunion ans Licht. Der inzwischen 87jährige Raketentechniker *Boris Chertok* berichtete, dass die Sowjets im Jahre 1958 mit dem Gedanken gespielt hätten, eine Atombombe auf dem Mond zu zünden:

> *„Dann hätte niemand daran gezweifelt, dass wir in der Lage wären, auf dem Mond zu landen".*

Doch die Idee wurde verworfen, weil die Explosion auf der Erde kaum zu sehen gewesen wäre. Der Lichtblitz wäre so kurz gewesen, dass man ihn nicht hätte filmen können, da die kaum vorhandene Atmosphäre des Mondes einen deutlichen Lichtschein durch Lichtstreuung verhindert hätte.

Inzwischen geben die russischen Ingenieure zu, dass die Anstrengungen, einen bemannten Mondflug zu realisieren, ein ungleiches Rennen war, denn die Vereinigten Staaten waren wirtschaftlich sehr viel stärker als die Sowjets. Trotzdem erlangten die Russen einige Erfolge, denn sie waren die ersten, die 1966 eine Sonde auf den Mond schossen und ein unbemanntes Raumschiff auf der Mondoberfläche landeten. Die ebenfalls unbemannte Raumsonde Luna 10 umrundete als erstes menschengemachtes Objekt den Mond und sendete, sehr zum Ärger der Amerikaner, die „Internationale" zum Kongress der Kommunistischen Partei nach Moskau.

1968 umrundeten erstmals irdische Lebewesen in einer Raumkapsel den Mond: Die Sowjets schickten einige Schildkröten in den Mondorbit und brachten sie zurück zur Erde. Doch die sowjetische Technik reichte nicht aus, um einen Kosmonauten auf den Mond landen zu lassen und ihn sicher wieder zurück zur Erde zu bringen. Es gibt verschiedene Meinungen darüber, warum das Programm nicht zum Erfolg führte: Zu wenig Geld, schlechte Organisation, die Doppelbelastung der Raketentechniker, die auch Nuklearwaffen bauen mussten.

Als Neil Armstrong angeblich seine ersten Schritte „auf dem Mond" machte, saßen die sowjetischen Ingenieure heimlich am Fernseher und bewunderten die Leistung der Amerikaner. Gleichzeitig waren sie bitter enttäuscht, dass nicht ein Russe der erste Mensch auf dem Mond war. Die amerikanische Täuschung war (für die damalige Zeit) perfekt: Auch die sowjetischen Wissenschaftler fielen darauf herein.

Ich frage mich nun, ob die Sowjets damals nicht doch eine oder mehrere Atombomben auf dem Mond gezündet hatten? Woher wussten sie wohl, dass der Lichtblitz einer Atomexplosion zu kurz für eine Beobachtung von der Erde aus war?

Unbestritten ist - siehe oben -, dass die Mondoberfläche eine viel stärkere Radioaktivität als die Erdoberfläche aufweist. Unklar ist bisher, ob die gesamte Mondoberfläche davon betroffen ist, oder ob es nur regionale Flächen sind, die stark strahlen, denn die Messergebnisse stammen von wenigen weich gelandeten Mondsonden (und nicht etwa von APOLLO-Flügen). Obwohl auch im freien All eine relativ hohe Strahlung besteht, könnte die erhöhte Mond-Radioaktivität durchaus auch durch Atombombenexplosionen hervorgerufen worden sein.

Astronauten-Supermänner

Aufgrund der erhöhten Sonnenaktivitäten zu Beginn der siebziger Jahre ergibt sich folgendes Bild (René S. 127):

Mission APOLLO	Datum	Tage im All	Gesamt-Flares (Monat)	Radioaktivität pro Tag	Gesamt Flares pro Flug
8	21.-27.12.68	6	640	20.64	123.8
10	18.-26.05.69	8	839	27.06	216.5
11	16.-24.07.69	8	489	15.77	126.2
12	14.-24.11.69	10	566	18.86	188.6
13	11.-17.04.70	6	688	22.93	137.6
14	31.01.-09.02.71	10	551	18.69	186.9
15	26.07.-07.08.71	12	693	22.35	268.2
16	16.-27.04.72	13	361	12.03	156.4
17	07.-19.12.72	12	210	6.77	81.2
Gesamt:		85			1485.4

Drei Astronauten flogen zweimal „zum Mond" (und zurück), durch die Radioaktivität der Strahlungsgürtel, durch die Flares der erhöhten Sonnenaktivität und die Radioaktivität der kosmischen Strahlung.

- James Lovell flog mit APOLLO 8 sechs Tage und mit APOLLO 13 sechs Tage. *In diesen zwölf Tagen muss er 870 rem aufgenommen haben.*

- Gene Cernan flog mit APOLLO 10 acht Tage und mit APOLLO 16 dreizehn Tage. *In diesen zwanzig Tagen muss er 1445 rem aufgenommen haben.*

- John Young flog mit APOLLO 10 acht Tage und mit APOLLO 16 dreizehn Tage. In *diesen einundzwanzig Tagen muss er 1525 rem aufgenommen haben.*

Nach R. René sind 170 Millirem bereits eine tödliche Dosis (René S. 132). Nach anderen Angaben (siehe Aufstellung vorige Seite) reichen 500 rem aus, um absolut tödlich zu wirken. Wernher von Braun schrieb noch in seinem Buch „Erste Fahrt zum Mond" (1961):

> *„...Bestrahlte man den ganzen Körper eines Menschen mit einer atomaren Strahlung von 400 Röntgen eine Minute lang, bestünde für ihn nur eine fünfzigprozentige Chance, zu überleben; mit Sicherheit würde er zum Krüppel...".*

Alle drei Astronauten nahmen jedoch weitaus höhere Dosen auf, ohne die geringsten Anzeichen einer Verstrahlung zu zeigen! Waren die APOLLO-Astronauten Supermänner, denen radioaktive Strahlung nichts anhaben konnte? Das erscheint mehr als unglaubwürdig, wenn man betrachtet, bei welch (im Vergleich relativ) geringer radioaktiver Strahlungsaufnahme beim Tschernobyl-Desaster Menschen irreparabel geschädigt oder getötet wurden. Doch die Astronauten zeigten noch nicht einmal schwache Anzeichen von Verstrahlung!

Das englische *Engineering Physics Department of the Royal Aircraft Establishment* warnt vor einer Aufnahme von mehr als zehn Millirem pro Stunde bei ihren SST-Transporten (Super Sonic Transport; Überschallflug). Die Flugzeuge fliegen normalerweise in einer Höhe von rund 20.000 Metern in einem großen Bogen über den Nordpol. Steigt die Radioaktivität, bedingt durch Sonnenaktivitäten, über die 100-Millirem-Grenze an, so müssen die Flugpläne geändert und die Polarroute gemieden werden (McKinnon: „NOAA Technical Memorandum ERL SEL-22", Dep. of Commerce 1972; zitiert in: René.). Boten die aus besseren Aluminiumfolien bestehenden APOLLO-Raumkapseln etwa einen besseren Schutz gegen Radioaktivität als Überschallflugzeuge?

1996 wurden Astronautenhelme von Spaceshuttle-Astronauten unter Elektronenmikroskopen untersucht, wobei man feststellte, dass die Visiere laserähnliche Einschüsse zeigten, die jeweils auf der Rückseite des Helmes wieder austraten. Wie schon angemerkt, fliegen Space-Shuttles nur *unterhalb* der gefährlichen Van-Allen-Gürtel...

Grundsätzliches zur Radioaktivität

Es ist müßig, zu behaupten, die Radioaktivität im All würde einen bemannten Flug zum Mond verhindern, wenn ein Außenstehender nicht nachvollziehen kann, wie gefährlich sich radioaktive Strahlung auswirkt. Ich darf nicht voraussetzen, dass jeder meiner Leser dahingehend ausgiebig informiert ist, zumal es nicht einfach ist, aussagekräftige Literatur zu finden. Deshalb lassen Sie uns in diesem Kapitel einen Ausflug in diese Thematik vornehmen.

Über Radioaktivität ist hinlänglich nur bekannt, dass es „sie gibt", und - siehe Hiroshima, Tschernobyl, Castor-Transporte - dass sie gefährlich ist. Wie gefährlich oder ungefährlich sie ist, weiß kaum jemand, da sich selbst Fachliteratur mehr oder weniger in Allgemeinplätzen erschöpft. Fangen wir vorne an:

Welche Strahlungsarten gibt es?

Radioaktivität kann in zwei verschiedenen Formen auftreten: als elektromagnetische und als Teilchenstrahlung. Zur *elektromagnetischen Strahlung* gehören *Gamma-* und *Röntgenstrahlen*. Mit ihrer sehr hohen Reichweite können sie menschliches Gewebe durchdringen. Sie wirken von außen auf den Körper.

Zur *Teilchenstrahlung* zählen *Alpha-, Beta-* und *Neutronenstrahlen. Alphastrahlen* sind positiv geladene Teilchen. Sie wirken im Inneren des Körpers durch Einatmen radioaktiver Stoffe oder deren Aufnahme mit der Nahrung. *Betastrahlen* bestehen aus negativ geladenen Teilchen (Elektronen) und sind ebenfalls biologisch im Körper am schädlichsten. Betastrahlen werden meist zusammen mit

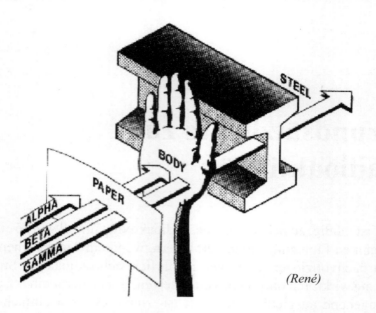

(René)

Gammastrahlen beispielsweise u.a. von fast allen radioaktiven Stoffen ausgesandt, die bei der Atomspaltung entstehen.

Neutronenstrahlen bestehen aus elektrisch neutralen Teilchen (Neutronen). Sie wirken, wie Gamma- und Röntgenstrahlen, von außen auf Menschen. Neutronenstrahlen werden nur von wenigen radioaktiven Stoffen abgegeben, zum Beispiel von bestrahlten Kernbrennstoffen.

Alpha-, Beta- und Gammastrahlen lassen sich durch entsprechendeAbschirmstoffe abschwächen. Die Abschirmung gegen Neutronenstrahlung ist schwieriger, da Neutronen ihre Energie nicht durch direkte Ionisation abgeben, sondern bis zum Atomkern vordringen (Ahlborn: „Strahlenschutz im Selbstschutz", Bundesverband für den Selbstschutz, S. 38).

Die primäre *kosmische Strahlung* außerhalb der Erdatmosphäre besteht zu 92% aus Protonen, zu 6% aus Heliumkernen sowie aus Elektronen, schweren Kernen, Ionen und Gammaquanten von hoher und höchster Energie bis zu 50.000 MeV = 50 GeV, in Verbindung mit der elektromagnetischen Röntgenstrahlung (Bayerisches Staatsministerium für Landesentwicklung und Umweltfragen (StMLU) (Hrsg.): „Strahlenschutz - Radioaktivität und Strahlungsmessung", Seite28).

210

Physikalische und medizinische Dosis

Das Problem mit der medizinischen *Dosis* der radioaktiven Strahlung - angegeben in *Sievert* (Sv) - besteht darin, dass man sie nicht messen kann. Messen kann man lediglich die im Gewebe absorbierte Energie. Dafür verwendet man die Einheit *Gray*.

Vergleichbare Dosen rufen vergleichbare Schäden hervor. Die verschiedenen Strahlungsarten wirken jedoch biologisch ganz unterschiedlich, je nach Energiestärke, strahlendem Material, Gewebeart, bestrahltem Lebewesen Strahlungsdauer, Intensität der Einstrahlung usw.

Erschwerend kommt hinzu, dass für die biologische Wirksamkeit nicht einfach eine Maßzahl angegeben werden kann. Schäden in der zweiten oder dritten Generation beispielsweise lassen sich auf diese Weise nicht erfassen.

Eine Gefährdung der Gesundheit erfolgt über die durch Strahlung übertragene Energie, wenn diese Energie im menschlichen Körper absorbiert wird. Der spezifische Dosisfaktor wird durch Multiplikation der Aktivität mit einem für das jeweilige Atom und für die Art der Bestrahlung (äußere oder innere Bestrahlung) der übertragenen Energie berechnet. Die pro Masseneinheit absorbierte Strahlungsenergie wird als *Energiedosis* bezeichnet. Wenn pro Kilogramm Masse die Energie von 1 *Joule* (J) absorbiert wird, beträgt die Energiedosis 1 J/kg; diese Energiedosis wird als 1 *Gray* (Gy) (früher Rad [rd]. Ein Gray = 100 Rad) bezeichnet.

Die biologische Wirkung radioaktiver Strahlung hängt aber nicht nur von der absorbierten Energie, sondern auch von der Art der Strahlung ab. Röntgen-Strahlung, Gamma-Strahlung und Beta-Strahlung haben eine geringere Wirkung als beispielsweise Alpha-Strahlung. Dieser Tatsache wird mit einem dimensionslosen Qualitätsfaktor Q Rechnung getragen (Q = 1 für Beta- und Gamma-Strahlung, Q = 20 für Alpha-Strahlung). Die mit dem Qualitätsfaktor Q multiplizierte Energiedosis wird als *Äquivalentdosis* bezeichnet und in *Sievert* (Sv) gemessen:

$$1 \ [Sv] = Q \times 1 \ [Gy].$$

Die unterschiedliche Empfindlichkeit der einzelnen menschlichen Gewebearten gegenüber der Strahlung wird durch den sogenannten Wichtungsfaktor W berücksichtigt, der beispielsweise für die relativ strahlungsempfindliche weibliche Brust den Wert 0,15, für die relativ unempfindliche Schilddrüse hingegen den Wert 0,03 aufweist. Die mit dem Wichtungsfaktor W multiplizierte Äquivalentdosis heißt *effektive Äquivalentdosis*.

Zusammenfassend bedeutet dies:

Aktivität x Dosisfaktor x Qualitätsfaktor x Wichtungsfaktor = effektive Äquivalentdosis.

Die pro Zeiteinheit verabfolgte Dosis bezeichnet man als *Dosisleistung* (z.B. Sv pro Stunde). Sie gibt an, welche Dosis ein Mensch innerhalb einer bestimmten Zeit aufnimmt und wird meist in *Gray* oder *Sievert pro Stunde* (Gy/h bzw. Sv/h) angegeben. Die Dosisleistung ist von besonderer Bedeutung, da - ähnlich wie beim Sonnenbad - eine kurzzeitige intensive Bestrahlung zu ausgeprägteren Wirkungen führen kann als eine langfristige geringe Bestrahlung.

Die Grenzwerte der effektiven Äquivalentdosis liegen für beruflich strahlenexponierte Personen bei 100 mSv/Jahr. Der Grenzwert für die Bevölkerung liegt bei 1 mSv/Jahr im Durchschnitt (Bayerisches Staatsministerium für Landesentwicklung und Umweltfragen (StMLU) (Hrsg.): „Strahlenschutz - Radioaktivität und Strahlungsmessung", Seite173.).

Schäden beim Menschen

Über Strahlenschäden bei Menschen gibt es nur sehr wenig Datenmaterial. Man stützt sich hier vor allem auf Untersuchungen an Überlebenden der Atombombenabwürfe von Hiroshima und Nagasaki. Die vorherrschende Strahlenart war dort eine hochenergetische Gammastrahlung, die zudem über einen relativ kurzen Zeitraum bei hoher Dosisleistung erfolgte.

Für die Bewertung anderer Strahlungsarten als Gammastrahlung, also beispielsweise Neutronenstrahlung, muss man sich weitgehend auf Tierversuche stützen. Diese sind nur sehr eingeschränkt auf Menschen übertragbar.

Man nimmt heute allgemein an, dass für Personen, die sich vorübergehend in radioaktiven Belastungsbereichen aufhalten, an denen die Aufenthaltszeit nicht mehr als 250 Stunden pro Jahr beträgt, ist ein Grenzwert von 20 ☐Sv/h einzuhalten ist.

Strahlendosis bzw. *-dosisleistung* - und nicht „Radioaktivität", obwohl es umgangssprachlich so genannt wird - sind die korrekten Maßeinheiten für die Wirkung von Strahlen und damit auch die entscheidenden Größen für den quantitativen Dosisvergleich einzelner Strahlungsquellen.

Einheit der Dosisleistung: Sievert

Das Potential für biologische Schädigung wird in *Sievert* gemessen. Verschiedene Strahlungsarten können lebendes Gewebe trotz gleicher Energiedosis unterschiedlich stark schädigen. Neutronen und andere große Teilchen wirken etwa zehnmal stärker als Alpha- oder Gamma-Strahlung. Die Äquivalentdosis trägt diesem unterschiedlichen biologischen Effekt Rechnung. Sie muss experimentell ermittelt werden, ihre Einheit ist das *Sievert* (Sv). Eine Äquivalentdosis von einem Sievert kann durch ein *Gray* Gamma-Strahlung oder 0,1 Gray Neutronenstrahlung erreicht werden. Die alte Einheit für die Äquivalentdosis ist das *Rem* — ein Rem entspricht 0,01 Sievert, oder 1 Sievert = 100 rem.

Die Strahlungsdosis (Energie- oder Äquivalentdosis) pro Zeiteinheit bezeichnet man als *Dosisleistung*.

Dosisvergleich

Radioaktive Strahlung ist ein natürlicher Bestandteil der Erde und des menschlichen Lebens. Die gesamte Entwicklung des Lebens auf der Erde hat sich unter einer ständigen radioaktiven Strahlung vollzogen, die zum einen aus dem Weltraum („kosmische Strahlung") und zum anderen aus den Gesteinsarten der Erde („terrestrische Strahlung") kommt. Neben dieser äußeren Bestrahlung erfolgt eine innere Bestrahlung des Menschen durch die Aufnahme natürlicher radioaktiver Stoffe in den Körper.

Neben der natürlichen Strahlendosis erhält der Mensch auch eine zivilisatorische Strahlendosis, die zum weitaus überwiegenden Teil durch Anwendungen in der Medizin, in erster Linie durch die Röntgendiagnostik, hervorgerufen wird. Die Werte beispielsweise für die mittlere effektive Äquivalentdosis der Bevölkerung in Deutschland pro Jahr sind der umseitigen Tabelle zu entnehmen (Dr. Hillerbrand: „Energie · Umwelt · Gesellschaft", 01.09.1998 (SG-Nr. 208), „Radioaktivität und Strahlendosis: Von Becquerel zu Sievert", Siemens AG, 1997.).

Die Mittelwerte der Strahlenexposition haben je nach Höhenlage, Bodenbeschaffenheit und Lebensart (z.B. viele Flugreisen) eine starke Schwankungsbreite.

So steigt die kosmische Höhenstrahlung, die auf Meereshöhe ca. 0,3 mSv pro Jahr beträgt, mit der Höhe stark an und erreicht in 1500 Metern Höhe etwa 0,6 mSv pro Jahr, und auf Höhe der Zugspitze in etwa 3000 Metern Höhe etwa 1,6 mSv pro Jahr. Auch die terrestrische Strahlung schwankt - je nach geologischem Untergrund - zwischen 0,3 mSv pro Jahr in Bremen bis zu 1,2 mSv pro Jahr in Oberfranken. In Frankreich beträgt die Strahlung in Granitbezirken 3 mSv pro Jahr und auf Monazitsandstein, wie er in Brasilien oder in Indien vorkommt, sogar über 30 mSv pro Jahr.

Ein vorbeugender Schutz vor Strahlung existiert nicht. Es gibt auch kein Medikament, das die Strahlen im Körper bindet, damit sie ausgeschieden werden können.

Mittlere effektive Äquivalentdosis der Bevölkerung in Deutschland pro Jahr

Dosis durch natürliche Strahlenexposition	*ca. 0,3 mSv*
durch kosmische Strahlung (in Meereshöhe)	*ca. 0,4 mSv*
durch terrestrische Strahlung von außen	*ca. 1,4 mSv*
durch Einatmen von Radon und Folgeprodukten	*ca. 0,3 mSv*
durch Essen von natürlichen radioaktiven Stoffen	
Summe der Dosis durch natürliche Strahlenexposition	*ca. 2,4 mSv*

Zivilisatorische Strahlenexposition	
durch Anwendung radioaktiver Stoffe und ionisierender Strahlen in der Medizin	*ca. 1,5 mSv*
durch kerntechnische Anlagen	
durch Anwendung radioaktiver Stoffe und ionisierender Strahlen in Forschung, Technik und Haushalt	*kleiner 0,01 mSv*
durch Flugverkehr	*kleiner 0,01 mSv*
durch berufliche Strahlenexposition	*kleiner 0,01 mSv*
(Beitrag zur Strahlenexposition der Bevölkerung)	
	kleiner 0,01 mSv
durch Fall-out von Kernwaffenversuchen	
Strahlenexposition durch den Unfall im Kernkraftwerk Tschernobyl	*kleiner 0,01 mSv*
Summe der Dosis durch zivilisatorische Strahlenexposition	*kleiner 0,02 mSv*
	ca. 1,6 mSv

Wann und wie schädigt Radioaktivität den Menschen?

Hierzu sind nur recht nebulöse Angaben zu finden, die teilweise stark voneinander abweichen. So geben die Richtlinien für den Strahlenschutz der Feuerwehren (Richtlinie für den Strahlenschutz der Feuerwehren, Bekanntmachung des Bayerischen Staatsministeriums des Innern vom 16. August 1984 Nr. I D 1 - 3082 - 12/7, bis heute gültig) folgende Dosisrichtwerte als Grenzwerte an:

Ausbildung	5 mSv/a (0,5 rem/a)
Bei Einsätzen zum Schutz von Sachwerten	
	15 mSv/a (1,5 rem/a)
Bei Einsätzen zur Abwehr einer Gefahr für Personen oder zur Verhinderung einer wesentlichen Schadensausweitung	
	100 mSv/Einsatz (10 rem/Einsatz)
Bei Einsätzen zur Rettung von Menschenleben	
	250 mSv/Einsatz und Leben (25 rem)

Eine Ganzkörperdosis von 250 mSv (25 rem) darf nur in Ausnahmefällen überschritten werden. Die Ganzkörperdosis sollte pro Jahr 100 mSv (10 rem) und im Lauf des Lebens 250 mSv (25 rem) nicht überschreiten (s. Richtlinie für den Strahlenschutz...).

Radioaktive Schäden beim Menschen

Man unterscheidet zwischen *somatischen* (Schäden im körperlichen Bereich) und *genetischen* (erst bei den Nachkommen sichtbare) *Schäden*. Die somatischen Schäden unterteilt man weiterhin in *Frühschäden, chronische* und *Spätschäden*. Für unsere Untersuchungen sind insbesondere die Frühschäden interessant. Sie zeigen sich bereits nach Stunden oder Tagen nach einer eingetretenen Strahlenbelastung.

Hierzu zählen u.a. die sogenannte Strahlenkrankheit und Schäden der Haut. Das Knochenmark und das lymphatische Gewebe sind die zuerst betroffenen lebenswichtigen Organe des Menschen. Sie

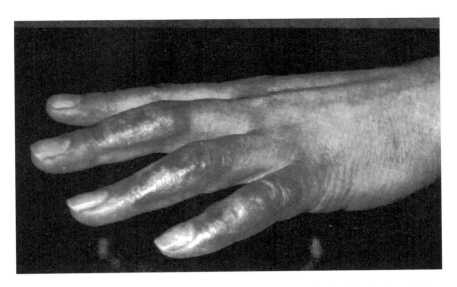

Akuter Strahlenschaden der Haut: Die Hand eines mit hoher Dosis bestrahlten Unfallopfers (Stefan Thierfelder und Hans-Jochem Kolb: „Knochenmark-Transplantation - Mögliche Hilfe bei frühen Strahlenschäden?", in: gsf mensch+umwelt, Dezember 1986)

werden bereits bei Dosen ab etwa 4 Gray (= 400 rad oder 4 J/kg) irreparabel geschädigt, wobei die Knochenmark-Stammzellen (Mutterzellen), die für die Bildung von Blutzellen verantwortlich sind, absterben (Stefan Thierfelder und Hans-Jochem Kolb: „Knochenmark-Transplantation - Mögliche Hilfe bei frühen Strahlenschäden?", in: gsf mensch+umwelt, Magazin der Gesellschaft für Strahlen- und Umweltforschung München, Dezember 1986, Seite 59.). Daraus ergeben sich schwerste, lebensbedrohende Infektionen und Blutungen. Es kommt zu geschwürigen Entzündungen der Haut und der Schleimhäute sowie zu schweren Durchfällen. „Nebeneffekte" sind regelmäßig auftretende Unfruchtbarkeit, vorübergehender Haarausfall, Übelkeit und Erbrechen (Thierfelder/Kolb).

Die folgende Tabelle gibt eine Übersicht über die Wirkungen einer Ganzkörperbestrahlung beim Menschen in den verschiedenen Dosisbereichen (Ahlborn, S. 27):

Dosisbereich (rd)	Wirkung
0 - 50	Nur geringfügige Bludbildveränderungen, keine sichtbare Wirkung
80 - 120	Bei 5 bis 10% der Bestrahlten etwa 1 Tag lang Erbrechen, Übelkeit, Müdigkeit, keine ernstliche Leistungsunfähigkeit
180 - 220	Bei etwa 25% der Bestrahlten etwa 1 Tag lang Erbrechen und Übelkeit, gefolgt von anderen Symptomen der Strahlenkrankheit. Erste Todesfälle sind zu erwarten.
400 - 500	Bei allen Bestrahlten Erbrechen und Übelkeit am ersten Tag, gefolgt von anderen Symptomen der Strahlenkrankheit. Etwa 50% Todesfälle innerhalb eines Monats.
550 - 750	Bei allen Bestrahlten Erbrechen und Übelkeit innerhalb von vier Stunden nach Bestrahlung, gefolgt von anderen Symptomen der Strahlenkrankheit. Bis zu 100% Todesfälle, wenige Überlebende.
1000	Bei allen Bestrahlten Erbrechen und Übelkeit innerhalb von 1 - 2 Stunden, wahrscheinlich keine Überlebenden.
5000	Fast augenblicklich einsetzende schwerste Krankheit, Tod aller Bestrahlten innerhalb 1 Woche.

Demgemäß werden folgende Richtwerte angegeben, die für alle Strahlungsarten gelten (letal = tödlich):

25 rem	Gefährdungsdosis
100 rem	kritische Dosis
400 rem	Mittelletale Dosis
700 rem	Letale Dosis

Nachdem wir nun einen Einblick in die Gefährlichkeit der radioaktiven Strahlungen genommen haben und wissen, welche Belastungen der Mensch aushält, bevor er Schaden nimmt, sieht man, glaube ich, die Mondflüge der APOLLO-Astronauten mit anderen Augen.

Der Luftdruck
Die Raumfahrzeuge

Nicht nur in den APOLLO-Kommandomodulen, dem Serviceteil und den Landefähren herrschte ein verminderter Luftdruck gegenüber dem normalen irdischen, sondern auch in den Raumanzügen. Während der normale irdische Atmosphärendruck 14,7 psi beträgt, verwendete die NASA in ihren Anfängen einen verminderten Luftdruck von 7 psi. Das bezog sich auf das verwendete Gasgemisch aus 50% Sauerstoff und 50% Stickstoff. Seit August 1962 verwendete die NASA nur noch reinen Sauerstoff für ihre Raumkapseln und konnte den Innendruck damit bis auf 4,6 bis 5 psi senken (René). Durch diesen Kunstgriff wurde es möglich, dünnste Verkleidungen für die Raumfahrzeuge zu verwenden, die bei normalem irdischen Innenluftdruck im Vakuum geplatzt wären, denn die NASA besaß in ihren Anfängen keine starken Trägerraketen, so dass sie - im Gegensatz zu den Sowjets - darauf angewiesen war, mit jedem Gramm Gewicht zu geizen.

Dieses Konzept hatte natürlich auch seine Nachteile: eine reine Sauerstoffatmosphäre ist ausgesprochen reaktionsfreudig. Der kleinste statische Funken reicht aus, um ein Inferno zu verursachen, wie es bei APOLLO 1 passierte.

Trotzdem behielt die NASA dieses Konzept bei. Alle APOLLO-Flüge „zum Mond" erfolgten in einer reinen Sauerstoffatmosphäre.

Die Raumanzüge und der Innendruck

Die APOLLO-Raumanzüge bestanden - wie schon näher beschrieben - aus verschiedenen Lagen von Stoff- und Kunststoffgeweben. In diese war eine Art Klimaanlage eingebettet, die aus dünnen Was-

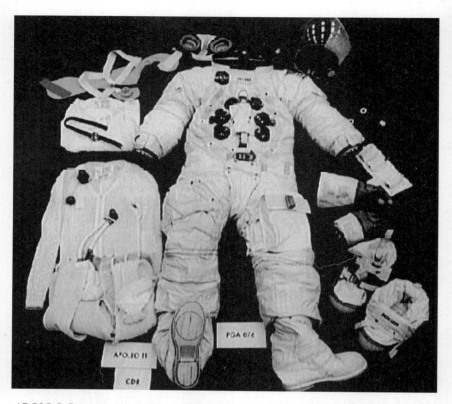

APOLLO-Raumanzug: Würden Sie sich in einem solchen Raumanzug freiwillig hoher radioaktiver Strahlung oder einem Vakuum aussetzen? Wenn diese Anzüge so gut abschirmen: warum werden sie dann nicht beispielsweise in Kernkraftwerken eingesetzt?

serschläuchen bestand. Das Wasser wurde aus einem Behälter im Lebenserhaltungssystem gepumpt und floss wieder dort hinein. Durch die Zirkulierung entstand ein Kühleffekt.

Da der menschliche Körper keinem Vakuum ausgesetzt werden kann, ohne dass er Schaden nimmt, musste in diesem Raumanzug ein Innendruck aufrechterhalten werden. Und hier schleichen sich Zweifel ein, ob die bei den APOLLO-Missionen verwendeten Raumanzüge überhaupt vakuumtauglich waren, denn ein Innenluftdruck kann nur dann aufrecht erhalten werden, wenn der beschickte Behälter, in diesem Fall der Anzug, absolut luftdicht ist. Die APOLLO-

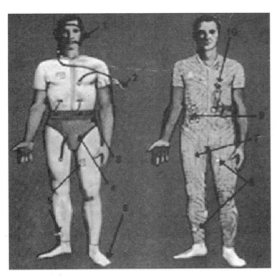

Der APOLLO-Raumanzug

Unterwäsche *(linkes Bild):*
1) *Kopfhörer, Mikrofon*
2) *Anschlusskabel*
3) *biomedizinische Mess-sonde*
4) *Gummihose mit Anschluss an das „Urine collection system"*
5) *Strahlenmessplakette*
6) *Spezialsandalen*

Darüber *(rechtes oberes Bild):*
7) *Zone ohne Kühlschläuche für medizinische Injektionen*
8) *Taschen für Strahlenmessplaketten*
9) *Anschluss für Kühlwasser*
10) *Anschluss für Kühlwasser*

Der Raumanzug:
1) *Kopfhörer, Mikrofon*
2) *Öffnung für Nahrungszuführung*
3) *Elektroanschluss*
4) - 6) *Sauerstoff- und Wasseranschlüsse*
7) *Anschluss für Urintransport*
8) *Injektionsbereich*
9) *Nabelschnüre zu den Raumschiffsystemen*
10) *Innendruckanzeiger*

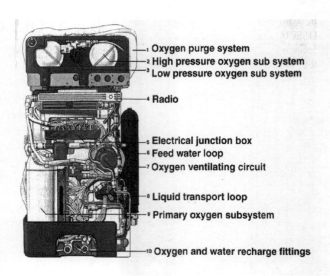

1 Oxygen purge system
2 High pressure oxygen sub system
3 Low pressure oxygen sub system

4 Radio

5 Electrical junction box
6 Feed water loop
7 Oxygen ventilating circuit

8 Liquid transport loop

9 Primary oxygen subsystem

10 Oxygen and water recharge fittings

Das Lebenserhaltungssystem

Raumanzüge wurden durch Reißverschlüsse (!) zusammengehalten, und ich frage mich, wie ein Reißverschluss luftdicht abschließen soll. Der Sauerstoff-Luftdruck in den Raumanzügen betrug 3,8 psi (René), was das Minimum darstellt, um die Körperfunktionen aufrecht erhalten zu können.

Es fiel mir auf, dass die Raumanzüge der APOLLO-Astronauten auf den Fotos keinesfalls den Eindruck erwecken, sie würden im Vakuum agieren. Wenn sie sich in Vakuum befunden hätten, dann hätten sich die Anzüge durch den Innendruck aufblasen müssen, dass die Astronauten eine gewisse Ähnlichkeit mit dem bekannten „Michelin-Männchen" bekommen hätten, so, wie die Raumfahrer bei den Shuttle-Missionen tatsächlich aussehen. Doch die APOLLO-Raumanzüge beim irdischen Training sahen genauso aus wie „auf dem Mond".

Betrachtet man verschiedene Fotos von Astronauten in ihren Anzügen genauer, so muss zusätzlich auffallen, dass anscheinend weder zwischen Handschuhen und Anzug noch zwischen diesem und den Stiefeln eine feste Verbindung bestand.

Für mich sind dies fotografische Bestätigungen dafür, dass die „Mondaktivitäten" ausnahmslos auf der Erde passierten.

222

APOLLO-Astronauten im „Vakuum auf dem Mond": Der Innenluftdruck der Anzüge müsste sie aufblasen wie Luftballons. Falten wie hier gezeigt (Pfeile) dürfte es nicht geben. Die Stulpenhandschuhe und die Stiefel erwecken nicht gerade den Eindruck, dass sie luftdicht abschließen, besonders bei Aldrin.

Edwin „Buzz" Aldrin (APOLLO 11)

Edgar Mitchell (APOLLO 14)

Charles Duke (APOLLO 16)

Mitchell (APOLLO 14)

APOLLO 16: Handschuhe ohne Ab-schluss (oben eine Nahaufnahme)

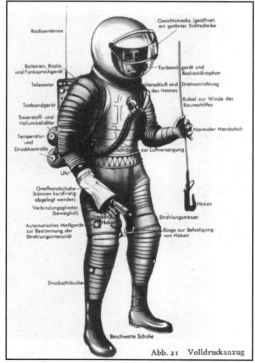

Abb. 21   Volldruckanzug

So stellte sich 1961 Wernher von Braun einen Raumanzug vor. Er hatte große Ähnlichkeit mit einer Ritterrüstung und bestand überwiegend aus starren Teilen. Man beachte die prall aufgeblasenen Wulste an Armen und Beinen (aus: Wernher von Braun: „Erste Fahrt zum Mond")

Zum Vergleich

Bei Raumfahrern der Space-Shuttle-Missionen ist der Raumanzug durch das Vakuum des Alls aufgeblasen wie ein Luftballon. Wieso zeigen die APOLLO-Raumanzüge nicht die gleichen Effekte?

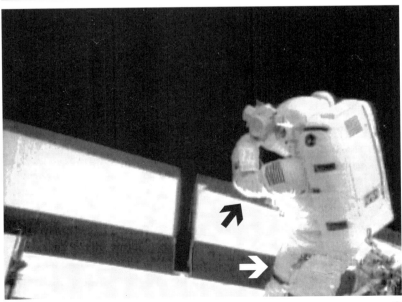

Die Landeplätze

Fehlende Landekrater und der Staub

Schon in einem der vorhergehenden Kapitel beschrieb ich, dass unter den Landefähren nicht nur kein Krater entstanden war, sondern sogar noch der Mondstaub unberührt lag. Durch den Einsatz eines Landetriebwerkes mit den Dimensionen einer Mittelstreckenrakete musste vor dem Bodenkontakt jedoch zwangsläufig zunächst der Staub weggeblasen und anschließend ein Krater in den Boden gebrannt werden. Das Landetriebwerk erzeugte neben dem Druck der verbrannten Gase mehrere tausend Grad Hitze. Das ist weit mehr, als es zum Schmelzen von Gestein braucht (Gestein schmilzt bei etwa tausend Grad Celsius).

Doch auf keinem APOLLO-Foto ist unter der etwa einen Meter durchmessenden Raketendüse des Landetriebwerks ein Krater zu sehen, im Gegensatz zu Zeichnungen (beispielsweise auf NASA-Emblemen), die unter den dargestellten Fähren einen Krater zeigen. Auch beispielsweise Wernher von Braun beschrieb noch in den fünfziger Jahren, dass der Feuerstrahl der Brennkammern eines landenden Raumschiffes auf dem Mond einen Krater in den Mondboden brennen würde:

> „... als nämlich die Rakete ähnlich wie ein Hubschrauber landete, hatte der Feuerstrahl den Landeplatz zu einem flachen Krater ausgehöhlt..." (Wernher von Braun: „Start in den Weltraum", S. 148)

Bei der Direktübertragung der Landung von APOLLO 11 konnte man jedoch Neil Armstrong sagen hören, dass sich nicht nur kein

226

APOLLO 12: Astronaut Bean neben der Landefähre. Hier sieht man deutlich, dass unter dem Landetriebwerk kein Staub weggeblasen und kein Landekrater in den Mondboden gebrannt worden ist.

Krater unter dem Landetriebwerk befand, sondern auch der Staub vorhanden war. Kein Wunder, wenn die Fähre anstatt auf dem Mond in einer Halle stand... (Die Wiederholung der ARD-Direktübertragung vom 20.07.69 strahlten am 20.07.99 folgende Sender aus: Bayern 3 in „Space night" von 0:00 bis 6:00 Uhr, N3 (Nord) mit Dokumentationsbeitägen von 23:20 Uhr bis 6:00 Uhr, WDR mit Dokumentationsbeitägen von 22:00 Uhr bis 5:00 Uhr).

Auf einigen Bildern erkennt man Schuhabdrücke der Astronauten, die bis unter die Fähre reichen, was ein Beweis dafür ist, dass der „Mondstaub" nicht weggeblasen worden ist. Wie kann ein einzelner Mensch den „Mondstaub" mit seinen Füßen zusammendrücken, während das Raketentriebwerk, das immerhin die bis zu 17

Aldrin (APOLLO 11) mit dem Sonnenwindsegel. Der Landekrater fehlt. Wenn das im Hintergrund links die Sonne sein soll, dann stimmt die Schattenrichtung nicht. Ist es vielleicht ein Studioscheinwerfer? Wieso liegt Aldrins Raumanzug so eng an und zeigt sogar Falten, obwohl er unter Vakuumbedingungen aufgeblasen sein müsste? Wieso ist die Szene nur punktförmig, rund um die Fähre, ausgeleuchtet? Bei normalem Sonnenlicht müsste alles gleichmäßig hell beleuchtet sein! Und noch etwas: beachten Sie die gradlinige Begrenzung der Szene im Hintergrund. War hier das Hallenende?

Tonnen schwere Landefähre tragen musste, keinerlei Spur hinterließ?

Fanden die „Mondlandungen" jedoch in einer Halle statt, dann verwundert es auch nicht, dass sich der „Mondstaub" völlig anders verhält, als er sich unter den angenommenen Bedingungen in einem (Fast-) Vakuum verhalten müsste. Doch welcher Wissenschaftler hat eigentlich seine Zweifel an der Echtheit der Demonstrationen angemeldet, als die NASA ihre Astronauten „Mondstaub" aufwirbeln ließ, als die „Mondrover" mit halsbrecherischem Tempo Slalom fuhren, ohne Probleme mit ihrer Lenkung zu bekommen, und dabei meter-

Zum Vergleich: Ein Raketenprüfstand mit einem arbeitenden Raketenmotor (Rok-ketdyne Propulsion Field Laboratory). Der Prüfstand wurde 1950 durch eine Explosion zerstört (aus: Kaysing)

hohe Staubfontänen aufwirbelten, die verblüffend schnell zu Boden sanken?

> *„Als es sich über das Gelände dahinbewegt, sehen wir auch, daß es, im Gegensatz zu solchen Fahrzeugen auf der Erde, keine Staubwolken aufwirbelt, (...) da es keine Luft gibt, die ihn tragen könnte... ",*

APOLLO 11:
Der Blick unter die Raketendüse der Landefähre zeigt, dass weder ein Landekrater existiert noch dass Steine oder Staub weggeblasen wurden.

APOLLO 12:
Der Blick unter das Raketentriebwerk der Fähre zeigt keinen Landekrater, aber neben der Stelle, an der dieser sein müsste, eine kleine schon vorhandene Vertiefung.

230

Fehlender Landekrater bei APOLLO 12

meinte Wernher von Braun vor dem APOLLO-Programm (Wernher von Braun: „Start in den Weltraum", S. 138). Wie konnte er sich - und mit ihm Generationen von Wissenschaftlern - so irren?

In jedem besseren Physikbuch kann man nachlesen, dass Staub unter Vakuumbedingungen zu einer „glasharten" Masse zusammenklebt, und dass im Vakuum keine Staubwolken aufwirbeln können. Das steht sogar noch in Sachbüchern, die vor dem APOLLO-Projekt veröffentlicht wurden, und in denen man sich vorstellte, was zukünftige Astronauten auf dem Mond erwartet.

> *„ Glasharter, heißer Boden (...), ein beängstigend naher Horizont, übergrelle Lichtfülle, die schwarze, von Sternen übersäte Riesenglocke des Alls über sich. "*
> (Hartmut Bastian: „Weltall und Urwelt", S. 98, 101).

Oben: Unter der Triebwerksdüse der APOLLO 14-LM: kein Landekrater, kein Staub weggeblasen. Der Krater auf dem linken Foto befindet sich neben der Fähre. Auch bei APOLLO 12 (links) und 14 (unten) fehlen die Landekrater.

232

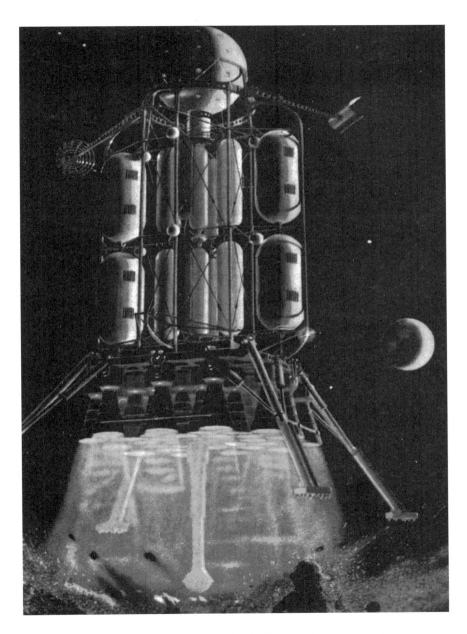

So stellte sich Wernher von Braun in den fünfziger Jahren die Landung auf dem Mond vor, in einer stabilen Rakete, deren Feuerstrahl einen gewaltigen Krater in den Mondboden brennt (Wernher von Braun: „Start in den Weltraum")

233

Auch Wernher von Braun meinte noch 1961 (nach der Schilderung einer Mondlandung und dem Ausstieg):

> *„... Es gab keinen Staub! Der Boden fühlte sich porös und verkrustet an wie weiche Lava...".*

Und was zeigen uns die APOLLO-Bilder und -Filme? Weder glasharten noch heißen Boden. Keine übergrelle Lichtfülle, und am „Mondhimmel" keine Sterne...

Der Mond hielt sich wohl nicht an physikalische Gesetze.

Zum Vergleich: die DC-X

Die Testrakete „Delta Clipper DC-X" wurde von der amerikanischen Firma McDonnell-Douglas entwickelt, um eventuell einmal als Space-Shuttle-Nachfolger eingesetzt zu werden. Die DC-X startet und landet senkrecht mit ihren eigenen Triebwerken. Bei den Landungen entstand jedoch das Problem, dass die Raketenmotoren relativ große Krater selbst in dicke Betonböden brannten, wodurch die Rakete kippen konnte. Das passierte dann tatsächlich bei einigen Landungen, wodurch die Rakete zerstört wurde.

Die „Delta Clipper DC-X" beim Start

Die „Delta Clipper DC-X", links die einzelnen Flugphasen.

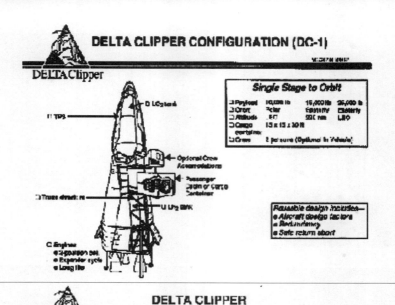

DELTA CLIPPER CONFIGURATION (DC-1)

DELTA Clipper

Single Stage to Orbit			
Payload	10,000 lb	15,000 lb	20,000 lb
Orbit	Polar	Equatry	Equatry
Altitude	80°	500 nm	LEO
Cargo container	13 x 13 x 10 ft		
Crew	2 persons (Optional in Vehicle)		

Reusable design includes—
• Aircraft design factors
• Redundancy
• Safe return abort

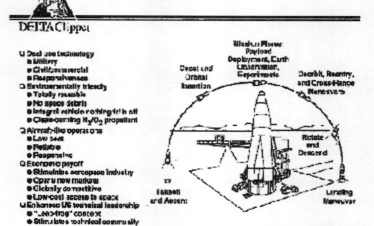

DELTA CLIPPER

DELTA Clipper

Mission Phase:
Payload
Deployment, Earth
Observation,
Experiments

Coast and
Orbital
Insertion

Deorbit, Reentry,
and Cross-Range
Maneuvers

Rotate
and
Descend

Takeoff
and Ascent

Landing
Maneuver

Wenn es mit Raketenantrieben solch große thermischen Probleme gibt, wieso haben dann die Triebwerke der Mondlandefähren nicht nur keine Krater in den (ungeschützten) Boden gebrannt, sondern noch nicht einmal den Mondstaub weggeblasen?

236

Preisfrage: Welche Landschaft ist dies? Wurde das Bild von APOLLO 15, 16 oder 17 aufgenommen? Die Landschaft hat jedenfalls recht große Ähnlichkeit mit den amerikanischen Wüstengebieten.

Erosionsmerkmale?

Bei den APOLLO-Missionen 15 bis 17 fällt auf, dass die „Mondgebirge" alle schön sanft gerundet sind, keinesfalls so, wie man sie sich bis dato vorstellte. Die verblüffende Erklärung dafür lautet, dass es auf dem Mond nahezu keine Erosion gebe (Lexikon der Astrononie), im Gegensatz zur Erde, wo durch Eis und Wasser steile Hänge und scharfe Spitzen herausgearbeitet würden.

Diese „Erklärung" erscheint mir jedoch widersinnig, denn sie verdreht ganz offensichtlich die Tatsachen. Es müsste - ohne Erosion - genau umgekehrt sein, denn sanft gerundete Hügel sind doch ein Zeichen für Wind- und Wettereinwirkung!

Hat man für APOLLO 16 und 17 eventuell die gleiche, kaum modifizierte, Kulisse benutzt? Vergleicht man die Fotos, so sind die „Landschaftsmerkmale" zum Verwechseln ähnlich.

Deshalb noch einmal: fanden die Landungen der Mondlandefähren nur in einem Studio statt? Warum hat man - wenn die APOLLO-Missionen denn ein großangelegter Betrug waren - solche Details übersehen? Oder waren die Ausführenden bereits so der Routine unterlegen, dass sie nachlässig wurden, im Bewusstsein, dass niemand ihre Vortäuschungen anzweifelt?

Merkwürdige Temperaturen

Die Sonnenstrahlung auf dem Mond ist - wie schon gesagt - wegen der fehlenden Atmosphäre etwa zwanzig Prozent höher als auf der Erde. Die Mondlandefähren standen ungeschützt mitten auf dem „Mond", mitten im vollsten, grellen Sonnenlicht.

Da die Sonnenstrahlen die unangenehme Angewohnheit besitzen, alle Materie zu erhitzen, drängt sich die Frage auf, wie die Landefähren die überschüssige Hitze wieder los wurden? Die Fähren müssten während ihres Aufenthaltes „auf dem Mond" in der Gluthitze der Sonne wie Backöfen aufgeheizt worden sein. Zumal, wie wir wissen, die Fährenverkleidungen nur aus dünnen metallischen bzw. Plastikfolien bestanden, die kaum temperaturabschirmende Funktionen besaßen.

Trotzdem gab es angeblich keinerlei Hitzeprobleme, noch nicht einmal bei der hitzeempfindlichen Elektronik. Wie jeder Computerbenutzer weiß, müssen moderne Rechner mit zusätzlichen Kühlgebläsen ausgerüstet sein, weil die Elektronik sonst versagt. Obwohl die Elektronik der sechziger Jahre bei weitem nicht mit unserer heutigen vergleichbar ist, war sie dennoch hitzeempfindlich.

Zum Vergleich: Als Buzz Aldrin bei seinem Flug mit GEMINI 12 in der Erdumlaufbahn für eine halbe Stunde aus der Kapsel ausstieg, erhitzte sich der Reißverschluss seines Raumanzuges so stark, dass Aldrin sich daran die Haut verbrannte. Bei der APOLLO 11-Mission stand die Landefähre hingegen rund zwölf Stunden in der prallen Sonne. Doch die Astronauten beklagten sich, es wäre sehr kalt darin. Auch die Reduzierung der Wasserkühlung ihrer Raumanzüge habe nicht viel geholfen. Wieso froren die Astronauten? Stand die Fähre etwa in einer unterkühlten Halle?

Das bekannte „Sprung-Foto" von John Young.

Die Sprungleistungen der Astronauten

Astronaut *John Young* (APOLLO 16) demonstrierte vor laufender Videokamera „auf dem Mond" zweimal, wie hoch er beim Salutieren neben der US-Flagge hüpfen kann. Ein beachtliches Schauspiel, erreichte er doch sage und schreibe rund vierzig Zentimeter Höhe (s. Abb.). Warum ist bei dieser sportlichen Demonstration eigentlich niemand stutzig geworden?

Astronauten waren und sind durchtrainierte Menschen, die körperliche Höchstleistungen vollbringen können. Dazu werden sie jahrelang trainiert. Und solch ein Astronaut soll auf dem Mond - von dem behauptet wird, er besitze nur ein Sechstel der irdischen Schwerkraft - gerade mal vierzig Zentimeter hoch springen?

Auf der Erde sprang Young ohne Schutzanzug aus dem Stand 46 cm hoch. Am Raumanzug kann diese schwache Leistung ja wohl nicht liegen, denn Young wog einschließlich Raumanzug und Lebenserhaltungssystem unter einem Sechstel Schwerkraft nur rund 41 Kilogramm. Das heißt, dass er trotz des unförmigen Raumanzuges nur rund die Hälfte seines normalen irdischen Körpergewichtes (Young hatte ein Eigengewicht von 83 kg) zu bewegen hatte. Das errechnet sich aus dem Körpergewicht (ein Sechstel von 83 kg = 13,8 kg) plus 27 kg (Raumanzuggewicht unter einem Sechstel Schwerkraft). Er konnte also seine Körperkräfte voll einsetzen, und er hätte - unter einem Sechstel Schwerkraft - Sprünge von zwanzig Metern und mehr vollbringen *müssen*. Wenn Young also nur vierzig Zentimeter hoch springen *konnte*, musste das einen ganz anderen Grund gehabt haben!

Bis vor einiger Zeit nahm ich noch an, dass, wenn auch vielleicht bei den ersten Mondflügen „gemogelt" wurde, trotz allem Astronauten den Mond betreten hätten. Eine völlige Täuschungsaktion für das ganze APOLLO-Projekt hielt ich für unwahrscheinlich. Aufgrund verschiedener Messergebnisse, Berechnungen und Filme kam ich zu dem Ergebnis, dass die Schwerkraft des Mondes nicht ein Sechstel, sondern mindestens 64 Prozent der irdischen betragen müsse. Inzwischen hat mich der Gravitationsphysiker Dr. Horst Muenster dankenswerterweise auf einen Denkfehler bei der Berechnung der Mondgravitation aufmerksam gemacht, so dass ich inzwischen von den 64 Prozent wieder abrücke. Zu den erhöhten Schwerkraftwerten des Mondes kam ich jedoch auch aufgrund der Aktionen der APOLLO-Astronauten, die absolut nicht unter einer verringerten Schwerkraft von einem Sechstel der idischen stattfanden.

Betrachten wir die Situation nun aus einem anderen Blickwinkel: Wenn die Sprünge von Young in einer Halle mit simulierter Mondlandschaft auf der Erde stattfanden, dann wäre eine Sprunghöhe von vierzig Zentimetern das logische Ergebnis. Die auf der Erde benutzten Raumanzüge (die auch zu Trainings- und Showzwecken ver-

Die zwei Sprünge von John Young (APOLLO 16) „auf dem Mond", aufgenommen mit der LEM-Videokamera.

wendet wurden) sahen nur äußerlich so unhandlich und schwer aus, in Wirklichkeit wogen sie nur wenige Kilogramm. Wer sagt uns eigentlich, dass Young seinen Sprung nicht mit einem solchen Anzug in einer Halle gemacht hat? Der Raumanzug sieht jedenfalls nicht anders aus als die Anzüge beim Bodentraining.

Genauso lässt es sich erklären, dass die beiden APOLLO 14-Astronauten Alan Shepard und Edgar Mitchell keuchten und stöhnten, als sie den Kraterrand des „Cone-Kraters" erklimmen wollten. Ihre Pulsfrequenz stieg dabei so beängstigend an, dass sie ihren Aufstieg auf halber Höhe abbrechen mussten. Fanden diese Übungen unter irdischen Bedingungen in einer Halle mit Mondoberflächennachbildung oder in dem gebirgigen, kraterdurchsetzten Gelände um Area 551 statt, so ist das Bewegen in einem unförmigen Raumanzug auch für die hervorragend trainierten Astronauten tatsächlich beschwerlich. Dann musste es auch schwerfallen (wie man verschiedentlich beobachten konnte), Gewichte zu bewegen, die unter einem Sechstel Erdschwerkraft kaum etwas wiegen dürften.

Mit Ausnahme der unhandlichen, großen Kisten der ALSEP-Geräte, die - wie Bilder vom Training der Astronauten zeigen - auch unter irdischen Bedingungen problemlos transportabel waren. Betrachtet man sich die Bilder der ALSEP-tragenden Astronauten genauer, so fällt auf, dass sich die ALSEP-Transportstangen „auf dem Mond" genauso stark durchbiegen wie beim Training, obwohl die Geräte hier nur ein Sechstel ihres Gewichtes haben dürften.

*Oben: Alan Bean (APOLLO 12) trägt die ALSEP-Gerätekoffer „auf dem Mond".
Unten: Beim Training auf der Erde: Astronaut mit Raumanzug und den unhandlichen ALSEP-Gerätekisten. So viel zu den „Gewichten", welche die Astronauten tragen mussten. Vergleichen Sie ruhig die beiden Bilder: die getragenen Geräte hängen auf beiden Bildern gleich tief an der Tragestange durch.*

Das „Hammer-und-Feder-Experiment"

Bei der APOLLO 15-Mission wurde ein Experiment gemacht, das einerseits aller Welt demonstrieren sollte, dass der Mond atmosphärelos sei, und andererseits beweisen sollte, dass Isaac Newton mit seiner Theorie recht habe, im Vakuum würden alle Gegenstände gleich schnell fallen, unabhängig von ihrem Gewicht.

Dazu stellte sich der Kommandant David Scott vor die Landefähre und erklärte vor laufender TV-Kamera, er wolle nun ein physikalisches Experiment durchführen. In der einen Hand habe er eine Feder, in der anderen einen Hammer, und beide wollte er gleichzeitig fallen lassen.

Das „Hammer-und-Feder-Experiment", das „Frisbee-Spiel", jede Menge aufgewirbelten Staub, Dunst, hüpfende Astronauten und einen „antriebslosen" Rückstart zeigt übrigens die immer wieder im Rahmen des Nachtprogramms SPACE NIGHT des Bayerischen Rundfunks wiederholte exzellente TV-Sendung „Moon Walks", allerdings kommentarlos, als reine Bilddokumentation. Wer Augen hat zum Sehen, der sieht hier Einiges!

Zurück zum „Experiment": Beide Gegenstände fielen tatsächlich gleich schnell zu Boden. Es war ein überzeugendes Experiment, womit das Vorhandensein einer Lufthülle auf dem Mond widerlegt wurde - und andererseits kein Zweifel mehr aufkommen konnte, dass dieses Spektakel tatsächlich auf der Mondoberfläche stattfand.

Doch war es wirklich so? Eingehende Untersuchungen der entsprechenden Filmsequenz zeigen, dass man sich zunächst wieder einmal fragen muss, warum die aufgenommene Szene völlig unscharf

APOLLO 15-Astronaut David Scott bei seinem „Hammer-und-Feder-Experiment". Ich weiß nicht, ob Sie hier erkennen können, was der „Hammer" und was die „Feder" ist. Ich kann es weder auf diesem Foto noch auf der Videoaufzeichnung erkennen.

Die „Feder". Doch ob es diejenige ist, die bei dem „Experiment" fallengelassen wurde, ist fraglich. Der „Hammer" fehlt.

ist! Die TV-Kamera war auf dem „Rover" montiert, vom Kontrollzentrum in Houston aus wurden die Richtung, der Zoom und die
Schärfe der Kamera ferngesteuert eingestellt. Trotz der Unschärfe
ist der „Hammer" gerade noch als solcher erkennbar. Doch ob die
„Feder" tatsächlich eine war, lässt sich hierbei nicht feststellen.

William L. Brian II vertritt die Meinung, die sogenannte Feder
sei ein schwereres Objekt gewesen (William L. Brian II: „Moongate"), und ich kann nach Begutachtung der Filmszene nur sagen, dass
es absolut nicht möglich ist, in der „Feder" eine solche zu erkennen.
Bei den APOLLO-Hasselblad-Fotos fand ich ein Foto der „Feder"
auf dem „Mondboden" liegend. Der Hammer fehlt jedoch. Und aus
welchem Material die „Feder" besteht, weiß nur die NASA.

Weiterhin müsste es eigentlich jedem aufgefallen sein, wie schnell
die beiden Gegenstände „auf dem Mond" zu Boden fielen.
Keinesfalls langsamer als auf der Erde, obwohl auf dem Mond nur
ein Sechstel Schwerkraft herrschen soll!

Und der exzellente APOLLO-Kritiker *David S. Percy* („Dark
Moon") bringt es auf den Punkt: In seiner fast vierstündigen Video-
dokumentation „What Happened on the Moon?" führt er u.a. vor,
dass eine Feder und ein Hammer durchaus kein Vakuum benötigen,
um aus dieser Höhe gleich schnell zu Boden zu fallen! Es ist nur
unsere Einbildungskraft, die uns suggeriert, dass ein Hammer selbstverständlich schwerer als eine Feder ist und demgemäß schneller zu
Boden fallen muss, während die leichte Feder durch die Luft in ihrem Flug abgebremst wird. Das trifft zwar durchaus zu, wenn beide
Objekte eine größere Strecke zurück legen müssen. Doch aus einer
Höhe von knapp einem Meter macht sich der Unterschied nicht be-
merkbar. Man benötigt kein Vakuum, um zwei unterschiedlich große und schwere Gegenstände aus einem Meter Höhe gleich schnell
herunter fallen zu lassen. Die Verzögerung ist hierbei so gering, dass
sie dem menschlichen Auge nicht auffällt!

Laserreflektoren
auf dem Mond?

Und was ist aus den angeblich auf der Mondoberfläche zurück-gelassenen Geräten geworden?

Die Astronauten von APOLLO 11, 14 und 15 sollen auf der Mond-oberfläche Laser-Reflektoren stationiert haben, damit man mit Hilfe eines zum Mond geschickten Laserstrahles und dessen Reflexion die genaue Entfernung des Mondes von der Erde messen könne. Um

Der Laser-Reflektor von APOLLO 11 steht in einem unmöglichen Winkel (Pfeil)

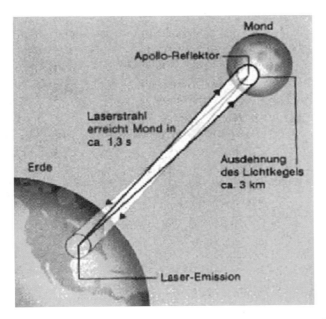

Ein auf den Mond gerichteter Laserstrahl fächert sich beim Auftreffen auf die Mondoberfläche auf einen Durchmesser von etwa drei Kilometer auf. Auch ohne Reflektoren kann die Rückstrahlung des Laserstrahles gemessen werden. Allerdings kommt durch die Streuwirkung nur noch ein Bruchteil des Strahles zur Erde zurück.

es vorweg zu nehmen: Die genaue Entfernung ist bis heute nicht bekannt!

Wie ich schon in meinem Buch „Der Mond ist ganz anders!" ausgeführt habe, gibt es anscheinend keine zuverlässige Bestätigung dafür, dass diese Reflektoren jemals zum Einsatz kamen. Ich fragte schon im Oktober 1994 bei der *Deutschen Forschungsanstalt für Luft- und Raumfahrt e.V. (DLR)* an, ob sie Kenntnis von diesen Geräten hätten, ob sie diese schon einmal angepeilt oder ob ihnen diesbezügliche Messungen bekannt seien und ob sie irgendwelche Ergebnisse oder Berichte darüber hätten. Bis heute erhielt ich darauf keine Antwort...

Inzwischen ist es bekannt, dass auch andere Gesellschaften keine Messungen vornehmen konnten. Unter anderem hat das *Lick-Ob-*

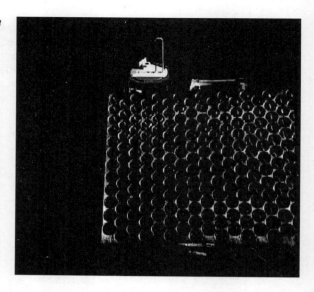

servatorium auf dem *Mt. Hamilton* in Kalifornien versucht, Messungen vorzunehmen. Nach *Jerry Wiant* vom *McDonald Obvervatory* war das Observatorium trotz seines neuen 107-Inch-Teleskopes nicht in der Lage, Rückstrahlungen vom Mond zu empfangen. Trotzdem behauptete die NASA, es hätte funktioniert.

Die Begründung für die nicht empfangene Rückstrahlung vom Lick-Observatorium war, dass der Landeplatz der APOLLO 11-Landefähre „Eagle" nicht zu lokalisieren sei. Auch die Missionskontrolle in Houston konnte seinerzeit noch nicht einmal annähernd die Koordinaten des Landeplatzes angeben. Das bedeutet, dass kein Mensch während der APOLLO 11-Mission die genauen Daten des Landeplatzes kannte, noch nicht einmal die Astronauten selbst!

Als weitere Erklärung für das Nichtzustandekommen einer Laserverbindung wurden die Verunreinigungen der irdischen Atmosphäre genannt, die einen einwandfreien Empfang verhindert hätten. Außerdem habe sich beim Rückstart auf den Reflektoren eine Staubschicht niedergeschlagen, welche eine Reflexion be- oder verhindere (durch was soll beim Rückstart Staub aufgewirbelt worden sein, wenn erstens bei der Landung auch kein Staub aufgewirbelt wurde und zweitens unter dem „Raketenstrahl" zusätzlich das Fäh-

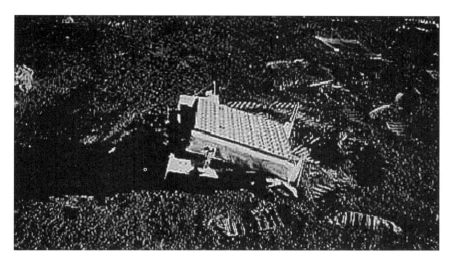

Auch der Laserreflektor von APOLLO 14 zeigt nicht zur Erde.

ren-Unterteil stand?). Unter anderem wird auch argumentiert, die beiden Seismometer und der Laserreflektor der APOLLO 11-Mission seien zu dicht bei der Fähre positioniert worden, um einwandfrei arbeiten zu können.

Entfernung Erde – Mond ohne Laserreflektor?

Wir glauben heute zu wissen, dass der Mond pro Jahr um fast drei Zentimeter weiter von der Erde wegrückt. Woher dieses Wissen stammen soll, bleibt jedoch rätselhaft, wenn man sich noch nicht einmal auf die Entfernung des Mondes von der Erde einigen kann.

Jede damit beschäftigte Institution gibt andere Werte an. An den Laserreflektoren kann es nicht liegen, denn der Laserspiegel von APOLLO 11 ist beispielsweise gar nicht auf die Erde ausgerichtet. Schaut man sich Fotos von APOLLO 11 an, so muss man verwundert feststellen, dass der Reflektor nicht etwa flach auf dem Mondboden aufgelegt, sondern in einem Winkel von etwa 28 Grad schräg aufgestellt wurde. Wohin zeigt der Reflektor dann? Wie jeder weiß, zeigt der Mond immer die selbe Seite zur Erde. Da APOLLO 11 etwa in der Mitte der sichtbaren Mondscheibe gelandet war (sein soll!), müsste ein Reflektor flach auf den Boden aufgelegt werden und senkrecht in den (Mond-) Himmel zeigen, sonst kann er gar nicht funktionieren! Haben das die hochtrainierten, geschulten Astronauten etwa nicht gewusst? Von diesem Reflektor – gesetzt den Fall, er würde wirklich auf dem Mond stehen – kann also gar keine korrekte Reflexion erwartet werden.

Fand das APOLLO 11-Spektakel jedoch nur in einer Halle statt, dann spielte es sowieso keine Rolle, in welche Richtung der Reflektor zeigte. Übrigens gibt es auch Kritiker, die der Meinung sind, wenn sich wirklich Laserreflektoren auf dem Mond befinden würden, so könnten sie durchaus auch von unbemannten Sonden wie SURVEYOR dort abgesetzt worden sein...

Um die Entfernung per Laser zu messen, braucht man übrigens gar keinen Laserspiegel. Die normal reflektierende Mond-Oberfläche reicht dazu völlig aus (das hat mir ein Techniker detailliert erklärt). Zum einen ist ein zum Mond geschickter Laserstrahl bei seiner Ankunft auf einige Quadratkilometer aufgefächert, das heißt, dass nur ein Bruchteil des ausgesendeten Laserstrahles den Reflektor auf der Mondoberfläche trifft, falls das Ziel von der Erde aus richtig angepeilt wurde. Dieser Bruchteil wird reflektiert und fächert sich auf der Strecke zur Erde nochmals auf, so dass hier kaum noch verwertbare Signale ankommen.

Zum zweiten wirkt allein die hell strahlende Mondoberfläche auf einen dort hin geschickten Laserstrahl wie ein Reflektor. Auch ohne Laserreflektor entsteht der selbe Effekt: der Laserstrahl trifft aufgefächert auf und wird reflektiert.

Landeplatz von APOLLO 15 gefunden?

Die NASA hatte in ihrer Homepage vom 27. April 2001 einen kleinen Hinweis darauf, dass die Landestelle von APOLLO 15 auf Fotos der Mondsonde CLEMENTINE 1 lokalisiert und gefunden worden sei. Dazu verweist die Seite zu einer anderen Homepage (www. space.com), wo ein Bericht von Leonard David veröffentlicht wurde. Er schrieb (Übersetzung durch den Autor):

„Legt endlich die absurden Vermutungen zur Seite, die APOLLO-Mondlandungen seien ein Betrug gewesen. Zwei Wissenschaftler untersuchten Fotos von Mond-Orbiter-Sonden nach Anzeichen einer Landung. Durch eine neue Untersuchung fand Misha Kreslavsky, ein Weltraum-Wissenschaftler im Department of geological Science an der Brown Universität in Providence, Rhode Island, Anomalien auf der Mondoberfläche in der Nähe der Apollo 15-Landestelle.Die Landefähre ‚FALCON' von APOLLO 15 landete am 30. Juli 1971 in der Hadley-Apenninen-Region nahe dem Apenninen-Gebirge. ‚FALCON' war die erste gesteuerte Landefähre. Dabei transportierte sie vergrößerte Treibstofftanks und erstmalig einen Mondrover. Die Mondspaziergänger David Scott und James Irwin blieben länger als drei Tage auf der Mondoberfläche. Dabei benutzten sie ein elektro-angetriebenes Fahrzeug, das sie insgesamt 27,4 Kilometer über das zerkraterte Terrain beförderte.

Kreslavsky, zusammen mit seinem Forscherkollegen Yuri Shkuratov des Astronomischen Observatoriums Charkov in der Ukraine, benutzten Fotos, die der Hightech-Mondorbiter Clementine machte.

Die schneller-besser-billiger CLEMENTINE-Sonde der Ballistic Missile Defense Organisation umkreiste 1994 den Mond und benutzte dabei eine Kamera, die über eine Million Fotos im ultravioletten und im sichtbaren Bereich machte.Kreslavsky und Shkuratov studierten einen Teil der CLEMENTINE-Bilder von der Gegend der APOLLO 15-Landestelle. Ihre Aufgabe war, frische Einschläge auf dem Mond zu finden oder Hinweise auf neuerliche seismische Aktivitäten in der Mondkruste. Die Arbeit und die benutzte Technik wurden nicht nur benutzt, um die Mondoberfläche zu studieren, sondern auch, um eine Prämie zu erhalten.

Ein kleiner dunkler Fleck, gefunden auf den CLEMENTINE-Bildern, ist kein frischer Krater, sondern stimmt mit der APOLLO 15-Landestelle überein, sagte Kreslavsky. ‚Das ist das Ergebnis meiner Untersuchung von 52 Bildern, die CLEMENTINE durch einen Rot-Filter fotografierte, während die Sonde die Gegend vom südlichen zum nördlichen Horizont überquerte', sagte Kreslavsky. Ein undeutlicher dunkler Fleck kann genau an der Landestelle gesehen werden, meinte er.

Die neuen Untersuchungen ergänzen frühere der Raumforscher Noel Hinners und Farouk El-Baz aus dem Jahr 1972. Die beiden Forscher studierten hochauflösende Fotos der Landestelle. Eines der Bilder machte die ‚FALCON'-Fähre bei Landeabstieg. Ein weiteres Bild, aufgenommen aus dem APOLLO-Kommandomodul ‚ENDEAVOR' von Astronaut Alfred Worden, zeigt die Gegend ein paar Stunden, nachdem Scott und Irwin gelandet waren. ‚Einige hellere Stellen des Landepunktes sind auf dem zweiten Foto zu sehen', sagte Kreslavsky. Wenn man die CLEMENTINE-Fotos der APOLLO 15 Landezone anschaut, kann man verschiedene Anomalien sehen. ‚Alle außer einer könnten neue kleine Einschlagkrater sein. Nur die eine, die kein Krater zu sein scheint, deckt sich mit der Landestelle', sagte Kreslavsky. Die zerstörte Struktur des lunaren Regoliths stammt von der Landung, sagte Kreslavsky. Er meinte weiterhin, dass die Veränderung durch den Raketenantrieb während der Landung der

Mondfähre hervorgerufen wurde. Die Anomalie hat einen Radius von etwa 50 auf 150 Meter um die Landestelle, sagte Kreslavsky. ‚Unglücklicherweise erlauben die CLEMENTINE-Daten keine genaueren Studien der anderen Landeplätze'."

Soweit der Original-Text. Wollen wir doch mal sehen, ob „die absurden Vermutungen" damit wirklich widerlegt werden!

Zunächst fällt es auf, dass die NASA die Entdeckung der beiden Forscher nur kleinlaut und unter „ferner liefen", am Rande anderer, nichtssagender Meldungen, und auch nur als „Link" (als Weiterschaltung zu einer anderen Homepage) veröffentlicht hat. Man darf nicht vergessen, dass die amerikanische Bevölkerung den NASA-Aussagen wesentlich skeptischer gegenüber steht als die europäische. So glaubt nicht nur heute *jeder fünfte* Amerikaner, dass die APOLLO-Mondflüge ein einziger großer Bluff waren. Da wäre doch eine Entdeckung wie diese eine einmalige Gelegenheit, die Werbetrommel für APOLLO zu rühren!

Warum sehen eigentlich so viele Menschen die APOLLO-Mondflüge so skeptisch? Gesetzt den Fall, sie hätten tatsächlich in der vorgegebenen Form stattgefunden, dann wäre es durchaus verzeihlich, wenn der NASA hier oder dort eine Panne unterlaufen wäre, die Widersprüche erzeugen könnte. Doch bei den APOLLO-Missionen häufen sich die Widersprüche in solch gigantische Höhen, dass das ganze APOLLO-Programm damit unglaubwürdig geworden ist. Es gibt kaum eine NASA-Aussage dazu, die nicht relativ einfach widerlegbar ist.

Zwei Wissenschaftler haben sich also nun Bilder der Mondsonde CLEMENTINE vorgenommen und analysiert. Doch schauen Sie sich das veröffentlichte Bild in Ruhe an: Können Sie hierin etwa Überreste einer Landefähre erkennen? Ich nicht.

Es stimmt schon nachdenklich, dass die von den genannten Forschern entdeckte „Anomalie" einen Radius von 50 mal 150 Meter (!) um den postulierten Landeplatz von APOLLO 15 haben soll. Durch was, bitte sehr, soll eine solch großflächige „Anomalie" hervorgerufen worden sein (sofern sie von einer Landung stammt)? Etwa durch das Landetriebwerk der Fähre, wie die Forscher meinen? Dann

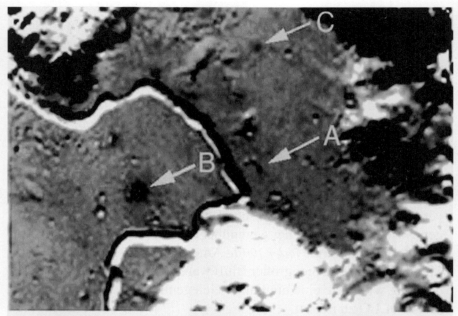

Map of the photometric anomalies around the Apollo 15 landing site. Images taken by the Clementine spacecraft have resulted in spotting disturbed lunar terrain around the touchdown zone.

Arrow A points to a diffuse dark spot exactly at the locale of the lunar module, Falcon, believed created by the craft's engine blast.

Arrows B and C point to other dark spots that are photmetric anomalies related to small fresh craters.

Die angeblichen Überreste der APOLLO 15-Mission auf der Mondoberfläche. Können Sie in diesen Flecken die Überreste einer Landefähre erkennen? Pfeil A zeigt einen diffusen dunklen Fleck, wo die Landefähre „Falcon" gelandet sein soll. Der Fleck soll vom Raketentriebwerk stammen. Pfeile B und C zeigen auf weitere dunkle Flecken, die sogenannte Anomalien darstellen.

haben sie es leider versäumt, sich die APOLLO-Fotos vom Landeplatz mit der Fähre anzusehen. Denn darauf erkennt man unschwer, dass überhaupt kein Staub, geschweige denn größere Gesteinsbrocken, durch das Triebwerk weggeblasen worden sind. Die Forscher gingen wohl von „normalen" Umständen aus und von den Angaben der NASA, dass das Landetriebwerk der Fähre die Ausmaße eines Mittelstrecken-Raketenmotors hatte, um das Gewicht der Fähre abbremsen zu können. Eine „Anomalie", ein durch das Triebwerk freigeblasener Platz (der dann eventuell farblich von der Umgegend absticht), müsste tatsächlich vorhanden sein, wenn die Fähre wirklich mit ihrem Raketentriebwerk gelandet wäre. Die APOLLO 15-

Die Mondlandefähre „FALCON" (links), daneben die beiden Astronauten Scott und Irwin mit dem „Mondrover". Woher kommt eigentlich all der Staub, wenn er durch das Landetriebwerk weggeblasen wurde?

Fotos zeigen jedoch, dass absolut nichts weggeblasen wurde! Aufgrund dieser Fotos *kann* also gar keine „Anomalie" durch die „Landung" entstanden sein. Wenn dieses aussageschwache CLEMENTINE-Foto der Beleg dafür sein soll, dass tatsächlich US-Astronauten auf dem Mond gelandet sind, dann wird es verständlich, dass die NASA es nur am Rande erwähnt.

Der Schlusssatz *„Unglücklicherweise erlauben die CLEMENTINE-Daten keine genaueren Studien der anderen Landeplätze"* spricht für sich. CLEMENTINE hat *„über eine Million Fotos"* (NASA) von der Mondoberfläche gemacht. Dazu hatte die Sonde eine Kamera an Bord, die hochauflösende Fotos machen konnte, eine Kamera, wie sie sonst nur in Spionagesatelliten eingesetzt wird. Wie gut sind die CLEMENTINE-Fotos eigentlich wirklich, wenn am „APOLLO 15-Landeplatz" keine Details erkennbar sind?

Crater Copernicus • The Moon
Hubble Space Telescope • WFPC2

PRC99-14 • STScI OPO • J. Caldwell (York University), A. Storrs (STScI) and NASA

Dass die NASA - entgegen ihrer Aussage, die Mondoberfläche sei zu hell für das empfindliche „Hubble"-Teleskop - es tatsächlich auf den Mond gerichtet und Fotos gemacht hat, beweist dieses Bild des Kopernikus-Kraters.

Ich bin der Meinung, dass es sich bei den undeutlichen Flecken auf der Mondoberfläche keinesfalls um Relikte der APOLLO-Flüge handelt, sondern bestenfalls um Einschlagkrater.

Wenn der NASA wirklich daran gelegen wäre, die *„absurden Vermutungen, die APOLLO-Mondlandungen wären ein Betrug gewesen"* zu widerlegen, und wenn sie es könnte (!), dann würde sie (nur) eines ihrer zahlreichen Teleskope auf den Mond richten und der Weltöffentlichkeit zeigen: „Hier sind die Überreste der Landefähren!". Nach NASA-Angaben kann das „Hubble"-Superteleskop jedoch angeblich den Mond nicht fotografieren, weil seine Oberfläche zu hell sei... Doch das ist eine weitere Lüge der NASA-Märchenerzähler, denn es gibt tatsächlich „Hubble"-Fotos vom Mond (siehe Abb.), die sogar eine wesentlich bessere Qualität als die meisten CLEMENTINE-Fotos zeigen!

256

Bill Kaysing, einer der ersten Aufklärer der Mondfälschungsaktion der NASA, trat Anfang 2001 im US-Fernsehsender Fox auf, wobei er u.a. aussagte, die APOLLO-Filmaufnahmen seien in der Nevada-Wüste gedreht worden. Dazu muss man wissen, dass Kaysing nicht irgendein Wichtigtuer, sondern ein ehemaliger NASA-Ingenieur ist.

Kaysing erklärte in der genannten Sendung u.a., die Fotos vom Mond würden keine Sterne zeigen (hätte er sich nur mal stichhaltigere Gründe ausgesucht!). Die flatternde US-Flagge erwähnte er ebenfalls. Außerdem gebe es Fotos von der „Mondoberfläche" mal mit und mal ohne Raumfähre.

Die NASA hatte prompt auf die Fernsehsendung reagiert und behauptet, die Sterne auf den Mondaufnahmen seien deshalb unsichtbar, weil die Helligkeit der Mondoberfläche und der Raumanzüge alles überstrahlt habe. Ich frage mich, warum bei diesem Thema immer „um die Wurst" herum geredet wird? Dass die „Mondoberflächenhelligkeit" alles überstrahlt haben soll, ist ausgemachter Unsinn! Wenn es wirklich so wäre, dürften auf vielen Fotos keinerlei Details erkennbar sein. Die APOLLO-Fotos beweisen jedoch das Gegenteil: mehrere APOLLO-Missionen sind überdies bei fast völliger Dunkelheit durchgeführt worden, wie die Fotos ebenfalls zeigen. Ich stelle in diesem Buch eine ganze Reihe diesbezüglicher Fotos vor. Es kann also gar keine „Überstrahlung" gegeben haben! Der einfache Grund dafür, dass keine Sterne erkennbar sind (sofern die Fotos nicht in einer Halle aufgenommen wurden!), ist ganz simpel: sie strahlen zu schwach (das habe ich vorn schon detailliert dargelegt)! Die Astronauten hätten eine Kamera auf einem Stativ aufstellen und eine Langzeit-Aufnahme machen müssen.

Landschaft mal mit und ohne Fähre?

Ein interessanter Gesichtspunkt, auf den ich bisher mit Vorbehalt reagiert habe, war die Behauptung, dass es identische APOLLO-Fotos gibt, welche dieselbe Landschaft einmal mit und einmal ohne Landefähre zeigt. Dazu erklärte die NASA, sie seien einfach von verschiedenen Standpunkten aus aufgenommen worden... So einfach kann man es sich mit Erklärungen machen!

Zweimal dieselbe Landschaft? Einmal mit und einmal ohne APOLLO 17-Fähre. Behauptungen, diese Landschaften seien vor und nach der „Landung" fotografiert worden, seien nach THE ENTERPRISE MISSION unsinnig, weil der Fotografierstandpunkt einmal näher und einmal weiter weg von den Bergen gewesen sei. Meiner Meinung nach lenken solche Diskussionen nur von offensichtlicheren Widersprüchen ab.
(THE ENTERPRISE MISSION,www.enterprisemission.com)

Prompt sprang auch Richard C. Hoaglands „Enterprise-Mission" „auf den Zug" auf. Hoagland, bekannter Bestseller-Autor sowie eifriger NASA-Kritiker und Verfechter der Mars-Anomalien, wurde mit seiner „Enterprise-Mission" (www.enterprisemission.com) eigentlich eher dafür bekannt, aus von der NASA veröffentlichten Marsfotos Details zu erkennen, die er bis ins Unsinnige interpretiert. Auf dieser Internetseite sind sehr viele Beiträge (in englisch) veröffentlicht, die sich sehr kritisch mit Mars-Anomalien (Marsgesicht, „City" u.a.m.) sowie verschiedenen Mond-Anomalien beschäftigt.

Um so befremdender wirkt auf mich der Pro-NASA-Beitrag, der von Mike Bara, Steve Troy und Richard C. Hoagland gemeinsam unter dem Titel „Who Mourns For Apollo? - Or - Was It Really Only a Paper Moon?" veröffentlicht wurde, denn hier wird der NASA derart „in den Hintern gekrochen", dass es schon fast peinlich ist. Man hat geradezu das Gefühl, eine Werbeseite der NASA zu lesen. Lang und breit lassen sich die Autoren u.a. darüber aus, wie es möglich ist, dass die selbe Landschaft einmal mit und einmal ohne Fähre

258

Die Überblendung zweier Fotos von APOLLO 17, die exakt dieselbe Landschaft zeigen. Nur fehlt auf dem linken Bild die Landefähre. Sie ist in dem einkopierten Bild durch den Kreis markiert. Links die Landschaft ohne die Fähre („What happened on the Moon?")

Übereinstimmende Details an den Berghintergründen bei APOLLO 17 (Pfeile). Die Fähre fehlt. („What happened on the Moon?").Bei diesem Bildvergleich könnte das linke Bild wirklich wesentlich näher aufgenommen worden sein als das rechte.

zu sehen ist. Nach ihren Ausführungen, die exakt denen der NASA entsprechen, wurde nur der Fotografierstandpunkt gewechselt. So einfach kann man es sich jedoch nicht machen. Mir liegt ein Video vor: *„What Happened on the Moon? An investigation into Apollo. Did NASA fake the Apollo Record?"* (Aulis-Publishers 2000; www.aulis.com). Hierbei handelt es sich um zwei Cassetten mit rund vier (!) Stunden Beweismaterial und Videofilmen, die eindrücklich belegen, dass die Mondlandungen gefälscht sind. Die Dokumentation stammt von dem exzellenten APOLLO-Kritiker und Autor des Buches „Dark Moon", David S. Percy. Und hier belegt Percy exakt, dass es tatsächlich Fotos mit und ohne Fähre gibt. Zunächst zeigt er die Landschaft und weist auf markante Details hin. Dann blendet er zwei Fotos mit und ohne Fähre übereinander, und nun kann man erkennen, dass der Fotograf tatsächlich keinesfalls zur Seite ausgewichen ist. Die Fähre ist einmal da und einmal nicht! Wohin sollte er auch ausweichen? Zur Seite? Davon verschwindet keine Fähre.

Die Sache mit den Landschaftsaufnahmen mal mit, mal ohne Fähre wurde auch in der SPIEGEL-TV-Sendung am 27.07.01 aufgegriffen, wobei man bei einem Fernsehsender natürlich ganz andere Möglichkeiten der Bilduntersuchungen besitzt als ein Einzelner. Und so

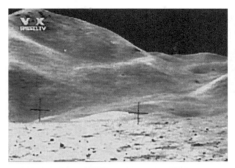 

Oben links: Die Landschaft ohne Fäh-
re, rechts dieselbe mit Fähre.

Linkes Bild: die Übereinanderblendung
beider Szenen (erkennbar an den unter-
schiedlichen Richtungen der Markie-
rungskreuze) zeigt die Identität (SPIE-
GEL-TV)

Oben links und rechts: zwei Astronau-
tenszenen, die laut NASA-Angaben ei-
nen Tag und vier Kilomater auseinander
liegen. Das Gelände ist jedoch bis auf
die kleinsten Steinchen identisch, wie
eine Übereinanderblendung (links) zeigt
(SPIEGEL-TV)

261

Hat die Tageszeit gewechselt, obwohl ein Mondtag rund vierzehn Erdtage lang dauert? Wie ist es erklärbar, dass verschiedene Hintergrundberge einmal im „Sonnenlicht" und einmal im „Schatten" liegen?

zeigten sie gleich mehrere Szenen, die mal mit, mal ohne Fähren existieren. Durch Überblendung konnte jeder sehen, dass die Bilder identisch sind.

Interessant war auch der Vergleich zwischen zwei Szenen, in denen Astronauten auf einem Hanggelände agieren, das einschließlich

262

der kleineren Felsbrocken völlig identisch ist mit dem auf einem Filmstreifen, der nach NASA-Angaben am Folgetag angeblich vier Kilometer entfernt aufgenommen wurde.

Was mir beim Betrachten der Fotos von APOLLO 17 weiterhin aufgefallen ist: erstaunlicherweise muss wohl die Tageszeit gewechselt haben, obwohl ein Mondtag rund vierzehn Erdtage lang dauert, wie jeder weiß. Wie ist es sonst zu erklären, dass verschiedene Hintergrundberge einmal im „Sonnenlicht" und einmal im „Schatten" liegen?

Der „Mondrover"

Die APOLLO 15, 16 und 17-Missionen hatten ein eigens für den Einsatz „auf dem Mond" konstruiertes Gefährt dabei, das „Lunar Roving Vehicle" (LRV), genannt „Rover", um den Astronauten einen größeren Aktionsspielraum gewährleisten zu können.

Dieses zwölf Millionen Dollar teure Fahrzeug wurde von der *Boeing Company* und dem *NASA Marshall Space Flight Center* entwickelt. Es war etwa drei Meter lang und etwa 1,30 Meter hoch. Es hatte einen Radstand von 2,30 Meter und eine Spurweite von etwa 1,80 Meter. Die Räder hatten einen Durchmesser von etwa achtzig Zentimetern und bestanden aus einem speziellen Geflecht aus Klaviersaiten, die nach NASA-Angaben von der Elastizität her am besten für diesen Zweck geeignet gewesen seien. So kann man bei Nahaufnahmen oft durch die Räder hindurchsehen, allerdings nicht immer! Es gibt auch „Rover"-Bilder mit „ganz normalen" Gummireifen mit Reifenprofil. Haben die Astronauten „auf dem Mond" etwa die Reifen gewechselt?

Jedes Rad wurde durch einen eigenen Elektromotor mit einer Leistung von einem Viertel PS angetrieben. Die Höchstgeschwindigkeit des „Rover" wurde mit etwa siebzehn Kilometern pro Stunde, die Dauergeschwindigkeit mit etwa zehn bis zwölf Kilometern pro Stunde angegeben. Das Gewicht des „Rover" betrug etwas über 209 kg auf der Erde, auf dem „Mond" soll es bei etwa 32 kg gelegen haben (NASA-Angaben).

Verfolgte man die Aktivitäten der Astronauten, so fällt es auf, dass sie sich teilweise einen Spaß daraus machten, reinste Rallyes und enge Kurven zu fahren sowie Vollbremsungen zu machen. Da-

264

bei traten offensichtlich niemals Stabilitätsprobleme auf. Die Fahrzeuge verhielten sich fahrtechnisch wie in einer irdischen Wüsten-
region oder - wie in einer sandgefüllten Halle.

Vergleicht man „Rover"-Fahrten zu Trainingszwecken auf der
Erde mit den „Mondfahrten", so sind in den Fahrleistungen und dem
Verhalten des Fahrzeuges kein Unterschied zu erkennen!

Der hochgewirbelte Staub

Wie jeder auf den NASA-Filmen sehen konnte, wirbelten die Räder des „Rover" größere Mengen Staub empor. Bei APOLLO 17
brach ein Stück eines Kotflügels des „Rover" ab und musste notdürftig repariert werden, weil die emporgeschleuderten Staubmen-
gen so groß waren, dass sie für die Astronauten hinderlich wurden
(auf den reparierten Kotflügel kommen wir noch zu sprechen).

Der Staub verhielt sich nicht etwa so, wie er sich unter einem
Sechstel Schwerkraft verhalten müsste: er fiel genauso schnell wie-

Hüpfender „Rover" (APOLLO 15)

der zu Boden wie auf der Erde. Und das trotz des Zeitlupeneffekts! Wobei wiederum zu erwähnen ist, dass es nach den physikalischen Gesetzen keinen offenen Staub unter Vakuumbedingungen geben kann, weil er dort zu einer glasharten Masse zusammenbackt (Vielleicht hätte die NASA dem Staub vorher sagen müssen, wie er sich zu verhalten hat?).

Die fehlende Haftreibung

Die Fahrkunststücke der Astronauten widersprechen den NASA-Aussagen, sie hätten auf dem Mond unter nur einem Sechstel Erd-

266

NASA-Zeichnung von der Entladung des Rovers: zum Transport war er seitlich an die Landefähre angeflanscht - ohne Stabilitätsprobleme bei der Steuerung zu erzeugen!

schwerkraft stattgefunden. Wenn der „Rover" wirklich nur 32 kg gewogen haben soll, hätten die Astronauten bei ihren Fahrten größte Probleme mit ihm haben müssen! Das fängt damit an, dass die Räder beim Anfahren hätten durchdrehen müssen - wegen des fehlenden Haftreibungswiderstandes. Die Astronauten hätten mit ihm gar keine engen Kurvenfahrten - wie gezeigt - machen können, denn der „Rover" hätte sich verhalten müssen wie ein irdisches Auto auf Glatteis. Er hätte mit eingeschlagenen Rädern gradeaus rutschen müssen - wegen des fehlenden Haftreibungswiderstandes. Ebenso verhält es sich mit den „Vollbremsungen". Auch hier hätte der „Rover" mit blockierenden Rädern weiterrutschen müssen - wegen des fehlenden Haftreibungswiderstandes. Der Bremsweg hätte enorm lang sein müssen.

Die Räder des „Rover" (hier: APOLLO 16) wirbelten bei den Fahrten „auf der Mondoberfläche" nicht wenig Staub auf. Hat denn niemand bemerkt, dass das im Vakuum nicht möglich ist? Wo sind die protestierenden Wissenschaftler?

Nochmal Staubwolken bei einer Roverfahrt (APOLLO 16)

Denn: fehlt das Gewicht, so verringert sich die Haftreibung. Die Masse hingegen bleibt dieselbe. Doch auch der „Rover" kannte wohl die physikalischen Gesetze nicht...

Der „Rover" fuhr nicht auf dem Mond!

Ich komme zu dem Ergebnis, dass aufgrund der Filmaufnahmen die „Fahrten" des „Mondrovers" auf der Erde gefilmt worden sein müssen. Und noch mehr: Mit einiger Wahrscheinlichkeit handelt es sich bei allen „Mondmissionen" um denselben „Rover"! (Oder können Sie irgendwelche Unterschiede an den „Rovern" der einzelnen Missionen feststellen?)

Apropos Hallenshow: Betrachten Sie doch einmal die beiden Bilder auf der nächsten Seite genauer. Das obere stammt von APOLLO 15 und zeigt Fahrspuren des Rover. Welche Spuren zeigt wohl das untere Bild (von APOLLO 16)? Roverspuren sehen anders aus (siehe oberes Bild). Doch andere Fahrzeuge waren bei APOLLO 16 nicht dabei...

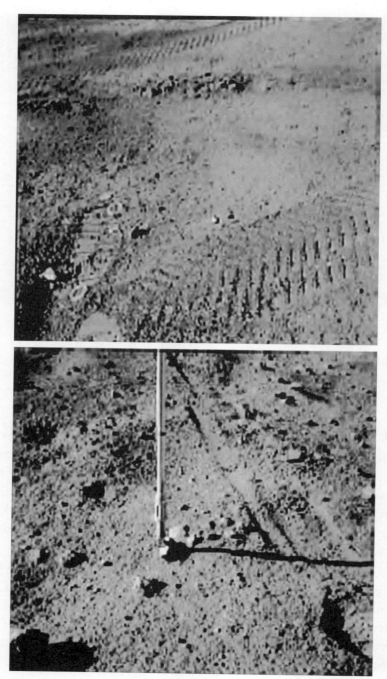

Die fehlende Zeitverzögerung im Funkverkehr

Der Mond ist rund 400.000 Kilometer von der Erde entfernt. Das heißt: ein Lichtstrahl benötigt etwa eineinhalb Sekunden, um diese Entfernung zurückzulegen. Die im Funkverkehr verwendeten Wellen sind elektromagnetische Wellen wie das Licht und bewegen sich demgemäß genauso schnell, aber *keinesfalls* schneller. Das heißt: Ein Funkspruch von der Erde zum Mond benötigt mindestens eineinhalb Sekunden, um dort anzukommen (und natürlich auch in umgekehrter Richtung). In der Praxis dürfte diese Verzögerung - beispielsweise bedingt durch die technische Umleitung des Funkverkehrs über verschiedene Relaisstationen - bis zu drei Sekunden oder länger betragen haben. Man denke daran, welche hör- und sichtbare Zeitverzögerung bei TV-Nachrichten zwischen Fragendem (Nachrichtenmoderator) und Antwortendem (Reporter vor Ort) entstehen, wenn eine Live-Verbindung zu einem Korrespondenten in (etwa) Amerika geschaltet wird.

Zu der technisch bedingten Verzögerung kommt noch die Zeit, die der Empfänger benötigt, um die übermittelte Botschaft aufzunehmen, zu verstehen, bevor er entsprechend reagieren oder antworten kann.

Doch die APOLLO-Astronauten, die „auf dem Mond" ein Vielfaches der Entfernung Deutschland - Amerika von der Erde entfernt waren, unterhielten sich mit dem Kontrollzentrum in Houston/Texas per Funk, als ob sie im Studio nebenan gesessen hätten. Egal, welchen Funkverkehr von welcher APOLLO-Mission man sich anhört, ob von der „ersten Landung auf dem Mond" oder der „Rück-startphase" von APOLLO 17: Es gab nicht nur keine Nebengeräu-sche durch arbeitende Raketentriebwerke, sondern auch keine hör-baren zeitlichen Verzögerungen zwischen Fragen und Antworten. Die Unterhaltungen zwischen den Astronauten und Houston hörten sich an, als ob sie sich im Gespräch gegenüber gesessen hätten. Und das ist völlig unmöglich! Warum ist das Fehlen der Funkverkehr-Verzögerung zwischen Houston und „dem Mond" bisher noch nie-mandem aufgefallen?

Ganz anders war es beispielsweise bei den NASA-Marsmissio-nen. Der Planet Mars ist etwa zwanzig Lichtminuten von der Erde entfernt, und ebenso lange braucht ein Funksignal dorthin. Deshalb waren die Bordcomputer der Marssonden so programmiert, dass sie eigenständig „entscheiden" konnten, was zu tun war. Das war schon bei den VIKING-Sonden der Siebzigerjahre so. Landungen und Fahr-ten (etwa des „Marsmobils" SOJOURNER bei der PATHFINDER-Mission) geschahen ohne direkte irdische Kommandos, nur durch eine Vorprogrammierung, da irdisches Eingreifen in einem Gefah-renfall auf jeden Fall zu spät gekommen wäre.

Stahlen-, hitze- und kältefestes Plastikmaterial?

Die gewaltigen Temperaturunterschiede betragen auf dem Mond zwischen +130° und -180° C. Dabei stellte sich mir die Frage, welches Plastikmaterial wohl bei den APOLLO-Missionen verwendet wurde, das solche Temperaturschwankungen aushält, insbesondere die Plastikschilde der Raumanzughelme oder die Plastik-Kotflügel der „Mondrover". Wie schon erwähnt, brach bei der APOLLO 17-Mission ein Teil des rechten hinteren „Rover"-Kotflügels ab, woraufhin ihn die Astronauten mittels Klebeband und einer Mondkarte notdürftig reparierten, weil bei den Fahrten zu viel Staub (!) aufgewirbelt wurde. Ich kenne bis heute kein Klebeband, das solche Temperaturunterschiede aushält, wie sie auf dem Mond herrschen.

Abgesehen davon, dass die zweckentfremdete Mondkarte ebenfalls in einer Plastikhülle steckte, frage ich mich, wie viele andere Plastikteile noch den Temperaturunterschieden der Mondoberfläche ausgesetzt waren. Beispielsweise kamen auch bei der Befestigung der US-Flagge an der Fähre Klebeband zum Einsatz. Auch diese Flagge steckt ganz offensichtlich in einer Plastikfolie und ist lieblos mit Klebestreifen befestigt worden. Nun weiß jeder, dass Plastikfolien bei gewissen Minustemperaturen ausgesprochen spröde reagieren.

Fotos nächste Seite:
Der mit einer Mondkarte notdürftig reparierte abgebrochene Kotflügel des Mondrovers von APOLLO 17

273

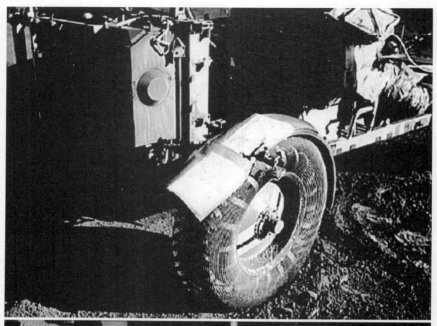

Die US-Flagge an der Landefähre von APOLLO 17 - lieblos mit Klebestreifen befestigt! Wer soll hier eigentlich glauben, dass es sich dabei um ein Weltraumfahrzeug handelt, das auf einem fremden Himmelskörper gelandet ist? Und beachten Sie die merkwürdigen Reflexionen im oberen Bildbereich...

Genauso verhält es sich mit den Plastikhelmen der Astronauten, die anscheinend resistent gegen starke Temperaturschwankungen waren. Aus der Luftfahrt ist bekannt, dass Flugzeuge nur bis in bestimmte Höhen fliegen dürfen, weil es sonst Temperaturprobleme (!) mit den Flugzeugscheiben gibt, die keine größeren Temperaturschwankungen verkraften und zerspringen können (Aussage eines Verkehrspiloten).

Tatsache ist, dass bisher kein Plastikmaterial bekannt ist, das solche Temperaturunterschiede wie die auf der Mondoberfläche schadlos verkraften würde. Andernfalls würde es schon längst beispielsweise im Flugzeugbau eingesetzt. Zumindest im militärischen Bereich würden diese Materialien doch eingesetzt werden, um für Militärjets größere Flughöhen zu ermöglichen. Da das jedoch auch dreißig Jahre nach APOLLO nicht der Fall ist, bleibt nur die Feststellung, dass die Bilder und Filme von den APOLLO-Missionen aufgrund der verwendeten Materialien niemals auf dem Mond aufgenommen sein können. Zu viel spricht dagegen.

Wie hat die NASA eigentlich die mitgeführten elektronischen Geräte wirkungsvoll gegen die Temperaturunterschiede abgeschirmt? Hierzu fällt mir auch der „Marsrover" SOJOURNER ein, der munter auf der Marsoberfläche um die gelandete Sonde PATHFINDER gerollt ist, und dessen Datendisplay eine Modem-Temperatur von +34,9 Grad Celsius anzeigte, obwohl die Außentemperatur bei rund -80 Grad lag und der Marsrover ganz offensichtlich keinerlei Kälteabschirmung besaß. Auch hierzu äußerte die NASA, die gemessenen Innentemperaturen seien ein Beweis für die gute Abschirmung. War die Abschirmung des SOJOURNER etwa unsichtbar? Doch die Widersprüche und Manipulationen um den Mars sind ein Thema für sich.

Der mysteriöse SURVEYOR

Die Astronauten von APOLLO 12 landeten (angeblich) in der Nähe der seinerzeit auf dem Mond weich gelandeten Sonde SURVEYOR 3. Bei einem Besuch dieser Sonde sollten sie feststellen, wie sich das Material über mehrere Jahre unter Weltraumbedingungen erhalten hatte, Teile der Sonde ausbauen und mit zur Erde zurückbringen.

Betrachtet man sich das Bild der einsam in der „Mondwüste" stehenden, etwa zweieinhalb Meter durchmessenden Sonde (siehe nächste Seite), so müssen Zweifel aufkommen, wie es die APOLLO 12-Astronauten fertiggebracht haben, so dicht bei der Sonde zu landen, zumal der genaue Landeplatz nur ungefähr bekannt war. Bei einer optischen Orientierung aus größerer Höhe während des Landeanfluges dürfte die Sonde in ihrem Umfeld kaum erkennbar gewesen sein.

Die NASA hat auch hiervon Bilder veröffentlicht, doch offensichtlich sind diese ebenfalls in einer Halle nachgestellt worden, denn die Fotos des SURVEYOR sowie des „Besuches" eines Astronauten bei der Sonde sind aus einer überhöhten Perspektive aufgenommen. Die Astronauten hatten jedoch keine Kamerastative dabei, um aus einer solchen Perspektive fotografieren zu können. Wir erinnern uns: alle APOLLO-Astronauten trugen ihre Kameras in einer festen Brusthalterung am Raumanzug.

Die Mondsonde SURVEYOR 3 steht überdies - glaubt man den Filmaufnahmen der Landesequenz - auf einer völlig ebenen Fläche am Rande eines flachen Kraters. Kein Hügel oder größerer Felsen ist in der Nähe, von dem aus überhöhte Aufnahmen gemacht worden sein konnten. Außerdem steht die Mondsonde auf den einen Bildern schräg, auf anderen jedoch gerade. Wer hat die Fotos der Mondsonde gemacht? Und wie wurden sie gemacht?

So stand SURVEYOR 3 „auf der Mondoberfläche" am Rand eines „Kraters".

Links: APOLLO 12-Astronaut Alan Bean neben SURVEYOR 3. Rechts: Pete Conrad bei SURVEYOR 3. Im Hintergrund jeweils die „gelandete" Mondlandefähre von APOLLO 12.

Glaubt man den Bildern mit der SURVEYOR-Sonde und der Mondlandefähre am Horizont, so scheint zwischen beiden Objekten eine beachtliche Entfernung zu liegen. Doch dieser Schein trügt, denn das letzte Bild (nächste Seite) zeigt, dass auch hier manipuliert wurde: am rechten Bildrand ist eines der LM-Landebeine zu sehen!

278

Die unbemannte Mondsonde SURVEYOR 3, wie sie auf der Mondoberfläche stehen soll. Oben, linkes Bild, und Mitte, linkes Bild: am Horizont die Landefähre.

Links: Nahaufnahme der Sonde; rechts: die Sonde wurde in Wirklichkeit unmittelbar neben die Landefähre gestellt!

279

Die Mondsonde SURVEYOR 3 „bei der Montage". Bitte beachten Sie den Boden und den Hintergrund! Dieses Bild zeigt, wie die Sonde in der Halle mit der nachgebildeten Mondoberfläche aufgestellt wurde, wo sie dann von den APOLLO-Astronauten „gefunden" werden sollte.

Wurden für die „Mondfotos"
Weitwinkelobjektive verwendet?

Wie ist es erklärbar, dass die SURVEYOR-Sonde auf den meisten Fotos so weit weg von der Mondfähre zu stehen scheint, aber auf einem anderen Bild unmittelbar daneben? Wenn hier Studiomanipulation zum Einsatz kam, glaube ich nicht, dass man für Fotos den Standort der Sonde mehrmals verändert hat.

Es könnte jedoch möglich sein, dass die Astronauten für Landschaftsaufnahmen für ihre Kameras extreme Weitwinkel-Objektive benutzten, wie es von der NASA angegeben wurde. Dies könnte auch die scheinbare Weite der Landschaften bei APOLLO 15 bis 17 erklären. Weiterhin würden sich damit auch einige der Fotos mit verschiedenen Schattenrichtungen erklären lassen. Allerdings werden durch ein extremes Weitwinkelobjektiv aufgenommenen Objekte - wie jeder weiß, der schon einmal mit solchen Objektiven gearbeitet hat - am linken und rechten Bildrand mehr oder weniger stark verzerrt. Und das sind sie nicht.

Zwei verschiedene Schattenrichtungen: wurden sie durch eine Zusatzbeleuchtung oder durch ein extremes Weitwinkelobjektiv hervorgerufen? (APOLLO 15) Bei einem extremen Weitwinkelobjektiv müssten jedoch auch die aufgenommenen Objekte am linken und rechten Bildrand verzerrt sein!

So fälscht man eine Mondlandung

Wie ein Flug zum Mond, einschließlich Landung, Ausstieg der Astronauten usw. eindrucksvoll gefälscht werden kann, das zeigt der unbedingt sehenswerte Science-Fiction-Film „Unternehmen Capricorn", der im Fernsehen immer wieder einmal wiederholt wird:

In diesem Film geht es zwar in der Handlung um einen von der NASA gefälschten Flug zum Mars, doch hat der Regisseur nicht etwa (zum Zeitpunkt der Dreharbeiten durchaus schon vorhanden gewesene) NASA-Pläne und Modelle für zukünftige Marsmissionen verwendet, die er dann logischerweise hätte nehmen müssen, sondern bezeichnenderweise eine Saturn 5-Rakete, APOLLO-Raumschiffe und eine Mondlandefähre! Man fragt sich, ob der Regisseur mit seinem Werk vielleicht eine

Fanden die „Mondaufnahmen" nur in einer Halle statt, wie hier bei den Trainingsaufnahmen mit den APOLLO 11-Astronauten? Man beachte die Deckenkonstruktion (Pfeil) und vergleiche sie mit den „Reflexen" auf verschiedenen „Mondfotos".

Szene aus „Unternehmen Capricorn": Die Kamera fährt zurück, und man sieht, dass sich die ganze Szene in einer Halle abspielt. So ähnlich müssen die „Mondoberflächenaktivitäten" der APOLLO-Astronauten aufgenommen worden sein.

Botschaft vermitteln wollte? Denn ersetzt man in dem Film das Wort „Mars" durch „Mond", dann erhält er eine ganz neue Dimension.

Das hängt jedoch damit zusammen, dass der Film ursprünglich tatsächlich von einer gefälschten Mondlandung handeln sollte, die NASA hierzu jedoch - nach Aussage des Regisseurs - ihr Veto eingelegt habe. Daraufhin änderte man „Mond" in „Mars" um. Die Aussage bleibt jedoch erhalten.

Besonders eindrucksvoll finde ich die kurzen Szenen des Astronauten-Ausstiegs aus der (Mond-) Landefähre, wenn der (Film-) Filmtechniker zum richtigen Zeitpunkt auf Zeitlupe schaltet, um eine niedrigere Gravitation vorzutäuschen. Aber das ist ja nur ein Spielfilm...

Immerhin bewog mich diese Szene seinerzeit dazu, APOLLO-Filmaufnahmen mit dem Videorecorder im schnellen Bildvorlauf zu betrachten. Das Ergebnis war verblüffend: Die Zeitlupenbewegungen der Astronauten waren plötzlich ganz normal! (Das trifft jedoch durchaus nicht auf alle Filmaufnahmen zu!)

Dieses Bild zeigt das NASA-Modell (!) des Kraters Cone. Das Bild sieht aus wie ein „echtes" Mondfoto. Selbst „Bildübertragungsfehler" wurden mit eingebaut.

Ob überhaupt jemals ein APOLLO-Astronaut den Mond betreten hat, oder ob nur das vom Mond mitgebrachte Bildmaterial so schlecht war, dass es durch nachgestellte Bilder „aufgebessert" werden musste, wird sich wohl erst klären lassen, wenn (erneut?) Astronauten auf dem Mond landen. Ich frage mich allerdings, warum die NASA - wenn die Mondlandungen wirklich stattgefunden haben sollten und nachgestellte Fotos eingesetzt wurden -, nicht so ehrlich ist und die offensichtlichen „Nachstellungen" zugibt?

Wie mache ich ein Mondlandschaftsfoto?

Gesetzt den Fall, man hat eine entsprechende irdische Landschaft zur Verfügung, sind gar keine großartigen Retuschierungsarbeiten nötig:

Man nehme das Foto und mache daraus ein Negativbild. Fertig ist die „Mondlandschaft" mitsamt einem schön schwarzen Himmel!

 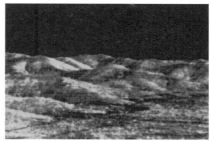

Links: Geheimes NASA-Gelände (Kaysing). Nimmt man einen Bildausschnitt daraus und erzeugt ein Negativ davon (rechts), so erhält man ein Landschaftsbild, das eine verblüffende Ähnlichkeit mit den APOLLO-„Mondlandschaften" hat.

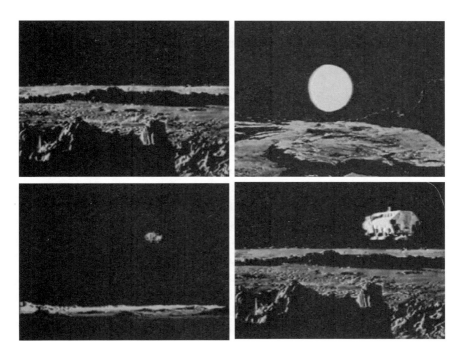

Ist es wirklich so schwer, eine Mondlandschaft zu simulieren? Hier sehen Sie Bilder aus dem Film „2001 - Odyssee im Weltraum", der kurz vor den APOLLO-Missionen in die Kinos kam und die Menschen auf die kommenden „Mondflüge" vorbereiten sollte. Allerdings wurde in diesem Film - im Gegensatz zu den APOLLO-Missionen - die Größe der Erde maßstabsgerecht dargestellt.

Der Fußabdruck „auf dem Mond"

Unter dem Gesichtspunkt einer gefälschten Mondmission sehe ich das seinerzeit aufgetauchte Foto eines Fußabdruckes, das sich unter den APOLLO 17-Fotos befand (1), mit ganz anderen Augen. Ich fand das Bild in einer TV-Zeitung (Tvneu Nr. 26/1993) unter der Überschrift „NASA-Foto beweist: Der Mann im Mond läuft barfuß".

Die Fußspur soll beim Sammeln von Gesteinsproben von den beiden APOLLO 17-Astronauten Eugene Cernan und Harrison H. Schmitt im Mare Serenitatis entdeckt und fotografiert worden sein. Es ist der Abdruck eines nackten Fußes mit einer Fußlänge von 13,5 Zentimetern und einer Breite von vier Zentimetern. Der Eindruck soll 2,7 Zentimeter tief gewesen sein. Trotz eingehender Suche konnte ich dieses Bild unter den Original-Hasselblad-Fotos jedoch nicht ausfindig machen, möglicherweise weil es eine Ausschnittsvergrößerung ist.

Gesetzt den Fall, es wäre eine „echte" Spur auf der Mondoberfläche gewesen, so muss man sich fragen, warum nur ein einziger Fußabdruck fotografiert wurde. Es müsste doch eine fortlaufende Spur gewesen sein! Eine Fußspur auf der Mondoberfläche müsste - auch für die Astronauten - derart sensationell gewesen sein, dass sie auf jeden Fall die Spur verfolgt und eingehender fotografiert und untersucht haben müssten!

Obwohl Prof. *George R. Sakalowskij* von der Cornell-Universität dazu meinte, es handele sich eventuell um eine Spur von Extraterrestriern, die eine derart fortschrittliche Raumfahrt besäßen, dass sie auf Raumanzüge verzichten könnten, bin ich der Meinung, man

286

Der „Fußabdruck auf der Mondoberfläche"

müsste nicht unbedingt futuristische Unmöglichkeiten in den Bereich der Wahrscheinlichkeit holen, um die Spur zufriedenstellend erklären zu können. Die Meinung von Prof. Sakalowskij erscheint mir eher ironischer Natur zu sein.

Wie an anderer Stelle erläutert, gab es in den USA mehrere Trainingshallen mit nachgebauten Mondoberflächen. Darunter auch die NASA-Halle auf Cape Canaveral, die vor einiger Zeit abgerissen wurde und für Touristen eine Attraktion der besonderen Art war, weil sich hier jeder für zehn Dollar in einem Raumanzug „auf dem Mond" fotografieren lassen konnte. Eine einleuchtende Erklärung für die Fußspur wäre für mich, wenn ein Kind - vielleicht mit einer Besuchergruppe - dort durch den „Mondstaub" gelaufen ist. Als dann die Simulationsaufnahmen für APOLLO 17 begannen, hat man vergessen, alle Besucherspuren zu verwischen, so dass dieser Abdruck peinlicherweise auf einem Foto auftauchte.

Betrachte ich mir das Bild jedoch genauer, so kommen mir Zweifel an seiner Echtheit: Die Kamera-Markierungskreuze sind zu klein. Wenn die Astronauten eine Fußspur mit ihren Hasselblad-Kameras fotografiert hätten, dann müssten die Markierungskreuze größer sein, es sei denn, die „Spur" wäre metergroß. Und das scheint sie aufgrund des ungebenden Materials nicht zu sein.

James Bond und der Mond

In dem James-Bond-Film „Diamantenfieber" (gedreht um 1971) mit Sean Connery gibt es eine Szene, in der James Bond in eine weitläufige unterirdische Laboranlage eindringt. Es ist die Anlage von *W. Techtronics* in Nevada, die dem US-Government gehört. Im Laufe des Films geriet Bond in der fünften unterirdischen Etage an einen Wissenschaftler, der ihm sagte, dass er sich vor hoher Radioaktivität hüten soll.

Im weiteren Verlauf des Filmes geriet Bond, während er von Sicherheitskräften verfolgt wurde, zufällig in eine Halle, in der eine Mondlandschaft nachgebildet war. Dort standen eine Landefähre, eine US-Flagge und ein „Rover". Zwei „Astronauten" in Raumanzügen vollführten langsam irgendwelche Arbeiten, während Bond durch die Mondlandschaft rannte. Diese Szene hat mit der eigentlichen Handlung des Filmes überhaupt nichts zu tun. Sie steht noch nicht einmal im Original-Buch. Was wollte der Regisseur mit diesem Filmeinschub aussagen?

NASA-Trainingshallen

Da ich im Laufe dieses Buches immer wieder die NASA-Trainingshallen erwähnt habe, möchte ich die bekannten hier einmal auflisten. „Zu Trainingszwecken" gab es in den USA mehrere Hallen, in denen „Mondlandschaften" nachgebildet waren, wobei möglicherweise noch strengst geheime Hallen zusätzlich hinzu kommen:

- Bei der *McDonnel Aircraft Corporation* befand sich ein Trainingssimulator, der schon für die GEMINI-Agena-Andockmanöver verwendet wurde. Diese Einrichtung wurde später in das *Manned*

James Bond in dem Film „Diamantenfieber". Während des Filmes gerät Bond in eine unterirdische Halle, in welcher gerade „Astronauten" in einer nachgestellten Mondlandschaft trainieren.

Satellitenaufnahme der geheimnisumwitterten Anlage Area 51. Wurde hier ein Teil der „Mondaktivitäten" gefilmt?

Spacecraft Center nach Houston verlegt, das in einer Halle eine simulierte Mondlandschaft besaß.

- Die *Ellington Air Force Base* besaßen neben einem Landefähren-Innenraum-Simulator ein dunkles Studio, genannt „Moon Room". Darin befand sich ebenfalls eine Rekonstruktion der Mondoberfläche, wo Astronauten in Raumanzügen trainieren konnten.
- Bei *Flagstone* in Minnesota soll eine weitere, abgeschirmte Halle gestanden haben, in der eine Mondlandschaft simuliert war.
- Und nicht zu vergessen die Halle auf *Cap Canaveral*, in der sich Touristen in Schutzanzügen fotografieren lassen konnten mit der Bildunterschrift „I was on the Moon" (Ich war auf dem Mond).
- Hinzu kamen die zahlreichen Trainingsgelände unter freiem Himmel, in Wüsten- und Berggegenden, bei denen nach Bedarf auf Fotos nur der Himmel geschwärzt werden musste, sofern nicht nachts mit Kunstlicht gefilmt wurde.

Steine vom Mond?

Als letztes Argument für geglückte Mondlandungen könnte man noch anführen, dass die APOLLO-Astronauten doch letztendlich insgesamt 380 kg Gesteinsproben vom Mond mitgebracht hätten (Moore: „Der Mond", S. 17), das sei doch eigentlich Beweis genug für einen Mondaufenthalt. Sie seien der stichhaltigste Beweis für die Mondlandungen, behauptet die NASA. Selbst Laien könnten mit bloßen Augen Unterschiede zu irdischen Steinen erkennen. Ich frage mich jedoch: kennen denn Laien alle irdischen Gesteinssorten?

„Solche Steine können auf der Erde gar nicht künstlich hergestellt werden", sagt die NASA.

Und damit hat sie wieder einmal die Unwahrheit gesagt, denn sie selbst hat damals „echtes Mondgestein" in ihren Labors hergestellt. Doch die normale Bevölkerung weiß das wohl nicht. Dass es echtes Mondgestein gibt, ist unbestritten. Schließlich wurden nicht nur von der NASA, sondern auch von Russland durch automatische Mondsonden größere Mengen Mondgestein zur Erde gebracht. Und dieses Gestein ist es auch, das die NASA als von APOLLO mitgebrachtes Gestein vorzeigt.

Das Mondgestein

Das Gestein, das die APOLLO-Astronauten (angeblich) vom Mond mit zurück zur Erde brachten, verschwand jedoch fast alles ohne Untersuchungen in den Museen in aller Welt. Das Material ist - mit wenigen Ausnahmen - bis heute nicht analysiert worden (Lexikon der Astronomie). Das tatsächlich für Untersuchungen von der

„Mondgestein" von APOLLO 11

NASA freigegebene Gestein stammt offenbar teilweise von unbemannten, auf dem Mond weich gelandeten und zur Erde zurückgekehrten Sonden (auch von russischen!), teilweise wurde es in verschiedenen Labors nach Mustern von „echtem" Mondgestein künstlich hergestellt und dann als „echtes" weitergegeben. Möglicherweise stammt es auch von Funden aus der Antarktis, die im Rahmen des Internationalen Geophysikalischen Jahres 1957 insbesondere von den Amerikanern intensiv untersucht wurde.

Bill Kaysing schreibt in seinem Buch („We never went to the Moon"), dass er 1977 einen Film gesehen habe, in dem die Arbeit des *NASA Ceramics Laboratory* vorgestellt wird. In diesem Film sei gezeigt worden, wie die NASA in diesem Labor ihr eigenes Mondgestein hergestellt hat, aufgrund von Daten, die von den weich auf dem Mond gelandeten Sonden vom Typ SURVEYOR gesendet worden sind. Demgemäß sei es nicht schwierig, verschiedene irdische Gesteinsarten so zu präparieren, dass sie wie Mondgestein aussehen.

292

„Mondgestein" von APOLLO 11

Hierbei ist auch die Universität von London in England zu nennen, die schon Mitte der sechziger Jahre simuliertes Mondgestein hergestellt hat.

Dazu gibt es schon länger die Aussagen der Wissenschaftlerin *Nelly Wason*, die an der *Maine-Universität* arbeitet, wo auch von dem Geologieprofessor *John L. Parker* Mondgestein analysiert wurde. Bei Forschungen in der Atacama-Wüste in Chile fand Nelly Wason Gestein, das in seiner Zusammensetzung merkwürdigerweise genau dem an der Maine-Universität untersuchten Mondgestein entsprach.

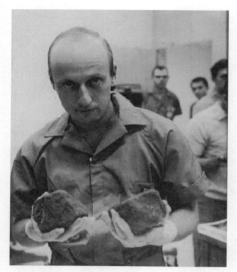

Links: „Mondgestein" von APOLLO 12. Wenn es radioaktiv strahlt: Warum wird es ohne Strahlenschutzanzug untersucht?
Rechts: Bei der Begutachtung von „Mondgestein" von APOLLO 14

APOLLO 14-Astronauten im Labor mit von ihnen gesammeltem „Mondgestein". Man fragt sich, warum hier keine Schutzanzüge getragen wurden? Handelte es sich hierbei jedoch um irdisches Gestein, dann benötigt man natürlich keinen Schutzanzug.

Gesteinsmengen pro APOLLO-Mission

Mission	Astronauten	Gesteinsmenge
APOLLO 9	McDivitt, Scott, Schweickart	0
APOLLO 10	Stafford, Young, Cernan	0
APOLLO 11	Armstrong, Aldrin, Collins	22 kg
APOLLO 12	Bean, Conrad, Gordon	34,4 kg
APOLLO 13	Lovell, Swigert, Haise	0
APOLLO 14	Shepard, Mitchell, Roosa	44 kg
APOLLO 15	Irwin, Scott, Worden	77 kg
APOLLO 16	Duke, Young, Mattigly	98 kg
APOLLO 17	Cernan, Schmitt, Evans	117 kg

Links: „Mondgestein" von APOLLO 15
Rechts: „Mondgestein" von APOLLO 17

Dr. Paul Gast vom *Planetary and Earth Sciences Division* am *Johnson Space Center* stellte fest, dass die Chemie des Felsbrokkens Nr. 12013 von APOLLO 12 sich von allem anderen Mondgestein unterscheide: er enthalte etwa die zehnfache Menge an Uran, Potassium und Thorium, weiterhin zeige er eine weitaus höhere Menge an Radioaktivität.

Und wieso bestehen die chemisch untersuchten Bodenproben aus einem ganz anderen Material als die Gesteinsbrocken? (Childress: „Archäologie im Weltraum", S. 16)

Da der Mond kein oder nur ein extrem schwaches Magnetfeld besitzt, muss man sich auch fragen, wieso das untersuchte Gesteinsmaterial stark magnetisiert war (Childress: „Archäologie im Weltraum", S. 19). Bestand dieses Gestein etwa aus gefälschtem, künstlich hergestelltem „Mondgestein"?

Auch der Astronom *Patrick Moore,* Vizepräsident der *British Astronomical Association*, stellt lapidar fest (Moore: „Der Mond", S. 23):

> *„Auf dem Mond wurden keine völlig neuen Gesteine entdeckt. Alles lunare Material ist aus den auf der Erde bekannten Elementen aufgebaut...".*

Der gefälschte Flug von APOLLO 13

W ie allgemein bekannt, erfolgte beim Flug von APOLLO 13 „zum Mond" auf etwa halber Strecke eine „Explosion", bei der die Zuleitung eines der beiden „Sauerstofftanks" beschädigt wurde. Somit wurde die „Landung auf dem Mond" abgeblasen, und die Raumkapsel „umrundete nur den Mond", um dann wieder zurück zur Erde zu

Das havarierte Servicemodul von APOLLO 13 (Einzelbild aus TV-Film)

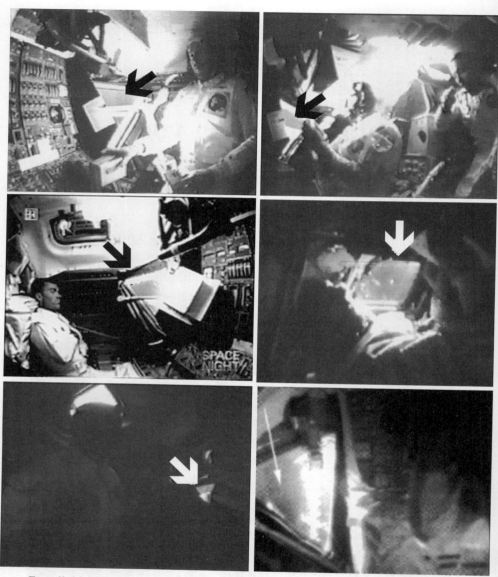

Einzelbilder der Fernsehübertragungen aus der Kommandokapsel von APOL-LO 13 während der „Havarie" zeigen, dass sich APOLLO 13 keinesfalls zwischen Erde und Mond befand, sondern in einer nahen Erdumlaufbahn. Anderenfalls hätten die Sichtluken keinen (im Film) hellblauen Hintergrund, sondern das tiefschwarze All zeigen müssen. Ein hellblauer Hintergrund kann nur entstehen, wenn die (hellblaue) Erdatmosphäre zu sehen ist oder reflektiert, wie es bei den Space-Shuttle-Flügen der Fall ist.

298

fliegen. Bei den Korrekturmanövern in „Mondhöhe" „explodierte"
dann noch ein Heliumtank - vielleicht sollte der Nervenkitzel um
die Astronauten für die Öffentlichkeit noch ein wenig weiter ange-
heizt werden. Das Spektakel wurde 1994 (noch einmal?) verfilmt
und war ein großer Kinoerfolg.

Der Flug von APOLLO 13 war jedoch anscheinend ebenso gefälscht wie die anderen APOLLO-Flüge und dann als filmisches
Meisterwerk für die Weltöffentlichkeit produziert worden .

Was spricht dafür, dass es sich auch hierbei um eine NASA-Fäl-
schung handelt? Eine ganze Reihe von Indizien. Man muss nicht
unbedingt Parallelen suchen zwischen dem Mitte der sechziger Jahre gedrehten „Vorbild-Film" „2001 - Odyssee im Weltraum", aber
sie sind durchaus vorhanden:

- Das Kommandomodul hieß „Odyssee", wie der Filmtitel.

- Als der Sauerstofftank explodierte, lief im Hintergrund der Kapsel die Musik „Also sprach Zarathustra" (Filmmusik von „2001").

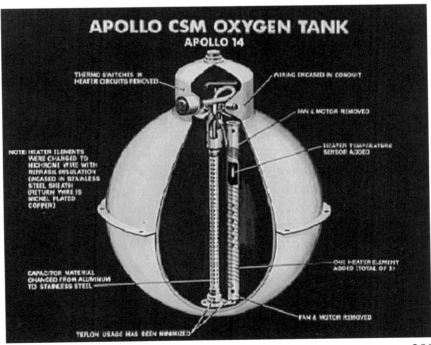

Das havarierte Servicemodul von APOLLO 13 (Einzelbild aus TV-Film)

- Die APOLLO-Astronauten meldeten „Houston, *wir haben ein Problem*", genauso wie der Film-Raumschiffcomputer HAL es meldete.

APOLLO 13 war, im Gegensatz zu APOLLO 11 und 12, mit zwei anstatt mit nur einem Sauerstofftank ausgerüstet. Die Erklärung dafür lautete, dass mehr Sauerstoff benötigt werde, um zwei Ausstiege auf die Mondoberfläche zu ermöglichen. Doch schon bei APOLLO 12 wurden zwei Ausstiege vorgenommen, ohne dass der Sauerstoff knapp wurde. Wenn nun also bei APOLLO 13 einer dieser beiden Tanks durch eine Explosion beschädigt wurde, wäre die Ausstattung immer noch wie bei den vorherigen Flügen gewesen. Es hätte zu keiner Zeit eine Sauerstoffknappheit bestanden, und es bestand demgemäß kein Grund, die geplante Mondlandung abzusagen, zumal - wie die erfolgreichen Manöver bewiesen - das Raumschiff voll steuerbar war und keine Beeinträchtigungen vorlagen. Noch mehr: wenn wirklich ein *Sauerstofftank* durch eine Explosion beschädigt worden wäre, dann wäre der gesamte Tank explodiert und hätte das ganze Raumfahrzeug zerstören müssen, wobei die Astronauten getötet worden wären. Also war durch die „Explosion" offenbar gar kein Sauerstofftank betroffen. Die angebliche Explosion war nur Show.

Wieso war eigentlich für APOLLO 13 und 14 derselbe „Mondlandeplatz" im Fra-Mauro-Gebiet vorgesehen gewesen? War das etwa eine „Ahnung" der Projektleitung, oder wusste man von Anfang an, dass APOLLO 13 gar nicht „landen" sollte? Im Nachhinein hieß es zwar, APOLLO 14 sei nur aus dem Grund dort gelandet, weil APOLLO 13 durch den bedauerlichen „Unfall" ausgefallen sei, doch die einzelnen APOLLO-Landegebiete waren schon zu Beginn der APOLLO-Flüge festgelegt worden!

Hinzu kam: Zum Zeitpunkt des Fluges von APOLLO 13 lag das anvisierte Fra-Mauro-Gebiet völlig im Dunkel, denn es war Halbmond (zunehmender Mond). Wenn die Astronauten wirklich dort gelandet wären, hätten sie wegen der herrschenden Dunkelheit gar nichts sehen können, denn sie hatten keine Scheinwerfer dabei! Alle anderen APOLLO-Flüge erfolgten zu einem Zeitpunkt, an dem in den vorgesehenen Landegebieten jeweils relativ gute Lichtbedingungen herrschten. Auch das ist ein Zeichen dafür, dass mit APOLLO 13 gar keine Landung auf dem Mond stattfinden sollte.

Man fragt sich, wieso überhaupt eine APOLLO-Mission mit der Nummer 13 gestartet wurde, in einem Land, das so abergläubisch ist, dass beispielsweise in Hotels die 13. Etage ausgelassen wird, es kein Zimmer mit der Nummer 13 gibt oder dass Hausnummern 13 vermieden werden. Bei APOLLO 13 hingegen summiert sich die 13 geradezu. APOLLO 13 startete am 11. April 1970 um 1:13 Uhr, das ist 13:13 Uhr. Sie „erreichten den Mond" am Mon(d)tag, dem 13. April.

Dieses Spektakel einer gespielten Havarie im Weltraum wurde offenbar vor unserer Nase in der Erdumlaufbahn inszeniert! Das ist u.a. einwandfrei daran erkennbar, dass bei den TV-Übertragungen aus dem Inneren der Kommandokapsel während der „Havarie" die Fensterluken einen hellblauen Hintergrund zeigten. Tatsächlich müssten sie jedoch völlig schwarz sein, denn der „Unfall" fand ja angeblich auf halbem Weg zum Mond statt. Ein blauer Himmel kann jedoch nur in der Erdumlaufbahn zu sehen sein, als ein Teil der blauen Erdatmosphäre. Von dem blauen Himmel hinter den Sichtluken kann sich jeder überzeugen, der sich etwa den NASA-Film „APOLLO 13 - „Houston, we've got a problem" anschaut, oder ähnliche Filmstreifen, in denen Live-Aufnahmen aus der Kapsel gezeigt werden. Dieser Film wird immer wieder einmal im Rahmen der Nachtsendung SPACE NIGHT des Bayerischen Fernsehens oder von „BR-Alpha" wiederholt.

Was trieb die NASA dazu, ein solches Spektakel zu veranstalten? Mit großer Wahrscheinlichkeit fand es deshalb statt, weil sich Amerika seinerzeit im Vietnamkrieg befand, aufgrund dessen das NASA-Budget für die Mondflüge zusammengestrichen wurde und die Medien sich vorwiegend den Kriegsschauplätzen zuwendeten. Die Öffentlichkeit interessierte sich mehr dafür, wo ihre Soldaten verbluteten, als um routinemäßig ablaufende, kostspielige Weltraummissionen. Der spektakuläre „Unglücksflug" von APOLLO 13 mit seiner „Beinahe-Katastrophe" erfüllte jedoch seinen Zweck zur vollsten Zufriedenheit: die NASA und die APOLLO-Missionen wurden wieder erfolgreich in das Blickfeld der Öffentlichkeit gerückt, die Gelder flossen wieder...

Die UFO-Gerüchteküche

Gerüchte um UFOs, die angeblich die APOLLO-Missionen begleitet und beobachtet hätten, tauchten schon bei den ersten Flügen auf. Vom Flug von APOLLO 11 wird beispielsweise ein diesbezüglicher Funkverkehr zwischen Armstrong und dem Kontrollzentrum in Houston zitiert, in dem Armstrong der Bodenkontrolle mitteilt, er sähe große Raumschiffe, die seine Landung erwarten würden. Dieser angebliche Funkverkehr wurde von den UFO-Gläubigen als Grund dafür angenommen, dass Armstrong erst rund sechs Stunden nach der erfolgten Landung aus der Fähre ausstieg. Als nächstes wurde spekuliert, dass bei der (unwahrscheinlich schlechten) TV-Direktübertragung von APOLLO 11 am rechten Bildrand für eine Sekunde ein unidentifiziertes Objekt kurz zu sehen sei.

Auch die anderen APOLLO-Flüge blieben nicht verschont. Schon die Astronauten von APOLLO 8 wollen bei ihrer „Mondumkreisung" UFOs gesehen und fotografiert haben. Es existieren auch Fotos, auf denen mehr oder weniger verwischt und verschwommen Lichtreflexe mit und ohne Schatten abgebildet sind, die als UFOs gedeutet wurden.

Beim „Landeanflug" von APOLLO 14 tauchte in der TV-Übertragung im Bildfeld (die TV-Kamera zeigte durch das Fenster der Landefähre) ein unidentifiziertes Objekt auf, das von links nach rechts über die Mondoberfläche flog und als „Schatten der Landefähre" erklärt wurde. Tatsächlich kam der Schatten der Fähre beim Aufsetzen jedoch aus einer ganz anderen Richtung. Wenn das durch das Blickfeld fliegende Objekt der Fährenschatten gewesen wäre, dann hätte der Schatten gegen die Sonne gezeigt, wie an Hand der Kraterschatten erkennbar ist, und das ist wohl nicht möglich.

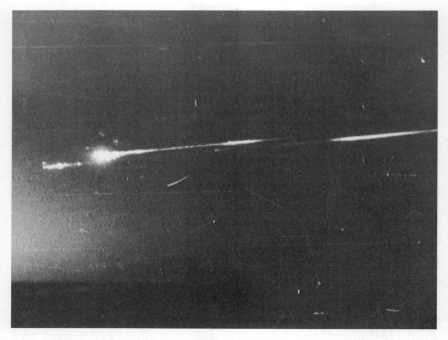

Von APOLLO 13 aufgenommenes „UFO"

Ich kenne inzwischen eine ganze Reihe von angeblichen UFO-Fotos, die von APOLLO-Astronauten aufgenommen worden sein sollen. Doch kann mich keines so recht überzeugen. Abgesehen davon, dass es fraglich ist, ob diese Bilder wirklich von APOLLO-Astronauten aufgenommen wurden, bin ich der Meinung, dass fast alle nur irgendwelche Reflexe auf den Scheiben zeigen, durch welche fotografiert wurde. Versuchen Sie doch einmal, in einem Museum einen Gegenstand zu fotografieren, der in einer Glasvitrine liegt. Sie werden sich wundern, wie viele „UFOS" Sie nachher auf dem Foto haben...

Das soll nicht etwa heißen, dass ich grundsätzlich die Existenz von UFOs bestreite. Aber im Zusammenhang mit den APOLLO-Missionen sind sie reine Erfindungen, weil die Mondflüge nicht stattfanden. Deshalb sind auch *Mary Bennett* und *David S. Percy* der Meinung, dass die Geheimnistuerei um angebliche UFOs, um die von der NASA vergebenen Codewörter für UFOs und ihre hochoffi-

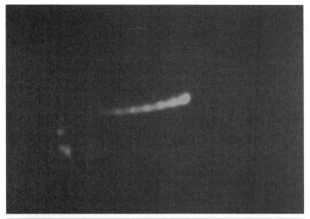

*Von APOLLO 11 auf-
genommene „UFOs"*

*Bei der „Landung"
von APOLLO 14 auf-
genommenes „UFO"
(Pfeil)*

305

*Von APOLLO 12
aufgenommenes
„UFO"*

zielle Dementierung nur deshalb von der NASA veranstaltet wurden, um von der viel größeren APOLLO-Fälschungsaktion abzulenken. Und es hat, wie man sehen kann, funktioniert! Die Öffentlichkeit ist voll darauf hereingefallen, denn: wie kann man um die Echtheit eventueller UFO-Sichtungen auf dem Mond streiten, wenn die APOLLO-Flüge gar nicht stattfanden?

Wenn man sich mit einem gewissen Abstand betrachtet, wie sich die UFO-Szene entwickelt hat (und ich habe das selbst miterlebt), so stellt man fest, dass es hier verschiedene Strömungen gibt. Die ersten Sichtungen etwa gegen Ende des zweiten Weltkrieges gingen einwandfrei auf geheime scheibenförmige Flugkörper zurück, die von Reichsdeutschland entwickelt und kurz vor Kriegsende noch eingesetzt wurden. Auch die Sichtungen bis etwa 1950 betreffen diese Flugkörper, wobei ich mich jetzt nicht an der Diskussion beteiligen möchte, in wieweit diese Geheimwaffen zu irgendwelchen reichsdeutschen Geheimstützpunkten verfrachtet oder von den Siegermächten erbeutet worden sind. Wenn die USA solche Geräte erbeutet hat, dann hat sie natürlich - wie mit anderen erbeuteten Waffen - Testflüge veranstaltet, wobei der eigenen Bevölkerung gegenüber natürlich nicht zugegeben werden konnte, dass der besiegte Feind eine haushoch überlegene Technik besaß. Also erfand man das Märchen von den Außerirdischen, weil das nicht beweisbar war.

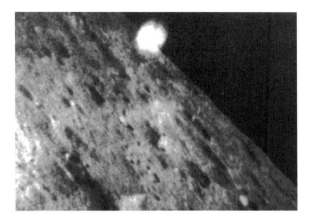

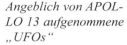

*Angeblich von APOL-
LO 13 aufgenommene
„UFOs"*

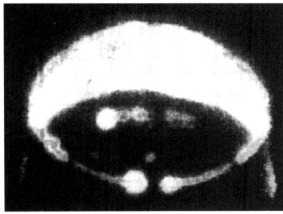

Das Außerirdischen-Märchen hat sich bald als Selbstläufer entwickelt, und den Verantwortlichen in den USA kann das nur recht gewesen sein, denn nun konnte man eigene Geheimprojekte ausgiebig testen, ohne dass unbequeme Nachfragen kamen: es waren halt UFOs, die gesehen wurden.

Als sich Anfang der Sechzigerjahre der „Flug zum Mond" abzeichnete - und das Wissen um die Nichtmachbbarkeit -, forcierte man geschickt die UFO-Sichtungen. Die Menge der Sichtungen nahm in den Sechzigerjahren auch sprunghaft zu. Interessant (psychologisch sehr geschickt!) waren die kontinuierlich ablaufenden Dementis, es gäbe keine UFOs (was so ja auch stimmte), und alles sei nur Einbildung der Beobachter. Nun weiß ja jeder, dass die fortlaufende

Am rechten Bildrand auftauchendes „UFO" bei der TV-Übertragung von APOLLO 11. Der helle Schatten in der Bildmitte ist einer der Astronauten.

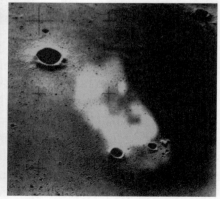

Auch dieser Gegenlichteinfall auf dem Foto von Alan Bean (APOLLO 12) wird von den UFO-Gläubigen als „zylindrisches UFO" bezeichnet.

„APOLLO 14" fotografierte diese Wolke über der Mondoberfläche. Angeblich soll es ein UFO sein...

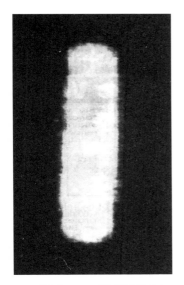

Links von APOLLO 14, rechts von APOLLO 15 fotografierte „UFOs"

Von APOLLO 8 stammt dieses Bild, das verschieden große „UFOs" zeigt.

Dementierung von etwas das genaue Gegenteil bewirkt. So mancher fragt sich, ob nicht doch etwas dran ist.

Jedenfalls passte das perfekt aufgebaute UFO-Märchen voll in die Planung der NASA, denn sie konnten damit die Fälschung der APOLLO-Mondflüge tarnen.

Warum wurden die APOLLOs nicht gesehen?

Wenn die „Mondflüge" nur in die Erdumlaufbahn führten, muss man sich fragen, warum niemand die Kapseln gesehen hat. Denn selbst geostationäre Satelliten kann man unter gewissen Umständen mit bloßem Auge erkennen. Koppelmanöver zwischen Spaceshuttles und der internationalen Raumstation ISS kann man ebenfalls beobachten, wenn auch keine Details erkennbar sind. Und jeder Astronom kennt den Ärger, wenn mal wieder ein Satellit durchs Bildfeld einer Aufnahme zieht. Aus heutiger Sicht erscheint es unmöglich, zumal es den Amerikanern noch nicht einmal gelingt, ihre klassifizierten Satelliten vor den Augen von Beobachtern zu schützen.

Tatsache ist jedoch, dass die APOLLOs ganz offensichtlich nicht beobachtet wurden, aus welchen Gründen auch immer. Das bezieht sich sowohl auf die „offiziellen" Erdumkreisungen wie auf die Umkreisungen, während sie „offiziell" auf dem Mond waren. Ich denke, dass damals erstens längst nicht so viele Beobachter den Himmel beobachteten wie heute, und ein winziger Leuchtpunkt, der langsam über den Himmel zog, wurde damals dank der aufgebauten UFO-Hysterie höchstens als UFO bezeichnet (vgl. voriges Kapitel). Schließlich lassen sich selbst mit einem Fernglas keine Details erkennen, und die NASA dürfte damals bei entsprechenden Anfragen dicht gehalten haben. Man darf nicht vergessen, dass auch die NASA damals angebliche UFO-Fotos veröffentlichte.

Sicher ist es für einen Astronomen ärgerlich, wenn ein Satellit durchs Blickfeld zieht. Aber zu APOLLO-Zeiten war immer nur ein einziges Objekt unterwegs, und die Wahrscheinlichkeit, dass gerade dieses durch das Blickfeld eines Teleskops flog, ist verschwindend gering. Tatsache ist, dass die Kapseln einige Zeit im Orbit waren, bevor sie (nach dem angeblichen Mondflug) wieder in die Erdatmosphäre eintauchten. Und diese Manöver hat offensichtlich keiner beobachtet (warum auch immer) oder es hat niemand darüber berichtet. Das ist mir - aus heutiger Sicht - auch unverständlich, aber, wie schon gesagt, damals herrschten andere Umstände. Andererseits gab es schon zu APOLLO-Zeiten z.T. hochrangige Kritiker an den Missionen, denen Unregelmäßigkeiten und Widersprüche aufgefallen waren. Diese Stimmen wurden jedoch erfolgreich unterdrückt oder gezielt lächerlich gemacht. Ich denke hier beispielsweise an den Funktechniker (dessen Name mir leider entfallen ist), der bereits damals während der Missionen behauptete, vom Mond kämen keine Signale. Seine Aussage wurde sogar in Zeitungen übernommen, jedoch als „Spinnerei" abgetan. Jener Techniker ist aber als die Figur des kritischen Technikers in dem Film „Unternehmen Capricorn" in die Geschichte eingegangen.

Warum gaben die Astronauten vom Mond aus kein Zeichen?

Dass der Mondflug-Betrug der NASA so problemlos von aller Welt geglaubt wurde, konnte eigentlich nicht vorausgesehen werden. Deshalb erübrigt sich auch die Frage eines Lesers, warum die APOLLO-Astronauten vom Mond aus kein weithin sichtbares Zeichen gesetzt haben. Sie hätten beispielsweise irgendeine Chemikalie in einen Krater schütten können, der daraufhin geleuchtet hätte, oder sie hätten einen Laserstrahl auf die Erde richten können, ein riesiges, lichtreflektierendes Muster auf der Mondoberfläche anbringen können oder sonst irgend etwas, das den Menschen auf der Erde stolz hätte zeigen können: wir haben es geschafft, wir sind auf dem Mond!

Vom heutigen Standpunkt aus gesehen hätte die NASA unauffällig eine unbemannte Mondsonde mit entsprechenden Vorrichtungen dort platzieren können, die dann ein optisches Spektakel veranstaltet hätte, das man den APOLLO-Astronauten unterschieben konnte. Anscheinend waren die Verantwortlichen jedoch so sehr von ihrer Täuschung überzeugt, dass sie diesen Aufwand unterließen.

Wie konnten die Russen getäuscht werden?

Ich wurde mehrfach gefragt, wie es möglich war, die Russen zu täuschen, obwohl diese über ein hervorragend organisiertes Spionagenetz verfügten. Wie konnte mehrere Tage lang eine APOLLO-Kapsel im Orbit kreisen, ohne dass die Sowjets den Schwindel aufgedeckt hätten? Die These, dass sie aus Rücksichtnahme auf den Erzfeind geschwiegen hätten, bedarf glaube ich keiner Erläuterung.

Damit projiziert man jedoch die heutige Situation zurück. In den sechziger Jahren hatten die Russen weder ein entsprechendes Spionage-Satellitennetz noch die entsprechenden Überwachungsmöglichkeiten wie heute. Zudem ist es bis heute nicht geklärt, wie weit Russen und Amerikaner hinter dem Rücken der Weltöffentlichkeit zusammengearbeitet haben. Die Amerikaner hatten letztendlich auch toleriert, dass Gagarins Flug möglicherweise gefälscht war, obwohl sie es hätten aufdecken können. Mit der Aufdeckung dieser Fälschung wäre zwar die damalige Sowjetunion blamiert gewesen, der Anreiz für die Durchführung des APOLLO-Projektes mit dem damit verbundenen wirtschaftlichen Aufschwung wäre jedoch entfallen. Wenn es sich ergeben hätte, dass die Sowjets gar nicht den ersten Menschen im All hatten, wäre der anfängliche raumfahrttechnische Vorsprung der Sowjets durch die USA überholt worden. Die amerikanische Bevölkerung hätte diese Meldung mit Genugtuung aufgenommen und das angekratzte Image der Technologie-Nation USA wäre wieder hergestellt worden. Wozu hätte man dann noch die Anstrengungen für einen bemannten Mondflug machen sollen?

Doch die USA benötigten dringendst einen wie auch immer gearteten Schub, um ihre am Boden liegende Wirtschaft wieder anzukurbeln, die durch Vietnam-Krieg, Kuba-Krise usw. sehr geschwächt war. Die US-Bürger benötigten wieder etwas, auf das sie mit natio-

nalem Stolz schauen konnten, nach den demoralisierenden Kriegs-
niederlagen und der damaligen verfehlten Außenpolitik. Das gelang
durch das von Kennedy geforderte APOLLO-Projekt dann auch perfekt. Möglicherweise hatten die USA und die UdSSR auch mehrere
geheime Abkommen untereinander.

Technisch gesehen vergisst man immer wieder, dass es vor vierzig Jahren nicht die Möglichkeiten wie heute gab. Wir dürfen nicht
unsere heutigen technischen Möglichkeiten zurück projizieren!

Zur Erinnerung: Als die ersten Computer vom Typ 80386 auf den
Markt kamen (heute, im „Pentium-Zeitalter", weiß kaum noch jemand, welche Computer das waren), wurde diese mit großem Wer-
beaufwand propagiert, indem den potentiellen Käufern klar gemacht
wurde, dass ein solcher Rechner die gleiche Kapazität aufweise wie
seinerzeit das gesamte APOLLO-Kontrollzentrum in Houston!

Ein heutiger kleiner Laptop besitzt jedoch bereits die vielfache
Leistung des gesamten damaligen NASA-Netzwerks! Und die Russen lagen in der Elektronik schon immer hinter den Amerikanern
zurück. Man erinnere sich, wie es war, als die ersten Amerikaner die
russische Raumstation MIR betreten durften. Ihnen standen (nicht
nur wegen der Schwerelosigkeit) die Haare zu Berge ob der russischen Primitiv-Technik. Kurz danach verbesserte sich die Zusam-
menarbeit zwischen den beiden Nationen kontinuierlich, und die
Russen begingen den Fehler, nach und nach ihre zwar „steinzeitli-
che" aber bewährte Technik in der MIR gegen „moderne" US-Tech-
nik auszutauschen. Wie das ausging, weiß jeder: Eine Fehlermel-
dung folgte dem nächsten Totalausfall. Man munkelte, die Amerikaner hätten den Russen Windows für ihre MIR aufgeschwätzt...

Wo blieben die „Mitwisser"?

Man hält mir oft entgegen, dass eine Fälschungsaktion in diesen
Ausmaßen nicht möglich sein, weil über hunderttausend Menschen
unmittelbar und nochmals bis zu einer halben Million Menschen
indirekt daran beteiligt gewesen sind. Es wäre geradezu phantas-
tisch, anzunehmen, in einem Schwindelunternehmen von derart großem logistischem Ausmaß hätten eine dreiviertel Million Menschen
„dichthalten" können.

NASA-Kontrollzentrum in Houston/Texas

Das ist jedoch ein Denkfehler! Es war höchstens eine Handvoll Menschen, die in alles eingeweiht waren. Und es gibt tatsächlich eine Reihe von Andersdenkenden, denen schon damals die eine oder andere Unstimmigkeit aufgefallen ist. Man sollte sich fragen, warum nach APOLLO eine ganze Reihe von führenden Technikern und NASA-Forschern „verunfallt" worden ist?

Es sehe es folgendermaßen: Wenn ich ein Radio bauen will, dann kaufe ich mir die elektronischen Einzelteile in den verschiedensten Geschäften. Dabei weiß keiner der Einzelteil-Hersteller, was ich vor habe, obwohl an der Herstellung und dem Verkauf der Einzelteile bestimmt einige hundert Menschen beteiligt sind (in den Firmen).

Warum ist es eigentlich den Technikern im Kontrollzentrum in Houston nicht aufgefallen, dass sie auf den großen Projektionsflächen an der Wand nur Filme sahen? Das waren keinesfalls Direktübertragungen vom Mond. Wir dürfen – ich sagte es schon – nicht von unseren heutigen technischen Möglichkeiten ausgehen! Heute gibt es solche TV-Bildwände. Damals gab es sie nicht. Damals gab es auch noch keine TV-Projektoren wie heute. Man hatte nur die Möglichkeit, wie in einem Kino einen Film oder Dias zu projizie-

314

ren. Im Falle von Houston geschahen die Projektionen von hinten auf eine Leinwand, genauso wie im damaligen ARD-Studio, das das Spektakel von APOLLO 11 für Deutschland übertrug.

Auch die Techniker im Zentrum saßen zwar vor Monitoren, doch das waren Schwarzweiß-Computermonitore, die nicht zur Bildübertragung geeignet waren. Auf diesen Schirmen liefen nur Daten ab. Farbmonitore mit VGA-Auflösung (damals zunächst EGA) kamen erst Ende der siebziger Jahre auf den Markt. Als Beispiel sei erwähnt, dass die amerikanischen Spaceshuttles heute noch mit („altertümlichen") Monochrom-Monitoren ausgestattet sind.

Man denke nur daran, welche technischen Probleme es gab, als Ende der achtziger Jahre die ersten Grafikkarten für Computer aufkamen, mit denen es möglich war, Fernsehbilder am Computermonitor zu sehen, weil zwei gänzlich verschiedene Techniken miteinander kompatibel gemacht werden mussten. Es wird leider zu gern vergessen, dass diese technische Entwicklung noch gar nicht so lange zurück liegt!

Der erste Schritt zu TV-Großbildwänden bestand darin – und das war noch Anfang der neunziger Jahre (!) –, eine Serie von Einzelgeräten aufeinander zu stellen, wobei jedes Einzelgerät nur einen Teil des Fernsehbildes zeigte. Zusammen ergab die Gerätebatterie in der Art eines Großpuzzles dann ein großes Gesamtbild. Ich fand die schwarzen Gitterlinien, die durch die Gehäuse der Einzelgeräte im Gesamtbild erzeugt wurden, immer sehr störend.

NASA gibt Bildfälschungen zu

Wohl um die Anschuldigungen der APOLLO-Kritiker zu entkräften, hat die NASA eine Seite auf ihrer Homepage eingerichtet, auf der rund ein Dutzend Bildnummern von APOLLO-Fotos aufgelistet sind, die sie gefälscht hat. Ist das ein erster Schritt? Noch vor kurzer Zeit hätte das die NASA niemals zugegeben. Interessant ist auch, dass man auf der NASA-Webseite Links zu APOLLO-Kritiker-Webseiten finden kann.

Warten wir ab, wie sich die Sache weiter entwickelt. Unsere technischen Möglichkeiten werden immer besser, und um so schwieriger ist es, Fälschungen zu verheimlichen.

Haben die Mondlandungen stattgefunden oder nicht?

Am 27. Juli 2001 strahlte der Fernsehsender VOX in seinem Magazin „Spiegel-TV" einen „Weltraum-Themenabend" aus. Neben technischen Entwicklungen (Ionentriebwerk) war das Hauptthema die Widersprüche um die amerikanischen Mondflüge. Danach folgte noch (um von der Brisanz des APOLLO-Themas etwas abzulenken?) eine UFO-Untersuchung. Durch die Sendung führte souverän die Moderatorin Jutta Lang. Im Studio war als „Fachmann" der ehemalige deutsche Wissenschafts-Astronaut *Dr. Werner Walter* zu Gast. Pro und Kontra kamen ausführlich zu Wort. Die Sendung war gut und informativ aufgemacht und erzeugte starke Reaktionen bei den Zuschauern, denn viele glauben bis heute an die bemannten Mondlandungen. Auch ich erhielt daraufhin viele Anrufe und Post von Menschen, die erstmalig mit der APOLLO-Fälschung konfrontiert worden sind.

Astronaut Walter bot kein überzeugendes Bild. Seine Ausführungen waren fahrig und kaum glaubhaft, er verhaspelte sich öfter und brachte Versprecher wie *„Kairo, eine Stadt mit fünf Milliarden Menschen".* Auch seine Erklärungen, die er zu den vorgebrachten Fälschungsvorwürfen abgab, klangen nicht sehr überzeugend und zeugten teilweise eher von Unwissen. Seine Meinung, in unserer

Wissenschafts-Astronaut Dr. Werner Walter

Galaxis seien wir das einzige intelligente Leben, hätte aus dem Mittelalter stammen können.

Zunächst wurde der ehemalige NASA-Astronaut *Brian O'Leary* gezeigt, der sich äußerte, er halte eine Fälschung durchaus für möglich. *Bill Kaysing,* der APOLLO-Kritiker *David S. Percy* sowie andere technische Fachleute kamen zu Wort, um ihre Bedenken vorzutragen. Kaysing meinte beispielsweise, dass in den sechziger Jahren die Chancen, zum Mond und unversehrt wieder zurück zu kommen, nur bei 0,0017 % lagen.

Astronaut Brian O'Leary

Paul Lazarus, der Produzent des Kinofilmes „Unternehmen Capricorn", in dem es um eine von der NASA gefälschte bemannte Marslandung geht, erklärte, dass er damals diesen Film mit einem Budget von nur 4,8 Millionen Dollar gedreht habe. Wenn der NASA 40 Milliarden Dollar zur Verfügung standen, hätten sie locker eine perfekte Fälschung machen können.

Kaysing, der lange Zeit auf einem Raketentriebwerks-Testgelände gearbeitet hat, erklärte, dass es unmöglich sei, dass während des Funksprechverkehrs kein Antriebsgeräusch zu hören ist. Raketentriebwerke entwickeln einen Geräuschpegel bis zu 150 dB (Dezibel). Zum Vergleich: das Düsentriebwerk eines Kampfjets erzeugt etwa 120 dB. Walter musste, darauf angesprochen, erklären, dass in einem Vakuum selbstverständlich kein Geräusch zu hören ist: *„Es ist keine Luft da!".* Oh welche Einfalt! Es ging doch gar nicht darum, ob außerhalb etwas zu hören gewesen sei! Es ging um die innerhalb der Kapsel befindlichen Astronauten und ihre Gespräche mit der Leitstelle! Und innerhalb der Module be-

Bill Kaysing

fand sich Luft! Im übrigen wird das Antriebsgeräusch sehr deutlich über die Wände übertragen. Als Beispiel sind hier die Spaceshuttle-flüge zu nennen, wo die Astronauten während der Startphasen und bei der Zündung des Triebwerks zur Rückkehr sich nur laut schreiend verständlich machen können. Das musste jedoch auch Astronaut Walter gewusst haben, denn er ist schon einmal in einem solchen Spaceshuttle mitgeflogen!

Schade, dass in der Sendung nicht genauer auf die Landefähren-Problematik eingegangen wurde, doch in einer knappen Stunde können nun mal verschiedene Themen nur angerissen werden: Die Landefähigkeit der Fähren (LM) wurde vor den APOLLO-Missionen niemals in der Praxis getestet. Ihr erster Testflug war praktisch die „Landung" von APOLLO 11. Zuvor gab es zwar einige Flugsimulationen in der Erdumlaufbahn, die jedoch nur zeigten, dass das Vehikel kaum steuerbar war und tausende Fehlfunktionen zeigte. Doch - oh Wunder! - bei den APOLLO-Missionen funktionierten die fehlerbehafteten Fluggeräte einwandfrei ohne jeden Aussetzer.

Kaysing bemängelte die fehlenden Krater unter den Landefähren. Und wenn Kaysing als Fachmann für Raketenantriebe so etwas behauptet, dann hat es Hand und Fuß! Tatsächlich ist auf allen APOLLO-Fotos unter den Fähren der Staub liegen geblieben, was auch anhand der Fußspuren gut erkennbar ist, wie ich in diesem Buch darlege.

Die gebotenen Erklärungsversuche wirkten verkrampft, dass das Triebwerk mit einer Leistung von 1500 bis 2000 Pfund nicht in der Lage gewesen sei, Staub wegzublasen... Auch Astronaut Walter gab Bemerkungen ab, die höchstens von Unwissen zeugten: Die Staubschicht auf der Mondoberfläche sei sehr dünn und wäre durch das Triebwerk weggefegt worden. Darunter sei fester Boden. Hat Walter eigentlich keine Bilder von den Landefähren auf der „Mondoberfläche" gesehen? Dann wüsste er, dass keinesfalls Staub weggeblasen wurde.

Dann ging Walter zum Gegenangriff über. Beweise für eine Mondlandung seien 385 kg Mondgestein, in dem sich das in irdischem Gestein seltene Helium-3 befinde. Und es gibt Bilder von der Mondrückseite.

Schatten in alle Richtungen. Wie soll das funktionieren, wenn die Sonne der einzige Lichtkörper war? (APOLLO 17)

„Wenn keine APOLLO-Astronauten oben waren: Woher haben wir sie?"

Da fragt man sich, wie weltfremd Walter eigentlich ist? Hat er noch nie davon gehört, dass schon vor APOLLO rund ein Dutzend unbemannter Sonden zum Mond geflogen sind? Dass nicht nur die USA, sondern auch die damalige UdSSR größere Mengen Mondgestein mit diesen Sonden zur Erde geholt haben? Und dass die Sowjets bereits die Mondrückseite fotografiert hatten, als die Amerikaner noch mit ihren fußballgroßen Explorer-Satelliten in der Erdumlaufbahn experimentierten? Dass der Mond bis zum Flug von APOLLO 11 bereits mindestens viermal durch unbemannte Mondsonden komplett kartografiert war? *„Woher haben wir die Bilder?…"*

Auf vielen APOLLO-Fotos sind merkwürdige Schattenrichtungen zu sehen, wie ich auch in diesem Buch zeige. Die Schattenrichtungen verlaufen nicht parallel, wie es anzunehmen ist, wenn nur die Sonne als einziger Beleuchtungskörper vorhanden ist. Ein anderes Phänomen der APOLLO-Fotos besteht darin, dass auf vielen Bildern die fotografierten Astronauten zwar gegen die Sonne aufgenommen worden sind, jedoch auf der Schattenseite ausgeleuchtet sind, als wenn hier eine Zusatzbeleuchtung zur Anwendung gekommen wäre.

Hierzu wurden in der Sendung mehrere Fachleute befragt, die einhellig der Meinung waren, dass dieses Phänomen normal nicht erklärbar sei, nur mit einer Zusatzbeleuchtung sei es möglich, die Schattenpartien wie auf den Bildern aufzuhellen.

Astronaut Walter hatte natürlich gleich eine Erklärung für die unterschiedlichen Schattenrichtungen zur Hand. Das sei ganz normal und bedingt durch die unterschiedlichen Oberflächenstrukturen. An einem Berg sehe der Schatten nun mal anders aus als auf einer schrägen Fläche. Richtig! Aber Schatten, die auf demselben Bild nach links und rechts zeigen, können so nur zustande kommen, wenn die Beleuchtung in unmittelbarer Nähe steht, und nicht, wenn sie von der Sonne stammen. Dann müssen sie zwangsläufig parallel verlaufen.

Um die Erde befinden sich die hochradioaktiv strahlenden Van-Allen-Gürtel mit ihrer höchsten Strahlungsstärke etwa zehn Kilometer über der Erde. Diese Strahlung bedingt, dass alle bemannten Raumfahrtunternehmungen einschließlich der internationalen Raumstation ISS unterhalb der Gürtel stattfanden und -finden. Für Astronaut Walter war das jedoch vernachlässigbar. Er plauderte locker davon, während seiner Erdumkreisungen habe er 400 rem aufgenommen. 1000 - 2000 rem seien für die APOLLO-Astronauten realistisch, und 5000 rem sei die Maximalgrenze der menschlichen Belastbarkeit pro Jahr. Da seien die APOLLO-Astronauten also weit unterhalb dieser Grenze geblieben.

Ich glaube, Walter hat in der Schule nicht aufgepasst! Wenn das alles wirklich so vernachlässigbar wäre, warum sprechen dann Experten davon, ein Raumschiff, das diese Strahlungsgürtel unbeschadet für die Mannschaft durchqueren wolle, müsste mit einer zwei Meter dicken Bleiabschirmung versehen werden? Nehmen wir nur einmal an, die APOLLO-Kapseln mit ihrer dünnen Aluminiumverkleidung hätte vor der Strahlung geschützt. Was war dann mit den Astronauten während der Zeit, die sie auf der Mondoberfläche in einem Raumanzug herum liefen? Die Mondoberfläche strahlt - wie schon ausgeführt - stark radioaktiv. Und die Anzüge aus Stoff, Plastik und Gummi schützten kein bisschen vor Strahlung. Und was ist mit den Kodak-Filmen, die im Freien gewechselt wurden? Herr Walter hätte sich vor der Sendung besser vorbereiten sollen.

Resümee

Nach Abwägung aller Punkte, die für und gegen eine bemannte Mondlandung der Amerikaner sprechen, komme ich zu dem Ergebnis, dass die Wahrscheinlichkeit einer allumfassenden Fälschung zu groß ist, um sie zu negieren. Die APOLLO-Missionen sind offenbar auf der Erde in entsprechend präparierten großen Hallen bzw. bei Dunkelheit (wegen dem benötigten schwarzen Himmel) und Kunstlicht im Freien (vielleicht in der zerkraterten Umgebung von „Area 51"?) aufgenommen worden, im Zusammenspiel mit gefälschten Fotos und Modell- bzw. Trickfilmaufnahmen.

Im Einzelnen sprechen u.a. folgende Punkte gegen eine „echte" Mondlandung:

- Die hohe *Radioaktivität* im All und auf dem Mond, gegen die es auch bis heute keine wirksame Abschirmung gibt.

- Die APOLLO-Flüge fanden ungeschützt zu einer Zeit der *höchsten (radioaktiven) Sonnentätigkeit* statt.

- Trotzdem zeigten weder die APOLLO-Astronauten noch die Filme irgendwelche radioaktive *Strahlungsschäden*.

- Die fehlende *Verzögerung im Funkverkehr* zwischen Houston und den Astronauten „auf dem Mond".

- Wie kann ein Gerät wie die *Landefähre LEM* fehlerfrei funktionieren, wenn es bei vorhergehenden Tests tausende Fehlfunktionen aufwies und kaum steuerbar war? Und wenn die Lande- und Rückstartfunktion dieses Gerätes kein einziges Mal in der Praxis getestet wurde?

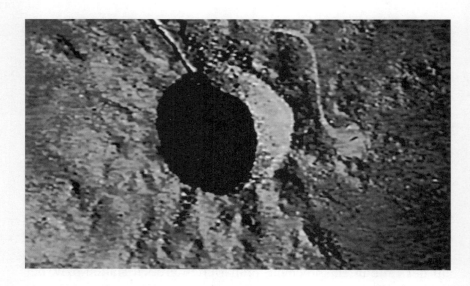

Krater in Nevada in der Nähe von Area 51

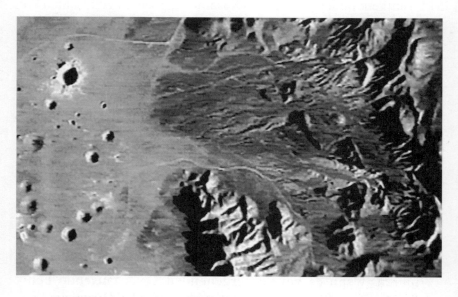

Die zerkraterte Gegend in Nevada in der Nähe der Area 51

- Fehlende *Raketenmotorgeräusche* im Funkverkehr bei den Landeanflügen.

- Unter keiner der Mondlandefähren ist ein *Landekrater* erkennbar. Nicht einmal der dort liegende Staub wurde von den Raketentriebwerken mit ihren etwa einen Meter durchmessenden Triebwerksdüsen weggeblasen, obwohl sich diese nur etwa einen Meter über dem Boden befinden. Das belegen Fußspuren im Staub unter den Fähren. Die Fähren sind nicht auf dem Mond gelandet, sie wurden in eine präparierte „Mondlandschaft" hineingestellt.

- Die *Raumanzüge* sehen auf „Mondfotos" genauso aus wie auf Trainingsfotos auf der Erde. Tatsächlich müssten sie sich aufgrund des herrschenden Innendruckes im Vakuum des Mondes aufblasen. Die Astronauten müssten in ihren Anzügen aussehen wie „Michelin-Männchen".

- Die *Sonneneinstrahlung auf dem Mond* ist bekanntermaßen etwa zwanzig Prozent höher als auf der Erde. Nicht nur die Landefähren müssten während ihres Aufenthaltes „auf dem Mond" in der Gluthitze der Sonne wie Backöfen aufgeheizt worden sein. Auch die Astronauten müssten - trotz Klimaanlagen in ihren Anzügen - darunter zu leiden gehabt haben. Trotzdem gab es angeblich keinerlei Hitzeprobleme, im Gegenteil klagten einige Astronauten über Kälte.

- Die *Fahrleistungen des Rover* auf der „Mondoberfläche" entsprechen denen auf der Erde. Bei nur einem Sechstel der irdischen Schwerkraft müssten diese Fahrzeuge jedoch völlig anders reagieren. Der Bremsweg müsste wesentlich länger sein, Kurvenfahrten mit hohem Tempo, wie vorgeführt, dürften wegen der verminderten Haftreibung unmöglich sein.

- Der Rover – und vereinzelt auch Astronauten – wirbelte *Staub* auf, der ebenso schnell wieder zurück fiel wie auf der Erde. Vergleichsweise hätte er höher aufgewirbelt werden und viel langsamer zurücksinken müssen. Staub gibt es in einem Vakuum jedoch nicht, weil er zu einer harten Masse zusammenbackt.

- Das *„Hammer-und-Feder-Experiment"*, das beweisen sollte, dass sich die Astronauten in einem Vakuum befinden, beweist das Gegenteil.

- Viele Fotos zeigen *Schatten*, die *in verschiedene Richtungen* weisen. Das ist bei Sonnenschein nicht möglich, Schatten müssen immer parallel verlaufen. Die einzig mögliche Erklärung ist, dass Zusatzscheinwerfer zum Einsatz kamen.

- Wieso ist die fotografierte *Landschaft* auf einigen Fotos hell ausgeleuchtet, auf anderen dunkel? Ist die Hallenbeleuchtung zwischenzeitlich ausgefallen? Der Mondtag dauert rund vierzehn Tage...!

- Die monatelang im richtigen Umgang mit den Kameras ausgebildeten Astronauten fotografierten ganze *Bildserien gegen die Sonne* - ein Ding der Unmöglichkeit, da die Sonnenstrahlung auf dem Mond rund zwanzig Prozent heller ist als auf der Erde, es sei denn, es handelte sich um Hallenscheinwerfer, deren Helligkeit unterschätzt wurde.

- Auf einigen Fotos sind *„am Himmel" helle Streifen* erkennbar, bei denen es sich um Deckenkonstruktionen der Halle handeln kann, in der das Spektakel aufgenommen wurde.

- Die *Hintergrundlandschaft* unterscheidet sich bei vielen Fotos zum Teil erheblich von der Vordergrundlandschaft. Möglicherweise handelt es sich hierbei um arrangierte Fotowände.

- Die *„Mondlandschaften"* bei APOLLO 15 bis 17 sind zum Verwechseln ähnlich.

- Die *Mondlandefähren* waren anscheinend nur lieblos zusammengeschusterte Modelle. Es ist unvorstellbar, dass diese mit zerknäulten Plastikfolien und Klebestreifen verkleideten Geräte Raumfahrzeuge sein sollen. Bei den Fotos von Fähren, Retrokapseln oder Kommandomodulen vor der Mondoberfläche handelt es sich mit großer Wahrscheinlichkeit um Modelle vor einem Mondfoto oder Mondmodell.

- Welche *Klebstreifen* halten die Temperaturunterschiede auf dem Mond aus? („Reparierter" Rover-Kotflügel, angeklebte US-Flagge an der Fähre)

- Auf keinem Bild der fliegenden Landefähren oder der Retrokapseln ist ein *Raketenantrieb* oder ein funktionierendes Korrekturtriebwerk zu sehen.

- Bei einigen Fotos handelt es sich um mehr oder weniger geschickt arrangierte *Fälschungen*.

- Auch der *„Rückstart" der Retrokapseln* erfolgte ohne erkennbaren Raketenantrieb. Die Rückstartplattform blieb unbeschädigt.

- Das *„Mondgestein"* kann auch von der NASA künstlich hergestellt worden sein, von automatischen Mondsonden oder aus der Antarktis stammen.

- Und so weiter, usw.

Es fragt sich, welche Punkte eigentlich noch übrig bleiben, die *für* eine erfolgreiche Mondmission sprechen?

Fazit:

Die amerikanische Nation und die Weltöffentlichkeit sind von der NASA gewaltig hinters Licht geführt worden, und kaum einer hat es bemerkt. Alle, selbst die damaligen Sowjets, haben den Veröffentlichungen der NASA blindlings geglaubt.

Das sagt die NASA
Aldrin: „Purer Unsinn"

Die Mondlandung am 20. Juli 1969 habe selbstverständlich stattgefunden. Dies sagte Edwin „Buzz" Aldrin, der „zweite Mann auf dem Mond", bei einer Pressekonferenz auf Sri Lanka Anfang 2001. Demgemäß wies er die Recherchen des amerika-

Sir Arthur C. Clarke mit „Buzz" Aldrin (rechts) bei einer Pressekonferenz auf Sri Lanka.

nischen Autors Ralph René zurück, der in minutiöser Kleinarbeit nachgewiesen hatte, dass die Mondlandungen niemals stattgefunden hatten.

Aldrin bezeichnete dessen Recherchen als „puren Unsinn", allerdings entkräftete er keinen einzigen Widerspruch.

Und die NASA-Kommentare sprechen für sich:

„Die Leute, die glauben, dass wir nicht auf dem Mond waren, sind total verrückt!" oder

„... denn letztlich gibt es Beweise für die Landungen, die unwiderlegbar sind. Und das sind die Fußabdrücke, die Abdrücke der Stiefel, die immer noch auf der Mond-

326

oberfläche zu finden sind." und

"Entscheidend ist letztlich, dass die Vereinigten Staaten Ende der sechziger Anfang der siebziger Jahre auf dem Mond gelandet sind. Ende der Geschichte."
(Brian Welch, NASA)

Die gesamte Beweislage für die APOLLO-Mondflüge reduziert sich immer mehr darauf, dass man „schließlich" die TV-Direktübertragung „vom Mond" gesehen hat, die man ungefragt für bare Münze nahm. Denn so schlecht die Bildqualität der Übertragung war, so einfach ließ sie sich selbst in einfachsten Filmstudios herstellen.

Sobald (erneut?) Astronauten auf dem Mond landen werden, wird der gigantische Schwindel auffliegen. Und wir dürfen gespannt sein, wie sich die NASA dann herausredet.

Noch ein Schmankerl zum Schluss: Auf diesem Foto von APOLLO 17 hat der fotografierende Astronaut leider nicht aufgepasst: Am oberen Bildrand sind offensichtlich die Scheinwerferreihen der Hallenbeleuchtung erkennbar, einschließlich des durch sie erzeugten Lichtkegels (APOLLO-Originalfoto 20147456)

327

Anhang

Mondsonden/-flüge von UdSSR und USA

(bis in die neunziger Jahre)

Staat	Datum	Gewicht (kg)	Mission	
USA	17.08.58	38	THOR-ABLE 1	Fehlschlag, nach 77 Sekunden explodiert
UdSSR	23.09.58		LUNA	Fehlschlag
USA	11.10.58	17,5	PIONEER 1	Fehlschlag, Lebensdauer 43 Std., erreichte 113.800 km Erdabstand, Messungen über die Ausdehnung des irdischen Strahlungsgürtels.
UdSSR	12.10.58		LUNA	Fehlschlag
USA	08.11.58	39,19	PIONEER 2	Fehlschlag, Zündversager 3. Stufe, Flugdauer 42,4 Min.
USA	06.12.58	5,9	PIONEER 3	Fehlschlag, weiteste Entfernung 106.000 km; Strahlungsmessungen
UdSSR	02.01.59	361,3	LUNIK 1 „Metschta"	Am Mond in 6000 km Abstand vorbeigeflogen, in Sonnenorbit
USA	03.03.59	6	PIONEER 4	Am Mond in 59.500 km vorbeigeflogen, in Sonnenorbit
UdSSR	18.06.59		LUNA	Fehlschlag
UdSSR	12.09.59	390,2	LUNIK 2 (LUNA 2)	Aufschlag auf Mondoberfläche 13.09.59 mit 2,9 km/s bei 29.10°N, 0.00, Palus Putredinis; Strahlungsmessungen
USA	24.09.59		PIONEER	Fehlschlag
UdSSR	04.10.59	279	LUNIK 3 (LUNA 3)	Mondorbit 60.000-70.000 km, erste Fotos von der Mondrückseite; Funkverbindung bis Mitte Nov. 59; Nachweis: Mond ohne Magnetfeld

330

Staat	Datum	Gewicht (kg)	Mission	
USA	26.11.59		ATLAS-ABLE 4	Verfehlte den Mond
UdSSR	12.04.60		LUNA	Fehlschlag
USA	25.09.60		ATLAS-ABLE 5	Verfehlte den Mond
USA	15.12.60		ATLAS-ABLE 5B	Fehlschlag
USA	23.08.61	ca. 330	RANGER 1	Fehlschlag
USA	18.11.61	330	RANGER 2	Fehlschlag
USA	26.01.62	330	RANGER 3	Mond um 36.800 km verfehlt; im Sonnenorbit; Messung der Radioaktivität im All
USA	23.04.62	331	RANGER 4	Absturz 26.4.62 auf der Mondrückseite bei 15,5°S, 130,7°W; Kameras versagten
USA	18.10.62	340	RANGER 5	Mond um 725 km verpasst; im Sonnenorbit
UdSSR	04.01.63		namenlos	Erfolglose Mondsonde
UdSSR	02.04.63	1422	LUNA 4	Ziel um 8500 km verfehlt, in Sonnenorbit
USA	30.01.64		RANGER 6	Absturz 2.2.64 auf dem Mond bei 0.2°N, 21.5°O; TV-System versagte
USA	28.07.64		RANGER 7	17 Min. lang 4308 TV-Bilder mit 6 TV-Kameras aus Mondorbit. Aufschlag 31.07.64 im Mare Cognitum bei 10.35°S, 339.42°O
USA	17.02.65		RANGER 8	7137 Bilder aus Mondorbit übertragen; Aufschlag 20.02.65 im Mare Tranquillitatis bei 2.67°N, 24.65°O
UdSSR	12.03.65		COSMOS 60	Erfolglose Mondsonde
USA	21.03.65		RANGER 9	5814 Bilder übertragen aus Mondorbit; Aufschlag am 24.03.65 im Krater Alphonsus bei 12.83°S, 357.63°O
UdSSR	09.05.65	1476	LUNA 5	Aufschlag auf der Mondoberfläche im Mare Nubium, 31°S, 8°O

Staat	Datum	Gewicht (kg)	Mission	
UdSSR	08.06.65	1422	LUNA 6	Lander; Mond um 161.000 km verfehlt, in Sonnenorbit
UdSSR	18.07.65	950	ZOND 3	Vorbeiflug in 9219 km Entfernung, 25 Bilder von Mondrückseite übertragen
UdSSR	04.10.65	1506	LUNA 7	Aufschlag auf der Mondoberfläche im Oceanus Procellarum
UdSSR	03.12.65	1552	LUNA 8	Aufschlag auf der Mondoberfläche im Oceanus Procellarum
UdSSR	31.01.66	1583	LUNA 9	Erste weiche Mondlandung 03.02.66 im Oceanus Procellarum bei 7,08°N, 295.63°O, 3 Tage Bildübertragung
UdSSR	01.03.66		COSMOS 111	Erfolglose Mondsonde
UdSSR	31.03.66	1600	LUNA 10	Mond-Orbiter, geringster Mondabstand 350 km; Kontakt für 460 Umläufe = 2 Monate
USA	30.05.66	ca. 1000	SURVEYOR 1	Weiche Landung auf dem Mond 02.06.66 bei 2.45°S, 316.79O Flamsteed P, TV-Bildübertragung, 11237 Bilder
USA	01.07.66		EXPLORER 33	Mißglückter Mondorbiter
USA	10.08.66	ca. 380	LUNAR ORBITER 1	Fotos aus Mondorbit bis 29.08.66; Aufschlag 29.10.66 bei 6.7°N, 162°O
UdSSR	24.08.66	1640	LUNA 11	Mondorbit; geringster Abstand 159 km; Funkkontakt bis 01.10.66
USA	20.09.66	ca. 1000	SURVEYOR 2	Korrekturtriebwerk ausgefallen, Funkkontakt abgebrochen; Aufschlag 22.09.66 südöstl. Copernicus
UdSSR	22.10.66	1640	LUNA 12	Mondorbit; Bildübertragung bis 19.01.67
USA	06.11.66	ca. 380	LUNAR ORBITER 2	Fotos aus Mondorbit; 422 Bilder übertragen; Aufschlag bei 4°S, 98°O
UdSSR	21.12.66	1583	LUNA 13	Weiche Mondlandung am 24.12.66 im Oceanus Procella-

Staat	Datum	Gewicht (kg)	Mission	
				rum 18.87°N, 297.95°O; Bild-übertragungen bis 27.12.66; Bodenuntersuchungen
USA	05.02.67	ca. 380	LUNAR ORBITER 3	307 Fotos aus Mondorbit, übertragen; Aufschlag bei 14.6°N, 91.7°W
USA	17.04.67	ca. 1000	SURVEYOR 3	Radargerät bei Landung aus-gefallen, Absturz 20.04.67 im Oceanus Procellarum, 2.94S, 336.66O, 612 km östlich von SURVEYOR 1; 6315 Bilder übertragen
USA	04.05.67	ca. 380	LUNAR ORBITER 4	Globale Mondkartographie; 326 Bilder übertragen
USA	14.07.67		SURVEYOR 4	Funkkontakt abgebrochen, Absturz bei 0.4°N, 1.3°W Sinus Medii
USA	19.07.67	105	EXPLORER 35	Untersuchung des Erdmagnet-schweifs aus Mondumlaufbahn
USA	01.08.67	ca. 380	LUNAR ORBITER 5	Globale Mondkartographie; kontrollierter Absturz am 31.01.68 bei 0°, 70°W; 99% des Mondes kartografiert mit 60 m Auflösung oder besser
USA	08.09.67	ca. 1000	SURVEYOR 5	Weiche Mondlandung im Mare Tranquillitatis, 1.41N, 23.58O; 18006 Bilder übertragen; chem. Labor an Bord; Schaufel zum Graben
USA	07.11.67	ca. 1000	SURVEYOR 6	Weiche Mondlandung in Sinus Medii, 0.46N, 358.63O; 30065 Bilder übertragen; chem. Labor an Bord; Schaufel zum Graben
USA	07.01.68	ca. 1000	SURVEYOR 7	Weiche Mondlandung am Nordrand von Tycho, 41.01S, 348.59O; 21274 Bilder übertra-gen; chem. Labor an Bord; Schaufel zum Graben
UdSSR	02.03.68		ZOND 4	Mondsonde
USA	04.04.68		APOLLO 6	Erreichte den Mond nicht

Staat	Datum	Gewicht (kg)	Mission	
UdSSR	07.04.68	1615	LUNA 14	Mondorbit, geringster Abstand 160 km
UdSSR	15.09.68	2500	ZOND 5	Mondumlaufbahn, mit Tieren und Pflanzen; 21.09.68 Rückkehr
UdSSR	10.11.68	2700	ZOND 6	Wiederholung von ZOND 5; Bildübertragungen; Landung in UdSSR 17.11.68
USA	21.12.68		APOLLO 8	„Mondumkreisung", 10 Umläufe
USA	18.05.69		APOLLO 10	„Mondumkreisung"
UdSSR	13.07.69	5600	LUNA 15	Mond-Orbiter; 52 Umkreisungen, Absturz am 21.07.69 im Mare Crisium
USA	16.07.69	43900	APOLLO 11	„Mondumkreisung", „Landung" imMare Tranquillitatis bei 0.7°N, 23°O
UdSSR	07.08.69	2720	ZOND 7	Mondorbit, Rückkehr z. Erde; Landung am 14.08.69
USA	14.11.69	43945	APOLLO 12	„Mondumkreisung", „Landung" im Oceanus Procellarum
USA	11.04.70		APOLLO 13	„Mondumkreisung"
UdSSR	12.09.70	5600	LUNA 16	Weiche Mondlandung 20.09.70 im Mare Fecunditatis, 0.68°S, 56.30°O; Rückstart zur Erde mit 100 g Mondgestein aus 30 cm Tiefe; Rückkehr 20.09.70
UdSSR	20.10.70	4000	ZOND 8	Mondorbit, Fotos, Rückkehr zur Erde 27.10.70
UdSSR	10.11.70	5600	LUNA 17	Weiche Landung 17.11.70 im Mare Imbrium, 38.28°N, 325.00°O. Mondfahrzeug LUNOCHOD 1 legte 10,5 km zurück, fotografierte 80000 m²; über 20.000 Bilder übermittelt; Bodenuntersuchungen
USA	31.01.71	44550	APOLLO 14	„Mondumkreisung", „Landung" im Fra Mauro.
UdSSR	02.09.71	5600	LUNA 18	nach 54 Mondorbits riss die Funkverbindung ab; Absturz

Das sowjetische Mondfahrzeug LUNOCHOD

Staat	Datum	Gewicht (kg)	Mission	
				3.57°N, 50.50°O, Mare Fecunditatis.
USA	26.07.71	46818	APOLLO 15	„Mondumkreisung", „Landung" im Hadley-Apeninnen-Gebiet.
UdSSR	28.09.71	5600	LUNA 19	4000 Mondumkreisungen; Bild- und Datenübertragung länger als 1 Jahr.
UdSSR	14.02.72	5600	LUNA 20	Weiche Landung 21.02.72 im Mare Fecunditatis, 3.57°N, 56.50°O, 120 km vom LUNA 16-Landeplatz; Bodenproben-Entnahme und Rückstart zur Erde; Landung 25.02.72
USA	16.04.72	46786	APOLLO 16	„Mondumkreisung", „Landung" im Descartes-Gebiet
USA	07.12.72		APOLLO 17	„Mondumkreisung", „Landung" im Taurus-Littrow-Gebiet
UdSSR	08.01.73	5600	LUNA 21	Weiche Landung 15.01.73 im Le Monnier-Krater im Mare Serenitatis, 25.85°N, 30.45°O. LUNOCHOD 2 legte 37 km zurück, bis 03.06.73 über 80.000 Bilder übertragen.
USA	10.06.73	328	EXPLORER 49	Mondumlaufbahn; registrierte solare und galaktische Radioemission
UdSSR	29.05.74	5600	LUNA 22	Mondorbit 02.06.74, Bildübertragung bis 06.11.75
UdSSR	Okt. 74	5600	LUNA 23	Weiche Landung im Mare Crisium; Landeeinheit wurde beim Aufsetzen beschädigt; Datenübertragung bis 09.11.75
UdSSR	09.08.76	5600	LUNA 24	Weiche Landung 17.08.76 im Mare Crisium 12.25N 62.20O, Rückkehr mit Mondgestein aus zwei Metern Tiefe am 22.08.76
USA	18.10.89		GALILEO	Jupiter-Sonde; 2 Vorbeiflüge am Mond: 08.12.90; 08.12.92

Staat	Datum	Gewicht (kg)	Mission	
USA	25.01.94	227	CLEMENTINE 1	Mondorbit 600 km Höhe; 620.000 Bilder, 320.000 Infrarot-Bilder übertragen; mit LIDAR topografische Karte erstellt; sollte 05.05.94 zum Asteroiden Geographos fliegen, 07.05.95 Rechner-Fehlfunktion; im April 1994 Eis am Südpol nachgewiesen.
Hong-kong	24.12.97	2534	ASIA SAT 3 (HGS1; 25126)	Kommerzieller Kommunikationssatellit. Ursprünglich im Erdorbit vorgesehen, geriet aus der Bahn; 2 Mond-Vorbeiflüge; dann in geosynchronem Mond-Orbit
USA	07.01.98	296	LUNAR PROSPECTOR	Ein Jahr Messungen und Fotos; 31.07.99 gezielter Absturz.

Das APOLLO-Raumfahrzeug

Das APOLLO-Raumfahrzeug bestand aus vier Einheiten, die jeweils paarweise zusammengehörten.

- Kommandomodul (CSM), Aufenthaltseinheit für die Astronauten während des Fluges

- Servicemodul (SM) mit Raketentriebwerken, Treibstoff, elektrischer Versorgung usw.

- Mondlandeeinheit (LEM bzw. LM)

- Abstiegsstufe (DS), nach Beendigung der „Mondaktivitäten" als Startplattform für AS

- Aufstiegsstufe (AS), die sogenannte Retrokapsel, wurde nach dem Umsteigen der Astronauten in das CSM wieder abgekoppelt und „auf dem Mond" zum Aufschlag gebracht.

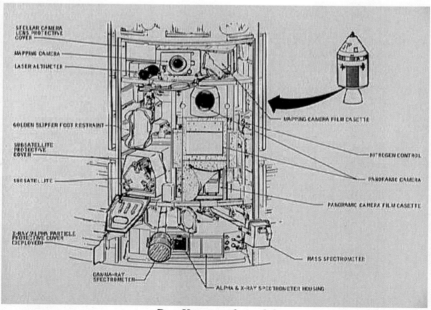

Das Kommandomodul

338

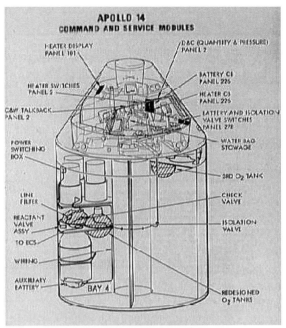

Das Kommandomodul

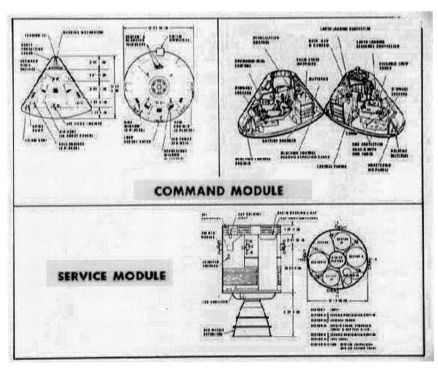

APOLLO-Astronauten
und ihr „Nach-APOLLO"-Leben

Mission	Besatzung	Nach-APOLLO-Lebenslauf
APOLLO 7	*Walter Schirra* *Don Eisele* *Walter Cunningham*	
APOLLO 8	*William Anders* *Frank Borman* *James Lovell*	
APOLLO 9	*James McDivitt* *David Scott* *Russel Schweickart*	
APOLLO 10	*Thomas Stafford* *Eugene Cernan* *John Young*	
APOLLO 11	*Neil A. Armstrong*	** 05.08.30, Mission Commander* 1970-71 NASA-Deputy Associate Administrator for Aeronautics. 1985-1986 Professor of Aeronautical Engineering an der Universität von Cincinnati; danach Firmenchef.
	Edwin Eugene Aldrin	** 20.01.30, LM-Pilot* wechselte seine Vornamen und nennt sich heute „Buzz Aldrin". 1971 Kommandant d. Luftwaffen-Testpilotenschule, Edwards AFB, Kalifornien. 1972 Consultant for the Comprehensive Care Corporation, Newport Beach, Kalifornien Zwei gescheiterte Ehen; schwere Alkoholabhängigkeit; Depressionen; Nervenzusammenbruch.
	Michael Collins	** 31.10.30, CSM-Pilot* 1971 Direktor des National Air and Space Museum beim Smithsonian Istitut. 1980 Vizepräsident, Field Operations, Vought Corporation, Arlington, Virginia, später Michael Collins Associates, Washington D.C.

APOLLO 12 *Charles Conrad* — Skylab (1973); Führende Position bei McDonnel-Douglas; Eigene Raumfahrt-zulieferfirma.

Alan Bean — Skylab; Space-Shuttle; Gebrauchsgraphiker.

Richard Gordon

APOLLO 13 *James A. Lovell* — ** 25.03.28, Mission Commander*
1971 Deputy Director of Science and Application am Johnson Space Center.
1973 Präsident/Chief Executive Officer, Bay-Houston Towing Company.
1977 Präsident, Fisk Telephone Systems, Houston.
1981 Group Vizepräsident, Cemtel Corporation, dann Executive Vizepräsident,
jetzt Präsident von Lovell Communications, Lake Forest, Illinois.

John Leonard Swigert — ** 30.08.31, CSM-Pilot*
gestorben 1982 (Krebs)

Fred W. Haise — ** 14.11.33, LM-Pilot*
bis 1979 Space-Shuttle-Testpilot (3. Mission); dann Präsident, Technical Services Division Grumman Corp., Titusville, Florida.

APOLLO 14 *Alan Bartlett Shepard* — ** 18.11.23, Mission-Commander*
gestorben 21. Juli 1998 (Leukämie)
1971 Chief of Astronaut Office.
1974 Partner & Chairman, Marathon Construction Company, Houston, Texas;
später Präsident, Seven/Fourteen Enterprises, Houston.
Millionenschwerer Geschäftsmann.

Edgar Dean Mitchell — ** 17.09.30, LM-Pilot*
1972 aus NASA ausgeschieden,
Chairman, Institute of Noetic Science in Palo Alto, California.
1974-78 Präsident, Edgar Mitchell Corporation (EMCO), Palm Beach, Florida,
später Chairman, Mitchell Communication Company, Florida.
Esoterisch abgedriftet.

Stuart Allen Roosa — ** 15.08.33, CSM-Pilot*
gestorben 12.12.94 (Pancreatitis).

1976 Vizepräsident for International Affairs,
U.S. Industries Middle East Development
Company in Athen, Griechenland.
1977 Präsident, Jet Industries in Austin,
Texas,
später Privatgeschäft in Austin, Besitzer und
Präsident, Gulf Coast Coors, Inc., Gulfport,
Mississippi.

APOLLO 15 *David R. Scott*   ** 06.06.32, Mission-Commander*
1975 Direktor des NASA-Dryden-For-
schungszentrums, Edwards, California;
1977 eigene Firma: Scott Science & Technology, Inc., Manhattan Beach, California.

James B. Irwin   ** 17.03.30, LM-Pilot*
gestorben am 8. Aug. 1991 (Herzinfarkt)
Prediger.

Alfred M. Worden   **07.02.32, CSM-Pilot*
1972 Director of Advanced Research & Technology am NASA Ames Research Center.
1975 Präsident, Energy Management Con-
sulting Company,
später Präsident, M. W. Aerospace Inc.,
Florida,
zuletzt Staff Vizepräsident, B. F. Goodrich
Company, Aerospace Division.

APOLLO 16 *John Watts Young*   ** 24.09.30, Mission-Commander*
nach APOLLO US-Navy Testpilot,
1975 Chief of the Astronaut Office
Space-Shuttle-Testpilot,
1981 flog 1. Space-Shuttle-Mission;
STS-9 (sechster Flug, 11/1983) letzter Flug;
weiterhin Mitglied im Astronautencorps im
nicht aktiven Flugstatus.

Charles Moss Duke   ** 03.10.35, LM-Pilot*
1975 Austritt aus NASA.
Biervertriebsfirma; Psychische Probleme;
Prediger (Christian Lay Witness).

Thomas K. Mattingly, II. **17.03.36, CSM-Pilot*
1973-78 Kopf des Astronauten Support Team
für das Shuttle-Programm.
Juni 1982 erster Shuttle-Flug STS-4.

Januar 1985 Shuttle-Flug STS-51C.
Nach NASA: Direktor des Space Sensor Sy-
stems Utilization & Operation, Grumman
Space Station Program Support Division,
Reston, Virginia.

APOLLO 17 *Eugene Andrew Cernan * 14.03.34, Mission-Commander*
1976 Austritt aus NASA.
Consultant in Energy & Aerospace
Eigene Firma, TV-Kommentator.

*Dr. Harrison Hagen (Jack) Schmitt * 03.07.35, LM-Pilot, Geologe*
Organisation: NASA Energy Program Office.
1975-76 Politik, Senator von New Mexico.
1982 Raumfahrtberater; Consultant in Busi-
ness, Geology, Space & Public Policy.

*Ronald Ellwin Evans * 10.11.33, CSM-Pilot*
gestorben 07.04.90 (Herzinfarkt).
Nach APOLLO: NASA Shuttle-Programm
1978 Vizepräsident, Western America Energy
Corporation, Scottsdale, Arizona,
später: Marketing Consultant.

APOLLO-„Mondlandungen" (1969 - 1972)

Koordinaten der „APOLLO-Landestellen"

Die Koordinaten basieren lt. NASA auf dem IAU (Internationale Astronomische Union) *„Mean Earth Polar Axis coordinate system"* von der übertragenen *„Defense Mapping Agency 603 (DMA/603) lunar cartographic control network as described in Davies et al., J. Geophys. Res., v. 92, pp. 14177-14184, 1987 and personal communication (1998)"*.

Die APOLLO 11, 12 und 14 Landeplatz-Lokalisierungen stammen vom übersetzten DMA/603 Network.

APOLLO	Start	„Mond"-Landung	Landeplatz	Grad Breite / Länge	
11	16. Jul 1969	20. Jul 1969	Mare Tranquillitatis	0.674 N	23.473 O
12	14. Nov 1969	19. Nov 1969	Oceanus Procellarum	3.014 S	23.419 W
14	31. Jan 1971	05. Feb 1971	Fra Mauro	3.645 S	17.471 W
15	26. Jul 1971	30. Jul 1971	Hadley Rille	26.132 N	3.634 O
16	16. Apr 1972	20. Apr 1972	Descartes	8.973 S	15.499 O
17	07. Dez 1972	11. Dez 1972	Taurus-Littrow	20.188 N	30.775 O

APOLLO	EVA-Zeit (Std.) / Strecke (km)		Gestein (kg)
11	2.53	0.25	21.7
12	7.75	1.35	34.4
14	9.38	3.45	42.9
15	19.13	27.9	76.8
16	20.23	27.	94.7
17	22.07	35.	110.5

Positionen der „auf dem Mond" deponierten Geräte

Mission/Geräte	Grad Nord Breite	Grad Ost Länge
APOLLO 11	Mare Tranquillitatis	
LRRR	0.67337	23.47293
Lunar Module	0.67409	23.47298
APOLLO 12	Oceanus Procellarum	
ALSEP	-3.01084	-23.42456
Lunar Module	-3.01381	-23.41930
APOLLO 14	Fra Mauro	
LRRR	-3.64422	-17.47880
ALSEP	-3.64450	-17.47753
Lunar Module	-3.64544	-17.47139
APOLLO 15	Hadley-Apenninen	
LRRR	26.13333	3.62837
ALSEP	26.13407	3.62981
Lunar Module	26.13224	3.63400
APOLLO 16	Descartes-Hochebene	
ALSEP	-8.97577	15.49649
Lunar Module	-8.97341	15.49859
APOLLO 17	Taurus-Littrow-Region	
ALSEP	20.18935	30.76796
Lunar Module	20.18809	30.77475

ALSEP = Apollo Lunar Surface Experiments Packages
LRRR = Lunar Ranging Retroreflectors

Einschlagstellen „auf dem Mond"

Objekt	Grad Breite / Länge		Einschlag-Geschwind./ -Energie (km/s) (10^16 ergs)		Horizontal-Winkel
APOLLO 12 LM	3.94 S	21.20 W	1.68	3.36	3.7
APOLLO 13 SIVB	2.75 S	27.86 W	2.58	46.3	76
APOLLO 14 SIVB	8.09 S	26.02 W	2.54	45.2	69
APOLLO 14 LM	3.42 S	19.67 W	1.68	3.25	3.6
APOLLO 15 SIVB	1.51 S	11.81 W	2.58	46.1	62
APOLLO 15 LM	26.36 N	0.25 E	1.70	3.44	3.2
APOLLO 16 SIVB	1.3 N*	23.8 W*	2.5-2.6	45.9	~79
APOLLO 17 SIVB	4.21 S	12.31 W	2.55	47.1	55
APOLLO 17 LM	19.96 N	30.50 E	1.67	3.15	4.9

Objekt	Datum	Zeit (UT)
APOLLO 12 LM	20. Nov. 1969	22:17:17.7
APOLLO 13 SIVB	14. Apr. 1970	01:09:41.0
APOLLO 14 SIVB	4. Feb. 1971	07:40:55.4
APOLLO 14 LM	8. Feb. 1971	00:45:25.7
APOLLO 15 SIVB	29. Juli 1971	20:58:42.9
APOLLO 15 LM	4. Aug. 1971	03:03:37.0
APOLLO 16 SIVB	19. Apr. 1972	21:02:04*
APOLLO 17 SIVB	10. Dez. 1972	20:32:42.3
APOLLO 17 LM	15. Dez. 1972	06:50:20.8

LM = Lunar Module (LEM)-Retrokapsel
SIVB = Versorgungsstufe

Die Einschlagzeiten sind empfangene Zeiten, etwa 1,3 Sekunden später als die Realzeit auf dem Mond. Die aufgeführten Koordinaten können - laut NASA - um etliche Kilometer ungenau sein. Zeiten und Einschlagorte sowie die Einschlagenergien basieren auf Interpretationen von seismischen Daten.

APOLLO 11 SIVB wurde in einen heliozentrischen Orbit gebracht.

APOLLO 12 SIVB wurde in einen Erdorbit gebracht.

Die APOLLO 11 und 16 LMs wurden in einen (zeitlichen) Mondorbit gebracht.

APOLLO 13 LM trat am 17. April 1970 wieder in die Erdatmosphäre ein.

Eine APOLLO 16 SIVB-Fehlfunktion ergab ungenaue Daten.

Bei der APOLLO 16-Einschlagzeit besteht eine Unsicherheit von 4 Sekunden. Eine weitere Unsicherheit besteht beim Einschlagsort.

Jetziger Aufenthaltsort
von APOLLO-Kommandomodul-Kapseln

Die einzelnen APOLLO-Kommandomodul-Kapseln, mit denen die APOLLO-Astronauten nach ihrer Rückkehr eine Wasserlandung durchführten, befinden sich heute nach Aussage von *Dr. David R. Williams* (NASA Goddard Space Flight Center, Greenbelt) vom November 1999 in verschiedenen Museen der USA und anderer Länder.

Übersicht

APOLLO 7   Kommandomodul: National Museum of Science and Technology, Ottawa, Canada

APOLLO 8   Kommandomodul: Chicago Museum of Science and Technology, Chicago, Illinois

APOLLO 9   Kommandomodul „Gumdrop": Michigan Space and Science Center, Jackson, Michigan

APOLLO 10   Kommandomodul „Charlie Brown": Science Museum, London, England

APOLLO 11   Kommandomodul „Columbia": The National Air and Space Museum, Washington, D.C.

APOLLO 12   Kommandomodul „Yankee Clipper": Virginia Air and Space Center, Hampton, Virginia

APOLLO 13   Kommandomodul „Odyssey": Kansas Cosmosphere and Space Center, Hutchinson, Kansas (formerly at Musee de l'Air, Paris, France)

APOLLO 14   Kommandomodul „Kitty Hawk": Astronaut Hall of Fame, Titusville, Florida

APOLLO 15   Kommandomodul „Endeavor": USAF Museum, Wright-Patterson Air Force Base, Dayton, Ohio

APOLLO 16   Kommandomodul „Casper": U.S. Space and Rocket Center, Huntsville, Alabama

APOLLO 17   Kommandomodul „America": NASA Johnson Space Center, Houston, Texas

Andere Raumfahrzeuge

APOLLO-SOYUZ Kommandomodul: NASA Kennedy Space Center, Cape Canaveral, Florida

Test Kommandomodul: Museum of Flight, Seattle, Washington

SKYLAB 2 / Crew 1 Kommandomodul: Naval Aviation Museum, Pensacola, Florida

SKYLAB 3 / Crew 2 Kommandomodul: NASA Glenn Research Center, Cleveland, Ohio

SKYLAB 4 / Crew 3 Kommandomodul: National Air and Space Museum, Washington, D.C.

Der Verbleib der Retrokapseln

Die APOLLO-Lunar Module (Retrokapseln) wurden jeweils, nach dem Rückstart „von der Mondoberfläche" zur im „Mondorbit" kreisenden Kommandoeinheit, zum Absturz gebracht und schlugen „auf der Mondoberfläche" auf, um ein künstliches „Mondbeben" für seismische Experimente hervorzurufen.

Übersicht

APOLLO 10 Lunar Modul „Snoopy" befindet sich in heliozentrischem Orbit

APOLLO 11 Lunar Modul „Eagle", vom Kommandomodul am 21. Juli 1969 um 23:41 UT (7:41 PM EDT) abgekoppelt. Einschlagstelle unbekannt.

APOLLO 12 Lunar Modul „Intrepid": Einschlag „auf dem Mond" am 20. Nov. 1969 um 22:17:17.7 UT (5:17 PM EST) bei 3.94 S, 21.20 W

APOLLO 13 Lunar Modul „Aquarius": In der Erdatmosphäre am 17. April 1970 verglüht.

APOLLO 14 Lunar Modul „Antares": Einschlag „auf dem Mond" am 7. Februar 1971 um 0:45:25.7 UT (6. Feb., 7:45 PM EST)bei 3.42 S, 19.67 W

APOLLO 15 Lunar Modul „Falcon": Einschlag „auf dem Mond" am 3. Aug. 1971 um 3:03:37.0 UT (2. Aug., 11:03 PM EDT)bei 26.36 N, 0.25 E

APOLLO 16 Lunar Modul „Orion": Rücksturz am 24. April 1972. Fehler im Kontrollsystem machten einen gezielten Einschlag unmöglich. Die Einschlagstelle ist nicht bekannt.

APOLLO 17 Lunar Modul „Challenger": Einschlag „auf dem Mond" am 15.12. 1972 um 06:50:20.8 UT (1:50 AM EST) bei 19.96 N, 30.50 E.

Einzelteile des APOLLO-Raumanzugs

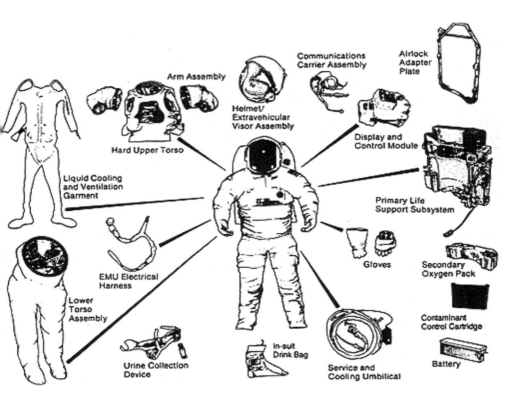

349

Danksagung

Zu guter Letzt möchte ich allen danken, die mir bei der Realisierung dieses Buches geholfen haben oder mich mit Material und Hinweisen versorgten.

Insbesondere gilt mein Dank meinen Kritikern: denjenigen, die mir alle möglichen (und manchmal unmöglichen) Gründe entgegen hielten, warum die APOLLO-Flüge dennoch stattgefunden haben sollen. Auf diese Weise musste ich so manche Sache sehr eingehend recherchieren, bis ich eine einleuchtende Erklärung fand.

Auf diese Weise fielen mir jedoch auch weitere Widersprüche auf, die den amerikanischen APOLLO-Kritikern entgangen sind. Und dabei stellte es sich auch heraus, dass die amerikanischen APOLLO-Kritiker teilweise recht nachlässig und oberflächlich gearbeitet haben, denn einige ihrer Fälschungsvorwürfe konnte ich „ganz normal" erklären.

Wenn man schon Kritik übt und jemanden der Fälschung verdächtigt, dann sollten die Begründungen möglichst fundiert sein. Und die Nachlässigkeit der amerikanischen Kritiker ist wohl auch der Grund dafür, warum die NASA es nicht für nötig hält, darauf zu erwidern.

Gernot L. Geise

Quellen

Literatur

Klaus Ahlborn: „Strahlenschutz im Selbstschutz", 3. Auflage, Köln o.D.

Wendy Baker: „NASA - America in Space", Crescent Books, USA, 1986

Hartmut Bastian: „Weltall und Urwelt", Berlin 1954

Klaus Bäumlin: »Die „gefälschte Mondlandung" - eine Bauchlandung des Sämann?«, in: Saemann (Bern), 107. Jahrgang, Nr. 8, August 1991.

H. Benedict und D. Oßwald: „Aldrin zerbrach fast am Mondruhm", in: Frankfurter Neue Presse, 20.06.89.

Mary Bennett und David S. Percy: „Dark Moon. Apollo and the Whistle-Blowers", London 1999

Bertelsmann Lexikon-Institut (Hrsg.): „Das neue Taschenlexikon in 20 Bänden", Gütersloh 1992

Wernher von Braun: „Erste Fahrt zum Mond", Frankfurt/Main 1961

Wernher von Braun: „Start in den Weltraum", Frankfurt/Main 1958

William L. Brian II: „Moongate: Suppressed Findings of the U. S. Space Program", Portland, Oregon 1982

Brockhaus Enzyklopädie, Mannheim 1991

Werner Büdeler: „Das Abenteuer der Mondlandung", Gütersloh 1969

Hanspeter Bundi: „Die Mondlandung war eine Fälschung", in: Saemann, 107. Jahrgang, Nr. 7, Bern, Juli 1991

David Hatcher Childress: „Extraterrestrial Archaeology", Stelle, Illinois/USA 1994

David Hatcher Childress: „Archäologie im Weltraum", Edition Neue Perspektiven, Peiting 1998

Alfred Dick: „Tschernobyl und seine Auswirkungen auf Bayern", Bayerisches Staatsministerium für Landesentwicklung und Umweltfragen, München 1987

Franz Ferzak: „Der Engel des Verwunderlichen", München 1988.

Marsha Freeman: „Menschen auf dem Mond: Das Vermächtnis des Apolloprojekts", in: FUSION, 10. Jg. Heft 4, September 1989

Tim Furniss: „Die Mondlandung", Bindlach 1998

Gernot L. Geise: „25 Jahre nach APOLLO 11", in: EFODON-SYNESIS Nr. 4/1994, Wessobrunn.

Gernot L. Geise: „Der Mond ist ganz anders!", Hohenpeißenberg 1995/ 2001

Helmut Gröttrup: „Über Raketen. Allgemeinverständliche Einführung in Physik und Technik der Rakete", Berlin 1959

Heinz Haber: „Künstliche Erdsatelliten für die geophysikalische Forschung", Berlin 1956

gsf mensch+umwelt, Ein Magazin der Gesellschaft für Strahlen- und Umweltforschung München: „Plutonium", 6. Ausgabe, September 1989

gsf mensch+umwelt, Ein Magazin der Gesellschaft für Strahlen- und Umweltforschung München: „Radioaktivität und Strahlenfolgen, Messen, abschätzen, bewerten", Dezember 1986

Joachim Herrmann: „Das Weltall in Zahlen. Tabellenbuch für Sternfreunde", Stuttgart 1986

Wolfgang Jacobi: „Richtwerte im Strahlenschutz und Bewertung der Strahlenexposition", in: gsf mensch+umwelt, Ein Magazin der Gesellschaft für Strahlen- und Umweltforschung München, Dezember 1986

Bill Kaysing: „We never went to the Moon - America's thirty Billion Dollar Swindle!", Soquel, CA 1994

Bill Kaysing & Randy Reid: „We never went to the Moon", Fountain Valley, CA 1976

Rudolf Kippenhahn: „Unheimliche Welten", Stuttgart 1987

„Lexikon der Astronomie", Band 1 und 2, Spektrum Akademischer Verlag, Heidelberg/Berlin/Oxford 1995

Werner Löster: „Radioaktivität und Strahlung. Grundbegriffe zur Strahlenphysik und Dosimetrie, in: gsf mensch+umwelt, Ein Magazin der Gesellschaft für Strahlen- und Umweltforschung München, Dezember 1986

Werner Meyer: „Clementines günstige Foto-Safari zum Mond", in: AZ, 22./23.01.94.

Patrick Moore: „Der Mond", Freiburg im Breisgau 1982

Karl Niklas: „Natürliche und medizinische Strahlenexposition", in: gsf mensch+umwelt, Ein Magazin der Gesellschaft für Strahlen- und Umweltforschung München, Dezember 1986

(o.A.) „Clementine erforscht Mond", in: ASTRO Nr. 4/1994.

(o.A.) „Footprints on the Moon", The Associated Press, American Book, USA.

(o.A.) „Mit Apollo zum Mond", Gütersloh 1969

(o.A.) „NASA-Foto beweist: Der Mann im Mond läuft barfuß", in: TVneu Nr. 26/1993.

(o.A.) „Satellitendaten durch Lagerung gefährdet", in: Frankfurter Allgemeine Zeitung, 28.03.90.

(o.A.) „Staubzähler auf Mond-Umlaufbahn",
in: Bild der Wissenschaft # 5/1992.

(o.A.) „20 Mio. Amerikaner glauben: Mondlandung nur ein Trick",
in: „Bild" vom 22.07.94

Günter Paul: „Der Adler ist gelandet",
in: Frankfurter Allgemeine Zeitung, 20.07.89.

Prof. Dr. Henning von Philipsborn: „Strahlenschutz - Radioaktivität
und Strahlungsmessung", Bayerisches Staatsministerium für
Landesentwicklung und Umweltfragen, München 1994

R. René: „NASA Mooned America!", Passaic, NJ 1995

Richtlinie für den Strahlenschutz der bayerischen Polizei (Polizei-
Richtlinie), Bekanntmachung des Bayerischen
Staatsministeriums des Innern, Nov. 1994

Richtlinie für den Strahlenschutz der Feuerwehren, Bekanntmachung
des Bayerischen Staatsministeriums des Innern, Aug. 1984

Karl Schaifers und Gerhard Traving: „Meyers Handbuch Weltall",
Mannheim 1984

Dr. Dieter Staschewski: „Mond-Exploration unter falschen
Voraussetzungen?" (Manuskript), April 1987.

Fred Steckling: „We discovered Alien Bases on the Moon", Vista, USA,
1981.

Brad Steiger: „Mysteries of Time and Space", West Chester,
Pennsylvania, USA 1989.

Harald Steinert: „Als die erste Kiste geöffnet wurde, war die Enttäuschung
groß", in: Frankfurter Allgemeine Zeitung, 21.07.95.

Stefan Thierfelder und Hans-Jochem Kolb: „Knochenmark-
Transplantation - Mögliche Hilfe bei frühen Strahlenschäden?,
in: gsf mensch+umwelt, Ein Magazin der Gesellschaft für
Strahlen- und Umweltforschung München, Dezember 1986

„Unbegrenzter Raum", Ausstellungsbroschüre, Berlin 1956

„Weltraumfahrt zum Verstehen und Anfassen", Festschrift zu den 1.
Garchinger Weltraum-Tagen 4.-6. Mai 1990, Bürgerhaus
Garching

Dipl.-Phys. Bernd Wirsam: „Apollo 14", (ZEISS-Diaserie), Oberkochen/
Württ., o.D.

Franz Zeithammer: „Zwischenstation Mond", Stuttgart 1969.

Video-Filme/TV-Sendungen

„Abenteuer Forschung: Aufbruch ins All", ZDF, 13.07.94.

„Abenteuer Forschung: Der Weg zum Mond", ZDF, 20.07.89.

„Abenteuer Forschung extra: Unternehmen Mondlandung. 25 Jahre danach", ZDF, 13.09.94.

„APOLLO 11", Live-Übertragung der Mondlandung, ARD, 20.07.69.

Issak Asimov: „Des Menschen weite Reise in das All. 25 Jahre Raumfahrt", Cineworld-Produktion, TV-Sendung.

„Der lange Weg ins All", ORF 1991.

„Die ersten Menschen auf dem Mond. Eine Vision wurde Wirklichkeit", Bayerischer Rundfunk BR3, 19.07.94.

„For All Mankind. Ein großer Schritt für die Menschheit", Taurus Video # 000733, 1989.

Peter Hyams: „Unternehmen Capricorn", Science Fiction-Film.

„Mondlandung vor 25 Jahren", Stern-TV, 1994.

„Moon Walks", im Nachtprogramm SPACE NIGHT des Bayerischen Rundfunks BR3, 1995.

David S. Percy: „What Happened on the Moon?", Aulis Publishers London, www.aulis.com

Ralf Piechowiak: „Griff nach den Sternen/Der Wettlauf zum Mond", ZDF, Juli 1989.

SPIEGEL-TV - Themenabend „Mondlandung" in VOX, 27. Juli 2001.

„Vor 20 Jahren: APOLLO auf dem Mond", WDR, 16.07.89.

„Wettlauf zum Mond", MDR 1994.

Hier verweise ich noch einmal auf die exzellente TV-Sendung „Moon Walks", die im Rahmen des Nachtprogrammes des Bayerischen Rundfunks „Space Night" unregelmäßig wiederholt wird. Sie zeigt Filmausschnitte von verschiedenen APOLLO-Missionen, u.a. auch das „Frisbee-Spiel", das „Hammer-und Feder-Experiment", jede Menge aufgewirbelten Staub, Dunst, hüpfende Astronauten und einen („antriebslosen") Rückstart, allerdings alles kommentarlos und als reine Bild-Dokumentation.

Bildquellen

Fotos: sofern nicht anders angegeben: NASA bzw. Archiv des Autors

Einzelbilder aus Videofilmen und Ausschnittsvergrößerungen durch den Autor

EFODON e.V.

Europäische Gesellschaft für frühgeschichtliche Technologie und Randgebiete der Wissenschaft

<www.efodon.de>

Wer sind wir?

Der EFODON e.V. ist ein eingetragener, gemeinnütziger Verein für wissenschaftliche Zwecke. Unsere Aufgabe sehen wir darin, durch entsprechende Aktivitäten an der Erforschung und der Lösung bisher nicht erklärter Rätsel der Welt mitzuwirken. Diese Aktivitäten umfassen nicht nur Denkanstöße, sondern auch eigene Nachforschungen. Unter dem Begriff „bisher nicht erklärte Rätsel" verstehen wir fragwürdige Auswertungen und ungeklärte bzw. falsche Aussagen, sowie ungeklärte Funde.

Wir wenden u.a. auch die Möglichkeiten und Methoden der Radiästhesie als Werkzeug zur Lokalisierung und Datierung für eine Geschichtsneudefinierung der „dunklen" Vor- und Frühzeiten an: EFODON e.V. möchte hier einiges erhellen! Was in Mythen, Sagen und Legenden verbannt wurde, scheint mehr und mehr historischer zu sein als die offiziell verordnete Geschichte. Diese Thesen passen jedoch nicht in das vorgegebene Geschichtsbild, so dass eine Erforschung erforderlich ist.

Mit der Radiästhesie können u.U. auch unbekannte Energien „messbar" gemacht werden. Messgeräte sollen, sofern vorhanden, angewendet werden, wenn möglich auch neu entwickelt werden.

Auch in den Bereichen Astronomie und Raumfahrt gibt es diesbezüglich genügend Ungereimtheiten, die es zu hinterfragen lohnt.

Der EFODON e.V. veranstaltet jedes Jahr

* Mitglieder-Jahreshauptversammlung
* Arbeitstreffen, auch regionaler Art
* Exkursionen, die der Forschung dienen
* Stammtische in München, Passau, Bad Münder u.a.m.
* weitere sind geplant.

Alle Veranstaltungen und Aktivitäten des EFODON e.V. werden rechtzeitig in den zweimonatlich erscheinenden Vereinsinformationen EFODON-NEWS angekündigt, die für unsere Mitglieder in der ebenfalls zweimonatlich erscheinenden Zeitschrift EFODON-SYNESIS (ISSN 0945-1366) beiliegt. In unserer SYNESIS publizieren wir neue Erkenntnisse und unsere Forschungsergebnisse. Die EFODON-SYNESIS ist mit der Vereinsbeilage EFODON-NEWS im Mitgliedsbeitrag enthalten.

Wir wünschen uns Mitglieder, die aktiv im Verein mitmachen wollen, kritische Mitglieder, die daran mitarbeiten möchten, das überkommene Geschichtsbild zu berichtigen, Mitglieder, die sich nicht mit den wissenschaftlich vorgegebenen Fakten und Daten - die sich oft genug widersprechen - abspeisen lassen. Auch passive Mitglieder (Leser oder Förderer) sind uns willkommen! Schauen Sie doch einmal unverbindlich bei einer unserer Veranstaltungen herein, Sie sind herzlich eingeladen!

Sie können sich natürlich auch schriftlich mit uns in Verbindung setzen:

EFODON e.V.

Europäische Gesellschaft für frühgeschichtliche Technologie und Randgebiete der Wissenschaft

c/o Barbara Teves, Am Stutenanger 3A, D-85764 Oberschleißheim
Tel./FAX: 089-315 02 60; Email: EFODON@aol.com

Watkins

Alternative 3

EUR 16,50 ISBN: 3-89539-288-X (Paperback)

Von Mond- und Marsbesiedelung berichtete vor Jahren die angesehene englische Wissenschaftssendung „science". Die Sendung wurde kurzer Hand aus dem Programm genommen, obwohl nur ein geraumer Teil des geheimen Materials veröffentlicht worden war. Die vollständigen Unterlagen haben Eingang in dieses Buch gefunden.

Gernot L. Geise

Keltisches Nachrichtensystem

208 Seiten, EUR 21,90 ISBN: 3-89539-606-0 (Hardcover)

Aus dem Inhalt des Buches: überregionale Verständigung bei den Kelten; Signaltürme; Stationen des Nachrichtensystems; Drache und die Drachenlinien; Funktionen der Lichtstationen; Externsteine – kein Sakralort sondern eine Nachrichtenstation; „Vorzeit-Handy"; Codierung der Nachrichten; das Ogham-Alphabet; Keltogermanen konnten lesen und schreiben!

J. Andreas Epp

Flugscheiben

192 Seiten, EUR 20,90 ISBN: 3-89539-605-2 (Hardcover)

Epp war Erfinder der reichsdeutschen Flugscheiben. Der Luftfahrtpionier Udet erkannte die Fähigkeiten Epps und förderte ihn. Im Luftfahrtministerium erkannte man die Fähigkeiten aber erst spät. Die dt. Flugscheiben, die gegen Ende des 2. Weltkrieges einsatzfähig waren, basierten auf Epps Plänen und Modellen, die er schon vor dem Krieg entwarf und baute.

MVV

Michaels Vereinigte Verlagsauslieferung GmbH
Ammergauer Str. 80 - 86971 Peiting, Tel.: 08861-59018
Fax: 08861-67091, e-mail: mvv@michaelsverlag.de
Internet: www.michaelsverlag.de

Viktor Farkas
Neue Unerklärliche Phänomene

EUR 24,90 ISBN 3-89539-073-9 (Hardcover)
Neue UNERKLÄRLICHE PHÄNOMENE jenseits des Begreifens. Das vergriffene Kultbuch und Standardwerk: wesentlich erweitert, aktualisiert und noch brisanter! Der Sensationsseller der achtziger und neunziger Jahre im neuen Gewande – exklusiv beim Michaels Verlag. Hier finden Sie schier Unglaubliches von Mensch, Tier und Erde. Ein Feuerwerk des Phantastischen – das niemanden mehr losläßt!

Viktor Farkas
Geheimsache Zukunft

EUR ca. 24,90 ISBN: 3-89539-074-7 (Hardcover)
Farkas entrollt eine unsichtbare Geschichte, die weit älter ist als jene, die uns weisgemacht wird. Die Spur führt vom legendären Thule nach Atlantis bis in die bewohnten Tiefen unseres Planeten. Erfahren Sie von archäologischen Ungereimtheiten, von der Erinnerung der Völker, von verschwiegenen Katastrophen und vertuschten Forschungen, von Rätseln der Evolution, von geheimem Wissen und vernichteten Erkenntnissen.

David Hatcher-Childress / Richard Shaver
Versunkene Kontinente

EUR 23,90 ISBN 3-89539-253-7 (Hardcover)
Das Buch betrachtet die „Hohle-Erde-Theorie" Shavers und handelt von verlorengegangenen Kontinenten und der Hohlen Erde. Shavers pikantes Buch von 1948, „I remember Lemuria", ist in seiner Gesamtheit enthalten und damit erstmalig in deutscher Sprache erhältlich. Hatcher-Childress diskutiert dieses „Hohle-Erde-Buch" und forscht nach der Wahrheit, die hinter den Geschichten dieser unterirdischen Tunnels steckt.